投资美国

——来自华尔街及相关专家的解读

龚元 著

中国金融出版社

责任编辑：肖丽敏
责任校对：孙　蕊
责任印制：陈晓川

图书在版编目（CIP）数据

投资美国——来自华尔街及相关专家的解读（Touzi Meiguo：Laizi Huaerjie ji Xiangguan Zhuanjia de Jiedu）/龚元著．—北京：中国金融出版社，2015.12

ISBN 978－7－5049－8208－7

Ⅰ．①投…　Ⅱ．①龚…　Ⅲ．①投资—研究—美国
Ⅳ．①F837.124.8

中国版本图书馆CIP数据核字（2015）第273299号

出版发行　中国金融出版社
社址　北京市丰台区益泽路2号
市场开发部　（010）63266347，63805472，63439533（传真）
网上书店　http://www.chinafph.com
　　　　　（010）63286832，63365686（传真）
读者服务部　（010）66070833，62568380
邮编　100071
经销　新华书店
印刷　北京市松源印刷有限公司
尺寸　169毫米×239毫米
印张　14
字数　197千
版次　2015年12月第1版
印次　2015年12月第1次印刷
定价　38.00元
ISBN 978－7－5049－8208－7/F.7768

美国，美吗

——自序

不知道从什么时候开始，中国人把一个美丽的名字送给了太平洋对岸的那个国家——美国。美国到底美吗？

有一次我开车专程去匹兹堡看那里的棒球场。匹兹堡海盗队主场PNC球场被评为全美最美丽的棒球场之一。在我迷路下车看地图的时候，一位当地女士热情地过来为我指路。虽然是十几年前的事情了，但我依然清楚地记得她的话："你沿着这条路往前开，在拐过一个弯之后，整个城市会一下子展现在你眼前！"就像她说的，在一个弯道后，我心里还没准备好之前，一个美丽的城市赫然出现在眼前。这是一座精致、紧凑并且依山而建的城市。当我经过一座座铁桥，来到当地三条河的交汇处，看着城市与河流相映成趣，我在想，美国的美绝对不只在东西两岸。

还有一次我驾车从迈阿密沿着一号公路一路向南，在途经一个又一个小岛和一个超过7公里的大桥之后，到达了美国的最南端——基韦斯特岛（Key West）。我还清楚地记得海明威故居的院子里到处是猫，据说一共有60多只——海明威生前就喜欢猫。他故居的马路对面有一座灯塔。海明威住在这里时，天天傍晚都出去喝酒，一直喝到半夜。找不到归途时，他就踉跄地朝着灯塔的方向前进，回到家中，第二天上午继续写作，并在这里完成了代表作之一《丧钟为谁而鸣》。韦斯特岛每天傍晚在海边都有日落庆典。当我混迹在庆典的人群中，看着街头艺术家的杂耍以及在太阳的余晖中靠岸的邮轮，我在想，原来每天日落可以这么美，sunset celebration是一个伟大的发明！

美国"镀金时代"的大亨疯狂地购买欧洲的古典艺术作品，并建立了多座美术馆来为这些作品安家，使得美国人不出国门就可以欣赏世界上最好的艺术。我去过美国许多美术馆，印象比较深的却是一座小型美术馆——火奴鲁鲁美术馆，虽然规模无法与大都会等美术馆相比，却也珍藏了从中世纪到19世纪一些名家的作品，包括日本及夏威夷当地艺术家的作品。创始人库克女士当年创办美术馆的初衷是给夏威夷的小朋友接触艺术的机会，不要因为夏威夷远离本土而使得小朋友缺乏艺术的熏陶。当站在美术馆前的一对中国清代石马前，我在想，有这样为后代着想的艺术品藏家，夏威夷变得更美了。

美国独立之后，在文学方面仍然是承袭英国及欧洲传统。在19世纪产生于波士顿的“超验主义”中，美国文学逐渐确立了自己的风格，开始了“新英格兰复兴”。我在大学学的是英美文学，我从索罗的《瓦尔登湖》中读到宁静，从菲茨杰拉德的《了不起的盖茨比》中读到浮躁，我日后的美国之行便有了更多的体会。

美国许多大学建校早于美国独立，包括我上研究生的大学。那是一所东岸很普通的州立大学。我们学校没有知名教授，但我的老师培养了我对金融的兴趣，从那时起我决心转行做投资。当我想起那段时光，我觉得充实，觉得值得。但当我们一次次听说美国中学的毒品屡禁不止和频频发生的校园枪杀案，我在想，美国校园也并非净土，它的围墙挡不住美国的社会问题。

华尔街全长500多米，宽11米，如果在北京，可能被叫做华尔胡同。然而这条街却是全球最大的资本市场的象征。美国有着全球最大的股票市场、最大的债券市场、最大的房地产投资市场，不仅市场规模大，美国的投资产品及融资手段也最丰富。许多金融创新产品都是美国投资银行研发出来的。美国有着严格的监管制度，尽管如此，投资人的贪婪还是导致了2008年的金融危机。当2008年9月站在将要倒闭的雷曼兄弟总部前留影时，我在想，大，并一定是美的。

美国，美吗？我想，美国和其他国家一样美！每个国家都有自己独特的美，就像每个国家都有自己独特的问题。然而和大多数国家相比，美国是一个更多元化，内容更丰富的国家。如果你渴望投资回报，美国为你提供了非常多的投资选择。如果你很幸运，有一个真正的爱好，对某一方面还保持着好奇心，美国可以在各方面为你提供一流的体验，不论是体育运动、教育、文学、音乐、艺术、时尚或其他。在投资美国的同时，体验美国文化的方方面面，丰富人生，不亦乐乎？

目　　录

第一章
美国时空与美国人

所谓时空，即从时间（美国经济发展历史），以及空间（美国政治经济格局）两条线索来介绍美国的投资环境与机会；所谓人，即谈一谈对美国政治经济影响最大的两股势力，一个是安格鲁撒克逊新教徒（WASP），另一个则是美国犹太人。美国时空与美国人是帮助投资者了解美国投资机会与环境的背景材料。

第一节　从“镀金时代”谈起

美国虽然有很多棘手的问题，但到目前为止仍然是世界第一经济大国。美国发展到今天，和历史上四个高速发展时期密不可分，这四个时期分别是19世纪末期的“镀金时代”，20世纪20年代的“爵士时代”，20世纪50年代的“黄金时代”，以及20世纪90年代的“信息时代”。回过头看，当今的美国人对这四个时期的感情是复杂的，既有向往、留恋，也有批评，但无论如何，这四个时期在美国经济发展历史上的重要性是不可替代的。今天的美国人常常可以看到这四个时期的印记。

“镀金时代”

“镀金时代”这一名词来自马克·吐温在1873年出版的一部同名小说。小说讽刺当年美国在经济高速发展的金色光环下，充斥着政府的腐败、资本家的残忍和底层人民生活的疾苦。人们后来用“镀金时代”来形容美国南北战争后到19世纪和20世纪之交的一段时期。尽管马克·吐温揭露的种种问题确实存在，但“镀金时代”在美国经济发展史上仍然是最伟大的一个时期。美国在1900年前后完成了对欧洲的超越，工业生产总值超过英国，成为世界第一工业大国。南北战争以代表工业经济的北方获胜而告终，为美国的工业发展铺平了道路，使得美国在第二次工业革命中取得先机。第二次工业革命是重工业的飞跃。从1860年到1880年，美国的铁路长度翻了三番。1869年美国的太平洋铁路通车，总长约3000公里，连接艾奥瓦州和加利福尼亚州的旧金山，而艾奥瓦州又和东部各地相连。至此，美国有了贯穿东西两岸的铁路枢纽，将美国整合成一个完整的市场，进一步促进了美国工业化的发展。“镀金时代”铁路的意义就像今天的互联网。同期，美国的煤炭、石油及钢铁产量也飞速增长。

与“镀金时代”相关的两个关键词汇分别是托拉斯（Trust）和大亨（Tycoon）。托拉斯是当时的产业大亨们通过控制行业内的不同公司从而获取垄断利润的一种法律架构。洛克菲勒当年就是通过标准石油托拉斯控制了全美90%的炼油厂和输油管线。梁启超在20世纪初走访美国时也注意到了托拉斯现象，并在他的《新大陆游记》中生动地描写了托拉斯：“纽约市于前世纪与今世纪之交产一怪物焉，曰‘托拉斯’。此怪物者，产于纽约，而其势力及于全美国，且骎骎乎及于全世界……其势力远驾于亚历山大大帝、拿破仑第一而之上者也，二十世纪全世界唯一之主权也。”托拉斯的掌控者则是那个时代的大亨。“tycoon”这个词从日语的“大君”转换而来，在“镀金时代”开始前后传入美国。“镀金时代”是美国历史上产生大亨最密集的时期。美国至今为止最富有的三个人，石油大王洛克菲勒、钢铁大王卡内基和铁路大王范德比尔特，都发迹在“镀金时代”。如果把洛克菲勒当年的财富换算成今天的美元，那么他的财富则数倍于比尔·盖茨的身价。

对“镀金时代”那些白手起家的大亨来说，资本的原始积累不是终点，而是一个新的起点。在有了资本这一武器后，他们开始筹划两件新的工程——艺术品收藏和慈善。

收藏方面，“镀金时代”大亨追求的是欧洲的古典名作（Old Masters）。所谓古典名作，一般是指欧洲文艺复兴到19世纪初之间知名艺术家的作品。“Old Masters”这两个英文词汇对“镀金时代”的大亨们有着强烈的吸引力，使得他们不惜重金来填补美国在艺术方面的空白，而引导他们的则是当时的画商、艺术家及相关文化人士。

先来看看当时的美国在文化人眼里是多么的贫瘠。美国著名作家亨利·詹姆斯自创“国际体”小说，擅长描写美国人在欧洲的感受和经历。他自己就曾长期旅居欧洲。在1870年左右，詹姆斯是这样评论美国的：“没有大教堂，没有修道院……没有公立学校，没有牛津，没有伊顿公学，没有文学，没有小说，没有博物馆……”在大都会美术馆建好不久，一位来自英国的美术馆解说在谈到大都会时说道：“没有拜占庭艺术，没有乔托……没有波提切利，没有莱昂纳多，没有拉斐尔，没有米开朗基罗。”但是有了大亨们富可敌国的身价和对艺术的渴求，这些很快都会有的。

当年活跃的收藏家包括金融家摩根、铁路大亨马昆德、波士顿名媛加德纳、钢铁及煤炭大亨弗里克及糖业大王赫弗梅尔，等等。他们通过中间人的帮助从欧洲大批地买回古典名作，形成了艺术史上的大迁徙！当然，在这场大亨的竞赛中，仅有金钱是不够的，还要有策略。

糖业大王赫弗梅尔是德国后裔，也是家族糖厂的第三代。他通过糖业托拉斯垄断了纽约地区的糖加工业。他的太太和美国的印象派女画家玛丽·卡萨特是好友。在卡萨特的指导下，赫弗梅尔避开收藏家的主战场——巴黎，来到西班牙购买尚未被美国大亨们发掘的西班牙画家格里科的作品。卡萨特对格里科的评价是“超越同时代画家至少二百年”。卡萨特是法国印象派画家德加的学生，因此赫弗梅尔的收藏没有局限在古典名作，而是也包括法国印象派的作品。赫弗梅尔在卡萨特的指导下，建立了自己与众不同又极具价值的收藏，体现了收藏中的蓝海策略。

看到了大亨们将一幅又一幅的欧洲大师作品运回美国，挂满美术馆的各面墙壁，最高兴的就是前面提到的抱怨美国缺乏文化的作家亨利·詹姆斯。这次他是这样说的：“当我看到美国把她那长长的手臂，伸过那如绿缎一般的大西洋，敛回人类文明游戏的最高级奖品（名画）时，我感到如此的满足。”

美国在“镀金时代”秉承的是“社会达尔文主义”。“社会达尔文主义”是英国社会学家斯宾塞将达尔文的生物学理论用于社会学而产生的，基本的意思就是弱肉强食的游戏规则可以淘汰社会的弱者，对人类进步是有益处的。白手起家的“镀金时代”大亨们认为社会是公平的，他们的财富源自于他们的勤奋和决心，他们的成功是当之无愧的。但同时他们也意识到身体不健康的人，或没有机会接受教育的人处于一个不利的地位，无法和别人公平竞争。因此在慈善方面，大亨们的善举大多集中在医疗和教育这两个领域。

洛克菲勒基金会成立于 1904 年，并在 1913 年得到纽约市的认可。基金会下设国际卫生部，向全世界推广治疗伤寒等疾病的科学方法。青霉素的问世也要感谢基金会的资助。洛克菲勒还建立了洛克菲勒大学和约翰·霍普金斯大学两所医学院。在教育方面，洛克菲勒资助了芝加哥大学，使之从一所地方性大学逐步演变成美国名校，但洛克菲勒并没有接受用他的名字为芝加哥大学命名的建议。

洛克菲勒在财富竞技场最大的对手卡耐基在慈善方面比洛克菲勒要更加激进。卡内基非常看重图书馆对教育青年人所起的作用，在一生当中共捐助了 2000 多家图书馆。卡内基在 1900 年创办了卡内基技校，目的在于为匹斯堡工人的子女提供良好的教育。后来技校发展成综合学校，并与梅隆大学合并，成为了今天知名的卡内基梅隆大学。卡内基基金会在 1911 年成立于纽约。卡内基生前将绝大部分财富献给了慈善事业，只留给妻女很少的财产，以至于她们日后不得不变卖纽约的住宅。

当时美国这两位最富有的人在生意场上是“天敌”，但在财富积累之后不约而同地选择了慈善，并前后创立了基金会，有系统地开展慈善工作，将原来零星资助穷人或教会的善举升级为慈善事业。

有些不了解实情的人一提到美国的基金会就提“避税”。其实美国一些富豪设立基金的目的没有这么简单，他们确实有回馈社会、使社会更加平等的愿望。这种愿望可能来自宗教，也可能来自价值观。

尽管大亨们希望通过慈善的方式让美国的社会可以为每个人提供平等的机会，但“镀金时代”仍然是美国历史上财富最集中、贫富差距最大的时代之一。那时候美国 1% 的有钱人瓜分了美国每年约 20% 的收入。底层劳动人民生活疾苦，工人不断罢工；逐渐形成的中产阶级希望改善社会不平等的状况，要求限制托拉斯及打击腐败。西奥多·罗斯福和伍德罗·威尔逊总统在位时实施了许多改革措施，以减少社会的不平等现象，反映了民愿。他们在位的时期后来被称为进步主义时期（Progressive Era）。罗斯福在位时曾针对多家大型企业以反托拉斯的名义提出诉讼。威尔逊在位时成立了美联储，增加了政府对经济的干预，以防止此前20年间两次市场恐慌的再度出现，并保障美国经济的稳定和繁荣。

“爵士时代”

如果说马克·吐温用一部同名小说为“镀金时代”命了名，那么“爵士时代”的代表作就非《了不起的盖茨比》莫属了。《了不起的盖茨比》是“爵士时代”的桂冠诗人菲兹杰拉德的著名小说。小说描写了“爵士时代”的一个多情的土豪以及他的美国梦的破灭，新贵还是不敌“老钱”。本书聚焦了许多时代元素，包括汽车、郊区的住宅、派对及消费主义，这些也正是“爵士时代”的关键词。

“爵士时代”是指美国第一次世界大战后到大萧条前的一段时期，基本上就是美国的20世纪20年代。这段时期是“镀金时代”后美国又一段经济飞速发展的时期。“镀金时代”的铁路网将美国各州连接在了一起，而“爵士时代”的纽带则是高速公路和广播。“爵士时代”商业领域最重要的名字是福特。福特公司在1914年推出了汽车生产线，开始大批量生产汽车，使生产成本大幅下降。著名的T型汽车到了20世纪20年代售价已经从800多美元下降到200多美元一辆，成为美国历史上首部中产阶级消费得起的汽车。在1927年T型汽车停产时，这款车已经销售了1500万辆。汽车的大规模生产也带动了相关产业，比如钢铁、轮胎及加油站等。汽车的普及与高速公路的发展相辅相成，是美国开始成为“车轮上的国家”。交通的发展也带动了房地产的发展，尤其是大城市周围郊区的开发。大量的人从乡村来到城市工作，并住在郊区。“爵士时代”美国城镇化加速，城市人口超过了农村人口。

第一次世界大战之后，美国经济短暂放缓，但之后迅速崛起。在这当中退伍士兵扮演了重要的角色。从欧洲战场回来的退伍兵带来了三样东西——战争的津贴、新的劳动力和醉生梦死的生活态度。劳动力的补充促进了工业的发展，而津贴和追求享乐的态度则带动了消费。“爵士时代”广播进入美国家庭。那个时候广播里播放的是爵士乐和商品的广告，比如牙膏和香烟等。广播中播出的广告进一步催生了消费文化。好莱坞也崛起于20世纪20年代。人们可以方便地在市中心或郊区的影院花不多的钱来欣赏电影。在20年代末期，有声电影出现，吸引了更多的观众。“爵士时代”是一个狂欢节，就像菲茨杰拉德说的：“这是一个神奇的时代，一个艺术的时代，一个挥金如土的时代，也是一个充满嘲讽的时代。”

这场狂欢也蔓延到了股市。20世纪20年代的美国股市虽然也经历了调整，但总体来说还是一场盛宴，10年间的平均年回报率达到15%左右，仅次于该世纪八九十年代和50年代。如果不算大萧条开始的1929年，那么20年代前9年的平均年回报率约19%，在1920年初投入1美元到股市，1928年底可以变成4.65美元。如同所有的牛市一样，20年代美国股市在起步时也是有经济的基本面支撑的。如同前面谈到的，在供给方面，20年代的美国工业有了流水线批量生产的能力，也有了汽车及收音机等新兴商品。需求方面，战后美国经济提速，人们收入提高，银行贷款宽松，政府多次减税，再加上人们乐观的情绪、高涨的消费欲，社会的购买能力及意向都很强。因此美国在20年代出现了供需两旺的形势，大批企业的盈利可观，并反映在股票的走势上。那时美国的广播和报纸上经常会报道某位理发师、教师或私人司机炒股发财的消息。如同每一次享受牛市的人们一样，那时候美国大众积极参与股市投资，并认为这是一场不会结束的盛宴。人们担心的不是投资的风险，不是盛宴散场的凄凉，而是没有抓紧时间投资而被邻居赶超。在这种心理的驱使下，人们加大赌注，开始借钱炒股。20年代投资者可以只出10%到20%的本金，而借来80%到90%的资金来投资股市，大胆地利用杠杆。资金的充沛为股市火上加油，直到1929年，“柴火”烧没了。从1929年到1932年的4年中，股市平均每年下跌20%左右；1929年初投资到股市的1美元，到了1932年底只剩下37美分。同期，美国的工业产值下降46%，外贸下降70%，失业率增加6倍。

大萧条的原因是复杂的，但人们的贪婪和盲目乐观起到了很大作用。

大萧条的影响是深远的，美国的经济直到第二次世界大战后才真正复苏。这期间著名的小罗斯福总统实施新政。小罗斯福总统是前面提到的进步时代的西奥多·罗斯福总统的亲戚。

“黄金时代”

“黄金时代”是指美国第二次世界大战后及50年代社会稳定、经济快速发展的时期，是美国历史上的和谐社会。有意思的是，在这样的和谐社会里，最具时代特征的文学团体是“垮掉的一代”，新兴的艺术流派是“抽象表现主义”，其代表人物包括边走边泼墨作画的波洛克，音乐方面的旗帜是摇滚巨星——梳着飞机头的猫王，他们的共同点是反传统。

如果要为50年代选一部具有代表性的小说，《在路上》肯定是首选。《在路上》是“垮掉的一代”代表人物凯鲁亚克的代表作，被称为“垮掉的一代”的圣经，描写了50年代的几个年轻人在广阔的美国大陆边旅行、边吸食大麻、边寻欢作乐燃烧青春的经历。这本所写的和50年代的社会价值观背道而驰。50年代美国社会的特点是追求“共性”：人们希望自己被邻居接受，被同事接受，被社会接受，不愿作出特立独行的举动。社会学家在《孤独的人群》一书中，认为这一现象的成因是消费主义的盛行和中产阶级的形成。人们关注别人买了什么东西，别人怎么生活。在大公司工作的中产阶级希望自己成为雇主喜欢的企业公民，与同事及上下级和平共处。50年代电视进入美国家庭，那时候的电视节目也大多是关于理想化的家庭生活。这样物质丰富但思维一致的社会令年轻人感到窒息，于是才有了前面提到的文艺运动。这些运动也为60年代的“嬉皮士”运动作了铺垫。也许社会富足是年轻人感到空虚并迷失自我的前提。很难想象大萧条时期的年轻人作出同样的举动。

第二次世界大战之后，当欧洲及日本还没能从战争的打击中恢复时，美国的经济进入了高速发展期。艾森豪威尔总统延续了部分小罗斯福总统的新政政策，扩大社会保险的范围并继续加大公共投资，尤其在高速公路建设和战备方面。50年代美苏冷战开始，美国政府在军备方面保持着较高的投资，高速公路的建设也具备一定的备战目的。艾森豪威尔总统在政府投资、低税和赤字间找到平衡；在50年代，美国政府在赤字与盈余的平衡点附近摆动。

与“爵士时代”类似，“黄金时代”是美国历史上又一个消费主义盛行的时代。随着战后美国一些大型企业的出现，白领的数量超过了蓝领，一个庞大的中产阶级出现了；再加上工会力量的加强，员工普遍有着不错的薪酬和福利。被“大萧条”和第二次世界大战压抑了十多年的消费欲，在战后终于爆发了。

汽车在这个时代又迎来了一个消费高峰。在50年代中期，美国副总统尼克松告诉赫鲁晓夫，美国总共有6000万辆汽车，而赫鲁晓夫坚决不相信。后来在赫鲁晓夫访问美国时，艾森豪威尔总统安排赫鲁晓夫乘坐直升飞机亲眼去看一看美国拥挤繁忙的街道。

除了汽车，富裕起来的美国人对住房的需求也很旺盛。在一个大都市的郊区，在一个有好学校、有绿地的安全社区拥有一个自己的家，是50年代美国梦的缩影。纽约附近的莱维城（Levittown）是第二次世界大战后美国郊区造城运动的典范。开发商莱维在建造房屋之前对社区作了总体规划，并将建筑用的木材等事先在加工厂作了切割，这样可以很快地批量建造房屋——每天可以盖30套。社区还有公用的配套设施，包括游泳池等。房屋的租售需求很旺，以至于开发商不断扩大社区规模。莱维城使得成千上万的美国家庭可以拥有自己的住房，实现了他们的“美国梦”。但也有人对社区住宅统一的设计和缺乏个性提出质疑。随着空调以及全国高速公路网的出现，越来越多的美国人开始搬到气温较高的“阳光地带”（Sun Belt）居住，这一迁徙带动了南部大城市的发展，比如迈阿密、休斯敦和菲尼克斯等。房地产的发展也大大促进了家用电器的消费。

随着电视进入美国家庭，厂商们很快开始利用电视广告这一新手段来为商品促销。当人们的消费欲望逐渐超出了每个月的收入时，全世界的第一张信用卡应运而生了。美国人原本勤俭持家的作风在50年代被新的消费观念取代了。大家不再满足于购买生活必需品，而是根据自己的品味和潮流购买商品，尽情地享受购物带来的满足感。原来用了可以再用的物品，被更新更时尚的新品淘汰了。美国人成为名副其实的“消费者”。在50年代，人口只占全球6%的美国人消费了地球上近1/3的商品和服务。50年代的美国生产自动化普及，生产量和生产效率大大提高，可以满足人们日益增长的消费需求。

50年代美国年均GDP增长接近7%，通货膨胀在可接受范围内，企业盈利状况良好。这些因素叠加在一起启动了美国历史上最好的股市行情。50年代美国股市平均年回报率接近20%，超过八九十年代和20年代，是回报最高的10年。在这10年当中，有3次股市连续超过20个月保持增长而没有经历大幅调整（10%以上的回调）。在1950年初投入1美元到股市，在1959年底可以收回约6美元。

美国在60年代基本延续了50年代经济的发展，直到1973年、1974年的石油危机和股市的崩盘。

“信息时代”

20世纪90年代的美国率先进入了“信息时代”，或者叫做“互联网时代”。为90年代的美国选一部有代表性小说实在太难了，到了互联网时代，谁还看小说呢？如果是电影，那么《黑客帝国》是不错的选择。网络的出现使得人们在现实社会之外又多了一个虚拟空间。互联网的出现为人类增加了无限的可能。

让我们回顾一下90年代出现的科技产品吧。人们在那个时候开始上网，开始有了自己的电子邮箱，和异地的人交流更方便了；后来网上购物开始了，人们开始在亚马逊网站买书，去eBay竞价了。工作方面，大家开始使用微软的视窗系统，并一直延续至今；娱乐方面，人们开始使用MP3，可以随时随地欣赏音乐了；生活方面，数码相机逐渐取代传统的相机，手机也越来越普及了。

互联网和相关新技术的发展为美国找到了新的增长点。从1991年3月到2000年3月，美国经历了整整10年连续的经济增长，是历史上最长的。1992年美国的赤字近3000亿美元，到了2000年，美国政府的盈余达到了创纪录的2300亿美元。虽然科技的发展及全球的一体化使得美国部分低端工作流失，新兴行业创造的新工作机会却更多。美国在2000年底的失业率为3.8%。90年代美国一共创造了2000多万个工作机会。

在美国经济高速增长的10年间，人们在前期没有充分意识到科技发展的威力，在后期又过分乐观了。在1996年，克林顿总统的顾问班子在一份报告中预测，科技发展带来的劳动生产力提高速度不会太快，应该和1973年到1995年的增速相仿。然而事实上美国经济发展从1996开始加速，GDP增长从90年代前5年的3%左右增加到4.3%，科技的创新进一步释放能量。到了90年代后半段，又有人过高估计了技术创新的力量，声称在互联网及相关新技术的引领下，美国已经摆脱经济周期了。很快，互联网泡沫的破裂就证实了这种观点的幼稚。

80年代和90年代是美国历史上股市表现最好、最令人怀念的20年，也是美国历史上唯一一个平均年回报率超过15%的20年。在这20年间，美国股市平均年回报率高达18%，仅次于50年代。如果一个长期投资者在1980年元旦投入1万美元到股市，那么在1999年底他可以过一个开心的圣诞节了，因为那时他可以套现27万美元。这20年间的资本市场还有一大特点，就是股市强劲的同时，债市也一路凯歌。一般来讲，股票和债券的走势是相反的，但在这20年中，债券的回报也达到了10%左右，实属罕见。美国在70年代遭遇恶性通货膨胀，在80年代通货膨胀回归可控范围，在90年代继续下降，走出了股债同涨的行情。

90年代资本市场的另一个显著特点是以共同基金为代表的机构投资者的崛起。在1992年到1998年的6年间，美国共同基金的总体资产管理规模从16万亿美元增长到55万亿美元，平均每年增长近23%。这些增长中大约有一半来自基金的业绩，另一半则来自新募集的资金。

90年代基金的高速发展主要有以下一些原因。首先是股市持续走高，使得美国家庭把更多的资金投入股市。在90年代初期，美国家庭将40%左右的资金投资在房地产上，但到了90年代末，这一比例下降到30%以下。再一个原因是90年代大批雇主为雇员提供退休投资税收优惠账户，那时候婴儿潮一代又开始为退休作规划，将一定比例的收入通过退休投资账户投资到基金中。还有一个原因是美国的家庭越来越接受现代投资理论，即要进行分散投资，不要把鸡蛋放在一个篮子里。而共同基金比自己投资可以更好地分散风险。最后一个原因是共同基金加大试推销力度，启用了包括基金超市等新型的销售手段。除了共同基金，对冲基金和私募股权基金等都在90年代有了快速发展。

从上面讲到的四个阶段的经济及投资历史中，我们可以总结出一些规律。首先这四个阶段的发展都有新技术的推动，不论是“镀金时代”的二次工业革命还是“信息时代”的互联网。另外，这四个高速发展时期都是在战争之后。“镀金时代”从内战结束开始，“爵士时代”和“黄金时代”分别开始于第一次世界大战和第二次世界大战之后。“信息时代”的开始伴随着冷战的结束。今天全球处在“货币战争”当中，这个概念是巴西财长在2010年提出的。这是一场各国主动贬值本币以保证出口、减少进口的战争。今天国际环境和美国的自身情况与之前都发生了很多变化。今天的美国拥有页岩气等新技术并开始考虑货币战争结束后的政策。美国还能像前面那四个时代一样引领世界发展吗？只有时间可以回答。

第二节 认识这三条街你就看懂了美国

和中国一样，美国是一个幅员辽阔的国家。美国大陆东临大西洋，西至太平洋；从东岸的波士顿飞到西岸的洛杉矶要6个小时左右，赶上北京到新加坡了。然而地域再广阔，总结起来，也就是三条街。了解了这三条街，对美国的格局就基本清楚了。第一条是宾夕法尼亚大道（Pennsylvania Avenue），第二条是华尔街（Wall Street），第三条是主街（Main Street）。美国首都华盛顿的宾夕法尼亚大道全长约10公里，其中最重要的一段有1.9公里，连接着白宫和国会山——美国政府中的两极，因此它代表了美国的政府。纽约曼哈顿的华尔街虽然全长仅有一英里左右，但恐怕是世界上最知名的街道，也是美国资本市场的象征。主街，在美国有成千上万条；每个小镇都有一条主街。在今天的美国文化中，“主街”代表了美国普通人的生活和传统价值观，也代表了和华尔街及跨国企业相对的小企业。“主街”经常受到“华尔街”的挤压，生存环境艰难，时常抱怨受到不公平待遇，要求“宾夕法尼亚大道”，也就是裁判，改变游戏规则，并加强对“华尔街”的监管。

宾夕法尼亚大道——联邦政府

美国联邦政府包括立法、行政与司法三个分支。立法分支下设参众两院；行政分支包括总统、副总统、内阁、军队、各行政部门及机构；司法分支则包括最高法院。三个机构之间的制衡，也就是三权分立，是美国的治国之本。制衡体现在一些重大决策方面。比如，总统每年会作政府预算，但预算的批准权在议会；议会可以投票产生新的立法，但最高法院可以判定立法违宪；最高法院法官由总统提名，由参议院确认。还有一点很有意思的是关于发动战争的权力。美国军队的总司令是总统，但只有议会才有对外宣战的权力。2001 年美国纽约遭到恐怖分子袭击，小布什总统对阿富汗发动战争，但据说当时总统并没有得到议会正式的宣战声明。有人为小布什争辩，说议会有宣战权，但作为三军统帅，总统有发动战争的权力；反对人士则说小布什当年的战争是违法的。双方各执一词。其实第二次世界大战后在冷战气氛笼罩下，总统在发动战争方面的权力越来越大。像当初的朝鲜战争和后来奥巴马总统的利比亚战争，都存在法律上的争议。

关于美国政府的财政预算及赤字的讨论，近几年越来越火热。2008 年金融危机以来，美国政府的财政支出不停攀升，导致赤字不断加大。政府支出从 2007 年的 2.8 万亿美元上升到 2011 年的 3.8 万亿美元。上升趋势在 2012 年和 2013 年有所缓解。目前美国联邦政府支出的最大项目是医疗、退休金和国防，分别占总支出的 25% 左右，接下来是福利、教育和交通等。教育方面的开支更多地由地方政府承担。当经济不景气、企业及个人的收入下降、政府的税收收入跟不上开支、入不敷出时，赤字就产生了。美国政府赤字在 2009 年时相当于 GDP 的 9.8%，达到金融危机以来的顶峰，随后开始下降；到 2014 年已经降到 2.8%，回到正常区间。赤字比例连续 5 年下降成为奥巴马总统炫耀他执政业绩的资本之一。如何削减赤字，是通过增税还是减少政府开支？如果要减少开支，应该减少哪方面的开支？相关问题是两党争论不完的话题。

如果一个普通家庭连年入不敷出，日子会很难过。国家也有这个问题，只不过美国政府手中还握有一个法宝：发债。虽然大家担心靠发债过日子能撑多久，也担心终有一天美国会被债务拖垮，但到目前为止，美国的政府债仍然被认为是最安全的资产之一，受到投资人追捧。目前美国的国债约 17 万亿美元，占 GDP 的 101% 左右。摊到每个每个美国公民头上，每人欠债约 5. 5 万美元。国债占 GDP 比例通常在战争或经济危机之后会上升，然后逐步下降。第二次世界大战期间美国的债务比例比现在还要高一些。目前美国 10 年期国债的利率不到 3%，在 2011 年和 2012 年的大部分时间里，利率不到 2%。有意思的是，尽管美国负债比例较高，而且国债利率很低，许多资金在欧债危机时，或全球有地缘政治动荡时，还是纷纷来到了美国，投入了美债。资本是“聪明”的，在平时，资本会流入回报高的地方，但在危机和动荡期，资本则找到安全的处所栖身。正因为这个，欧债或全球局势动荡时，资金流入美债被称为“安全迁徙”。一个借钱花的国家发行的债券为什么还被认为安全呢？原因很简单，对投资者来说，没有比美国国债更安全的资产了。安全在这里有两个含义——违约风险小和流通性高。美国国债由美国政府的信用作全权担保，理论上不存在违约风险。虽然历史上美国政府债券有过重组，但那都是陈年旧事了，而且也不算真正的违约。大的机构投资者在全球局势动荡时，需要有安全的资产投资，以起到存放现金的作用，当局势明朗、经济恢复时，再将资金从安全资产撤离，投资到回报更高的资产中，比如股票。这些机构投资者投资量巨大，如果一种投资产品池子不够深，那么他投资时就会抬高投资品价格，这会影响他后面的投资；在他套现撤离时，就无法快速卖掉全部头寸，这会影响投资策略的实施。在全球范围内，像美债这种有 17 万亿美元盘子、流通性极佳的投资品是很难找到的。因此，美债起到了安全港的作用，吸引了大量避险资金。在流通性这一点，似乎美国欠债越多，流通性就越好，投资人就越对它有信心，真是个悖论。不过，美债的数量不光取决于美国政府想发行多少债券，更取决于是否有投资人买账。

行政分支还包括 15 个“部”，比如国务院（State Department，原来叫做外交部）、商务部、国土安全部等。各个部的部长再加上一些其他高级别官员，组成总统内阁。这15个“部”中最早建立的“部”之一就是财政部，它也是和美国经济关联最多的“部”之一。财政部负责印制美钞和发行政府债券，同时也负责征税来为美国政府带来收入。

另外联邦政府还设立了一些独立于三个分支之外的独立机构（Independent Agencies）。这些机构虽然名义上属于行政分支，但又不受总统支配。一些“独立机构”和投资活动关系密切，比如美联储和证监会。

在2013年美联储度过了自己100岁的生日。在美联储诞生前6年，美国爆发了一次金融危机。危机始于1907年10月，导火索是亨氏操纵一家铜业公司股票的失败。亨氏企图推高股票价格，以逼空做空者，然而做空者获得了足够多的股票，使得股价从60美元跌倒10美元。亨氏为了有足够的资金实施计划，从银行借了不少钱，但它的计划破产，一些借钱给亨氏的银行遭到挤兑，并最终蔓延到整个市场，纽约证券交易所股票比前一年的高点下跌一半左右。我们今天常听到的做空、逼空和杠杆等操作手法，在100多年前的华尔街早就上演了。

和欧洲国家不同，美国那个时候没有中央银行，在危机时刻没有最后的保障。那时华尔街的王者摩根扮演了中央银行的角色，带领着众多银行出资挽救了华尔街。在这之前，华尔街在1873年和1893年也分别出现过市场恐慌。恐慌使得人们达成了共识，相信美国需要一个强大的中央银行系统，以应对未来市场的动荡，美联储于是应运而生了。今天美联储在美国经济中扮演着比成立之初更多样、更积极的角色。美联储通过实施货币政策以保障美国健康的就业率和稳定的价格体系，抵御通货膨胀和通货紧缩。在2008年的“金融海啸”当中，美联储出台量化宽松等非常规招数以化解危机。有人担心这些政策可能在未来为美国带来负面影响。

各国中央银行都是通过直接注资以及调整利率来控制货币供应量。利率高了，融资成本就高了，“经济列车”就像踩了刹车，速度减慢，控制通货膨胀；利率低了，融资成本就低了，“经济列车”加速，抵御通货紧缩。在英国，中央银行的目标利率是伦敦同业拆借利率（LIBOR）；在美国，美联储直接和间接控制两个利率——联邦基金利率（Fed Fund Rate）

和联邦贴现率（Fed Discount Rate）。联邦基金利率是美国同业拆借市场利率，也是投资人最关注的利率。美联储不直接制定该利率，而是通过买卖短期政府债券的公开市场操作来影响它。美联储的公开市场委员会每年召开 8 次会议以确定目标利率。联邦基金利率决定商业银行的资金成本，进而影响企业的投资情况及人民的消费能力，最终影响经济走势。资金是经济体当中的血液，美联储利用联邦利率来影响供血。在 2008 年金融危机后，为了刺激经济，美联储将联邦基金利率降到历史最低的 0.25%。大多时期，这个利率会维持在 2% ~5%。在 1980 年，美联储为了抵抗高达两位数的通货膨胀，将联邦基金利率提高到 20%。在 2000 年互联网泡沫及“9·11”恐怖袭击事件后，美联储连续下调利率，以重振经济，并在 2003 年中下调到最低的 1%。低利率刺激了房地产的飙升，最终导致了次贷危机，于是美联储在 2007 年和 2008 年两年间连续 11 次降息，将利率锁定在 0.25%。美联储就像一个老中医，不停地为美国经济把脉。如果“上火”了，经济过热，有通货膨胀风险，就开出去火药，抬高利率；如果“阳虚”导致动力不足，失业率上升，那么就开补药，降低利率。经济和人体一样，都是一个复杂的体系，体系内部的各个方面相互影响，要调整到平衡状态实属不易！

联邦贴现率是美联储向银行提供借款的利率，由美联储制定。这个利率会高于联邦基金利率，以鼓励银行相互借款，而不是向美联储借款。

和美联储一样，证监会也是产生于人们对金融危机的恐惧。始于 1929 年的美国历史上最严重的资本市场动荡及大萧条导致了证监会的诞生。那次危机让华尔街投资者将近一半的投资化为灰烬。人们意识到了一个所谓自由而缺乏监管的市场是多么可怕。时任总统小罗斯福为了恢复投资人的信心并加强对资本市场的监管，成立了美国证监会（SEC），并任命约瑟夫·肯尼迪为首任主席，他就是后来总统约翰·肯尼迪的父亲。在华尔街的废墟中组建的证监会在成立之初就担负着三个使命——保护投资者，维护资本市场秩序，协助投融资的进行。

投资的核心是信息。证监会所遵循的重要法律之一是《美国 1933 年证券法》，这部法案又被称为证券真实法，要求融资方准确公正地提供有关信息。证券法、司法和投资顾问法，这三部法律从不同方面授予证监会监督市场的权力以及限制投资中介机构的行为，以保护投资人利益。

谈到美国政府，除了宾夕法尼亚大街，还有一条街也有必要介绍一下，那就是首都华盛顿的 K 街（K Street）。K Street 原来聚集了大量的游说公司，后来虽然很多公司搬走了，但 K Street 已经成为了美国游说业的象征，就像华尔街对于金融业一样。随着美国政府越来越“大”，对市场干预越来越多，游说业也发展很快，目前的游说业已成为一个年产值几百亿美元的产业。从事游说的公司主要有两类，一是律师事务所，二是游说咨询公司。从业人员的背景通常是律师或是有在议员班子工作的经历。所谓游说，就是替有利益诉求的企业或其他团体在政府争取利益，其方式通常是影响议会的立法。可想而知，游说公司的大客户一定来自政府监管较多的行业，比如金融和医疗。K Street 就像宾夕法尼亚大道延伸出的一条小街，为有相关利益的企业提供一个与政府联系的接口。

高端访谈：以下是对布鲁斯·拉森教授的采访。布鲁斯·拉森（Bruce Larson）是宾夕法尼亚州盖茨堡文理学院政治系的教授，主要研究方向为美国议会、政党及竞选等，出版了多部政治学著作及论文。拉森教授于 2013 年作为傅尔布莱特讲师在北京外交学院授课一学期。拉森教授拥有弗吉尼亚大学博士学位。采访时间 2014 年 1 月。采访内容是有关美国的政治体系。

问：据我所知，美国实施的制衡政治体系（Check and Balance）源于欧洲，但又与欧洲不同，你能解释一下吗?

答：欧洲很多国家的政治系统是国会体系（Parliament System）。国家的行政管理者（Executives）出自国会。以英国为例，英国的首相就来自国会，并保持他在国会的席位。因此权力在行政和国会两个系统中流动。美国则不同，美国的总统和议会是分别选举出来的，总统不许在国会包括参议院和众议院有席位。美国的宪法不允许有人同时参与行政和立法。这一点就与欧洲很不相同。另外一点就是，在美国，只有总统和副总统是经过全国选举产生的，国会的参议员与众议员都是由各州选出的。因此与欧洲相比，美国的政府权力更加分散，集中度较低，美国政府作决策也因此更困难。目前由于两党的分歧加大，政府作出决定就更加困难。奥巴马是民主党员，现在（指采访时间）参议院由民主党控制，而众议院由共和党控制，而这样的现状产生了许多矛盾。

问：你认为这样的制度对于维持制衡的政治体系是有效的吗?

答：我个人认为这样的制度对于阻止新的立法是有效的，对于产生新的立法是低效的。这样的制度也许会对保证民主有好处，我也不确定。我们的政府不能就预算达成一致，因此每过几年就会有这样的闹剧（Drama)，现在是每几个月就有一次。两党分歧很大，而且缺乏一个能让两党统一意见的机制。美国的政治体系是很开放的，不同的诉求都可以有人代表，但立法的效率我个人认为是比较低的。

问：美国两党越来越难以调和的情况是从什么时候开始的?

答：我认为是从60年代开始的，逐渐发展成现在的样子。在1965年，约翰逊总统（Lyndon Johnson）签署了《选举权法案》（*Voting Rights Act*）。在法案签署以前，南方的黑人很少有人参加总统选举。以密西西比州为例，在1962年，只有2% ~3%的黑人作了选举登记，到了1967年，这个比例达到了大约65%。南方的黑人开始支持民主党，约翰逊总统属于民主党。而南方的白人大多为共和党人士，而且是非常保守的共和党人士。当然这只是开始，后来两党在一些重大议题上的观点越来越有分歧，比如越战，比如约翰逊总统提出的《伟大社会》（*Great Society*）计划及堕胎，等等。

问：美国的少数族裔更偏向于民主党吗?

答：基本上是这样的。黑人大多偏向民主党，拉丁裔也是多数偏向于民主党，但在佛罗里达州有一些古巴裔黑人会投共和党的票，亚裔人士也是越来越偏向于民主党，但不同族裔也会有所不同，比如越南裔会偏向共和党，而华裔大多偏向民主党。这个现象对共和党是个挑战——美国是个越来越多种族的国家，作为一个政治党派，如果不能获得少数族裔的支持将是很困难的。

问：美国的总统、众议员与参议员的选举方式有什么不同，原因是什么?

答：我们先从众议员开始说吧。众议员的任期很短，只有两年，每两年就要重新竞选。众议员理论上是最贴近人民的，因此需要在短期内重新选举。参议员有6年的任期，他们在当选的前几年中不用去考虑竞选的问题。参议院共有100名参议员，他们的选举是差期选举（Staggered Election）。比如说，2014年参议院会有1/3的席位进行选举，2016年和2018年又分别有1/3的席位进行选举。这样做的目的是保持政府的稳定性。群众不能一下将政府的人都选举掉，因为总要留一部分现任的参议员在位。众议员和参议员都没有任届限制。总统的选举是四年一次，而且总统有两届的任期限制。美国总统的选举采取的是一个名为“总统选举人团”（Electoral College）的制度。总统候选人需要获得某一个州的普选（Public Vote）的多数票，从而获得这个州的总统选举人团票数。举例来说，新泽西州有15张选举人团选票，如果奥巴马赢得了普选的多数票，比如52:48，那么他就可以获得全部15张选举人团选票，这也就是赢者全得（Winner Takes it All）的方式。许多州都有比较明确的倾向，不是共和党就是民主党，因此每次总统选举都是在竞争15个左右的“摇摆州”（Swing State），如宾夕法尼亚州、俄亥俄州、佛罗里达州、密歇根州、威斯康星州等。加州是个传统“民主党州”，因此尽管加州是个大州，总统竞选活动也不常在加州进行，竞选人会花更多精力在“摇摆州”进行竞选活动。每个州的总统选举人团选票数是各州众议员人数加上两个参议员，每个州的参议员数都是两个。比如新泽西州有13个众议员，再加上两个参议员，总的选票就是15张。众议员人数是由各州人口数决定的。

问：请问美国几个主要州是“民主党州”还是“共和党州”?

答：加利福尼亚州在80年代时还有可能是共和党胜出，但后来人口构成发生了很大的变化，有越来越多的拉丁裔和亚裔人口，目前已经是“民主党州”了。马萨诸塞州也是“民主党州”。罗姆尼曾任此州州长，他虽然是共和党人，但比较温和，不是非常保守。马萨诸塞州的两个参议员目前都属民主党，大多数的众议员也属民主党。得克萨斯州是非常“共和党”的，其州长和参议员都属共和党，而且是保守的共和党。但有意思的是尽管得克萨斯州全州是共和党天下，一些城市和拉丁裔人口中还有一些民主党势力。纽约州近几年偏向于民主党，但和马萨诸塞州一样，温和的共和党人士也可能会成为纽约州州长。纽约市是偏民主党的，我记得奥巴马 2012 年大选获得了纽约市 80% 的选票，纽约市尚有一些共和党势力。

问：你认为民主党势力最强的州和共和党势力最强的州分别是哪几个?

答：共和党势力最强的是犹他州和得克萨斯州，另外亚拉巴马州共和党势力也很强；加利福尼亚州和马萨诸塞州近几年民主党势力很强。

问：美国竞选的经费来源是什么?

答：参与竞选的经费有两类，一类是体系内资金（Inside Money），另一类是体系外资金（Outside Money）。所谓体系内资金，就是候选人的支持者可以以个人或者公司身份出资。个人为总统选举出资的上限是2000 美元左右，具体数字与通货膨胀率挂钩；公司出资的上限是5000 美元。所谓体系外资金，就是公司可以无限制地动用公司自有资金，做广告来支持或反对某个竞选人，前提是公司的这些行为不是和候选人的团队合作的，而是独立进行的。这就是目前的法律，但这在法律上是很难界定的。比如在奥巴马和罗姆尼的竞选中，有竞选组织分别支持他们两人，为他们两人打广告；这些竞选组织从法律上看起来是独立于二人的竞选团队的，但里面有原来在竞选团队的人。因此“独立”在这里是个非常难以界定的概念。

问：今年，总统、参议员与众议员平均参选经费是多少?

答：2012 年，获胜众议员的平均花销是 160 万美元，参议员是 800 万美元。奥巴马在 2008 年竞选时共用掉了 7 亿美元。2012 年总统竞选的数字我没有看到，肯定也是天文数字，但应该没有 2008 年那么多。

问：美国的企业是如何做游说（Lobby）的?

答：美国的企业，尤其是监管密集的行业，比如银行，需要在国会及有业务的各州进行游说。游说本身也成为了一个产业，集中在华盛顿特区的 K 街，但在各州的州府都有替企业或行业游说的人士。与经营相关的许多法律在各州是不同的，比如保险业。保险公司在不同州销售保单要根据每个州不同的法律，因此州一级的游说对企业来说十分重要。游说和我们前面提到的竞选资助相关法律是相关的，因此游说企业通常会聘请熟悉相关法律的律师。游说的目的之一是影响立法。新闻报道经常会对游说进行负面报道，但其实游说人会为议员提供许多数据及信息，对议员立法还是有帮助的。像医保这样的问题是十分复杂的，游说人提供的数据和信息对议员了解这一议题是很有帮助的。比如说，游说人会根据分析测算出一个法案对就业的影响，并告诉议员，如果某个法案通过了，某个地区或行业可能会丧失掉多少就业机会。

对企业来说，两院的行业委员会（Committees）是最重要的，比如金融业委员会。委员会是提出相关法案的机构。虽然法案必须得到两院支持及总统签字才能生效，但发起法案的委员会基本上控制了法案的内容，因此企业及游说人必须和委员会有良好的沟通。

问：参议院与众议院在立法程序上有什么不同?

答：在众议院，基本上多数党可以确保通过法案，但在参议院却不是这样。参议院中的少数党可以通过无限演说（Filibuster）的方式来拖住一个法案的通过，而多数党如果想使其终结演说（Cloture），则需要60%的票数。但目前民主党在参议院没有控制60%的票数，因此通过一个法案是比较困难的。根据宪法，与税收有关的法案必须由众议院来提出，其他法案可由两院中任何一院提出，原因是众议院理论上与人民更接近。有时某一院提出的法案会直接在另一院通过，也有时某一院提出一个法案，但另一院会就同一议题提出不同版本的法案，这时候两院就会成立协商委员会（Conference Committee），委员会由两院代表组成，并讨论产生出一个统一的法案版本。这个统一版本需要再回到两院，分别通过，再递交总统。各州的立法结构和程序与联邦政府基本一致，除了内布拉斯加州，此州只有众议院，而没有参议院。

问：联邦和州政府各自有哪些决定权?

答：根据宪法，有一些事情是由联邦政府决定的，其他事情则归州政府决定。比如，宪法规定，跨州商业由联邦政府管辖。现在大多数商业活动是跨州的。举个简单的例子，比如你在密苏里州经营一家快餐店，但你的汉堡包原料里有一部分来自内布拉斯加州，那么你就在进行跨州商业活动了。从这个例子我们可以看出，联邦政府参与立法的事情越来越多。在有些方面，联邦政府是尽量回避的，比如教育，尽管联邦政府也在一些层面参与。当然也有一些立法权从联邦回到州政府，但总的趋势是越来越向联邦集中。有时联邦政府会通过给予州政府财政拨款的形式引导州政府通过某项法案。在20世纪80年代，李根总统希望各州统一合法饮酒年龄。议会并没有为此通过立法，但告知各州，如果不把年龄提高到21岁，那么这个州就不能得到高速公路建设基金。

华尔街资本市场

华尔街这条长不到1英里，宽不到11米的胡同，代表的却是一个巨大无比的市场。想以最低成本融资的企业和想获得最高回报的投资人都来到这个市场，在中介机构的撮合下进行着一次次的交易，形成了一笔笔的投资。在好的光景里，华尔街上就像一场盛宴，每个参与者都尽情饕餮；当危机来临，华尔街也可以满目疮痍，人们看着自己的投资瞬间蒸发却无能为力。华尔街见证了一次又一次的牛熊转换，一轮又一轮的市场周期，而在这转换与周期背后，是华尔街永恒的主题：贪婪与恐惧。这个市场之所以巨大，是因为它吸引了来自全球各地的投资人，资本也从这里流向各个角落寻找回报。位于华尔街的纽约证券交易所，每天的交易量可达到四五百亿美元，有的时候甚至更多；而纳斯达克的交易量，目前已经超越了纽约证券交易所。小池子养不了大鱼，只有像美国资本市场这样的资本海洋，才能容得下市值几千亿美元的上市公司。

在金融领域我们会常常听到两个市场，一个是货币市场（Money Market），另一个是资本市场（Capital Market）。货币市场上交易的是短期金融产品，通常为一年期以内，比如短期债券等。资本市场上交易的是中长期融资产品。普通的银行借贷不算资本市场活动，因为没有证券化的借贷是不能交易的。

资本市场可以分为一级市场和二级市场。一级市场是发行人和投资者交易的市场，二级市场是投资者互相交易的市场。以股票为例，股票发行人及融资方将部分公司股票通过承销，拿到市场上交易，就发生在一级市场，比如IPO。公司发行的股票上市后，投资人之间买入卖出股票，就是二级市场行为。虽然有一级、二级市场之分，但两个市场是相互关联的。比如一家公司发行新股上市，它的股票发行价格就要以二级市场交易的同类公司为基准，并打一个折扣，因为它是新公司，没有交易历史。而新公司股票在一级市场上市，也经常会影响二级市场同类型股票的价格。有的时候，准备上市公司的宣传会使得投资者想起被忽略了的同类公司的股票，从而抬高这些股票的价格；也有的时候，投资人为了购买拟上市公司的股票，需要先卖掉持有的同类型股票，以准备资金，从而打压二级市场的同类股票。比如阿里巴巴上市前，一些中国概念股下跌，原因就在这里。

有些人会有疑问，二级市场的交易发生在投资人之间，和发行公司没有关系，发行公司已经拿钱走人，为什么还要关心股价？其实就像开发商盖楼一样，当楼盘已经售罄，为什么有的开发商仍然会按宣传的规划建花园呢？原因就是开发商希望给市场一个好的印象，以便在日后卖新项目时还可以卖出好的价钱。公司上市是只是一个开始。上市的地位给了公司更加便利的融资手段。公司在日后会陆续通过发行新股、发行股票及私募等方式融资，配合业务发展。只有关心投资人的公司，才能保持持续的融资能力。

资本市场的参与者，从大体来分，有卖方和买方。前两年一个华尔街老兵写了一本书，叫做《华尔街的伟大博弈》，写的就是卖方和买方的较量。看了这本书，让我想起十多年前在美国一家投行做卖方分析员时，不少人都希望日后能跳到买方，好真枪实弹地去投资。那么到底什么是卖方和买方呢？

资本市场上交易的是金融产品，包括股票和债券等。所谓卖方，就是销售这些产品的机构，以投资银行为代表。买方就是投资者，包括各种各样的投资机构。以公司上市IPO为例，上市公司有扩张业务的需求，需要筹集资金。这家公司找到投资银行，也就是资本市场的卖方，要求投资银行作为承销商，将自己公司的股票在交易所挂牌，并向投资人，也就是买方推介公司股票，最终将股票卖给投资人。结果就是，买了股票的投资人成为公司的新股东，而公司以牺牲部分股权和控制权为代价，获得发展所需的资金。公司上市是一个融资行为，但实质上更是一个销售行为，只不过销售的不是普通产品，而是以股票为代表的公司的所有权。上市公司就像股票这一金融产品的生产厂家；投资银行将这个产品包装并向投资者推销，扮演卖方的角色；投资者从投资银行手里买来股票，扮演买方的角色。

对不在金融圈的人士来说，卖方的名头要比买方大得多。有谁不知道高盛、大摩、美林这些名字呢？这些大名鼎鼎的投资银行，到底有什么神通呢？我们以高盛为例，看看一个投资银行都有哪些业务，是怎么获取巨额利润的吧。高盛由德国裔犹太人高曼（Goldman）在1869年创立，经过100多年的洗礼，成为华尔街投行圈的一块金字招牌。今天的高盛有四个业务板块，分别是投资银行、销售和交易、投资和借款以及资产管理。第一个板块是投资银行，下设两个部门，分别是并购部门和承销部门。高盛作为卖方或买方的顾问协助并购的完成，并以承销商的身份帮助企业上市发行股票，并收取顾问和承销费用。这项费用通常是交易和上市融资总额的一个百分比。这块业务占高盛2013年全部收入的18%。第二板块是为机构客户提供的销售和交易服务（Sales and Trading）。这是目前高盛的最大业务板块，收入占比约为45%。高盛的销售人员为机构投资者提供研究报告及投资的建议，如果投资者作了买卖决定，那么高盛的交易员则会为投资者完成交易，高盛从中收取一定比例的交易佣金。高盛也会在一些投资产品中充当做市商的角色，为市场提供流通性，同时也赚取买卖差价。在这个板块，高盛参与的金融产品主要有股票、债券、大宗商品和外汇等四类。第三板块业务是投资和贷款，投资手段及标的多种多样，比如股权债券混合，直接投资或间接投资，私募或公众投资等，大多为长期投资。这块业务排名第二，占公司收入比例约为21%。第四个板块是资产管理，即通过基金专户等方式为机构投资人提供投资管理服务，并为高净值个人和家族提供投资咨询服务，并收取费用。这块业务为高盛带来大约16%的收入。凭借这四大板块的金融服务，高盛在2013年一共获得了300多亿美元的收入!

卖方不仅要对金融市场现有的产品烂熟于心，还要不断创造新的金融产品，打造新的产品结构。一些复杂的金融产品可以为投资银行带来更高的收益，也可能对投资人有益，比如降低风险或获取原本没有的投资机会，但与此同时，投资人不要忘记另外一种可能性：投资到令人眼花缭乱的复杂的金融产品中，而没有搞明白这种产品的风险，或根本就不可能搞明白，结果鸡飞蛋打。

买方包括机构投资人和散户。机构投资者就像正规军，是市场的主要力量。美国资本市场上的机构投资人有以下几类：养老基金、主权基金、保险公司、共同基金、捐赠基金及对冲基金等。以上的机构投资者中最有意思的就是养老基金和对冲基金，二者有着完全相反的形象。养老基金一听名字就很乏味，太缺乏资本市场腥风血雨的感觉了。为了确保资产安全，也能按时发放福利，养老基金通常投资到低风险、低回报的资产当中，尽管由于近期债券利率降低，养老基金也更多地投资到股票和另类投资中，但总体的投资策略仍然是以稳健为主。目前全球主要的养老基金的资产配置当中有近45%投到债券中，41%投资股票，剩下的是另类投资和现金。尽管养老基金头顶没有太多光环，但体量却是所有机构投资者中最大的。养老基金的资产管理总量比共同基金、保险公司等都要大不少。目前全球养老基金的总量在30万亿美元以上，其中一半以上来自美国。美国加州有两个知名的养老基金。一个是加州公共退休员工基金，它管理着加州超过160万名政府员工和家庭成员的退休和医疗福利资金，资金规模超过2700亿美元。另外一个是加州教师基金，成立于1913年，目前管理加州公立学校80多万名教师的福利资金，总规模在1700亿美元左右。养老基金规模庞大，气质稳健，就像机构投资者中的大象。与之相对的，是对冲基金，在机构投资者中体量很小，但名头很响，许多知名的投资人和投资案例来自对冲基金。对冲基金大多嗅觉灵敏，就像投资者中的猎豹。目前全球对冲基金的总量在2万亿美元左右。

对冲基金可以称得上一个江湖，里面有各门派高手。根据美国对冲基金研究公司的分类，对冲基金共有5大门派、31个分支。比如股票对冲门派下面有市场中性和侧重做空等分支，事件驱动门派下分信用套利和并购套利等。对冲基金几个显著特点是可以卖空，也就是卖出借来的股票，可以利用较高的杠杆，并向投资人收取较高的管理费。相对保守的对冲基金会通过对冲手法来减少市场或行业风险；激进的基金则会看准机会通过借钱加大筹码下注。对冲基金确实创造了一些神话，但真正能够长期打败市场的基金寥寥无几。对冲基金收取的高额管理费是否物有所值，是投资人一直争论的问题。

对整个对冲基金行业影响最深的基金之一叫做老虎基金。老虎基金成立于 1980 年，在它 20 年的生命中，资产从最初 800 多万美元增长到最高峰时的 200 多亿美元，创造了神话，但最终却晚节不保，匆匆收场。老虎基金的创始人是朱利安·罗宾逊。1978 年，在朱利安 46 岁的时候，他作出了一个不寻常的决定：放弃了华尔街一个投资公司负责人的职位，举家迁往一座和纽约截然不同的城市——新西兰的奥克兰，去停下脚步，思考未来。然而两座城市的距离还是不足以阻隔华尔街的吸引力。当朱利安听说一批和他同时期的投资人，包括索罗斯，正在利用对冲基金收获金钱和名誉时，他于 1980 年回到美国，开创了自己的对冲基金——老虎基金，据说老虎是他太太的昵称。凭借他自己的 100 多万美元和从熟人处筹措来的总共 880 万美元，这只老虎“出山”了。老虎基金前期关注选择公司，并投资了 De Beers 和沃尔玛等。后来朱利安更关注宏观策略，并在德国和日本投资股票、期权和外汇。然而朱利安的本质始终是一个选股人（Stock Picker），而不是宏观操盘手，这也是他和索罗斯的区别。老虎基金在前 18 年以超过 30% 的年化收益率创造了奇迹，但在后期由于在美国航空（U. S. Air）等投资上的失误导致收益下降，投资人大批撤回资金。朱利安最终在 2000 年关掉了基金。老虎基金为早期的投资人和朱利安本人创造了可观的财富，在 1980 年基金成立之初投入的 1 万美元，在 2000 年基金关门时已经涨到约 80 万美元。随着基金规模的扩大，基金的管理越来越复杂，想成为资本市场的常青树实属不易。在关闭老虎基金后，朱利安用自己的钱作为种子基金扶持了许多新人成立的新基金，这些基金被称为“小老虎”（Tiger Cubs）。“大老虎”离开后，众多“小老虎”现身江湖，继续着由朱利安开始的传奇。

在众多的买方机构中，还有一类在近几年越来越多地受到大家关注和模仿，那就是美国大学的捐赠基金。美国大学的捐赠基金资金来自校友等捐赠人。大学基金的规模通常与学校名声成正比，或者说基金的规模是大学声誉的标签。美国最大的大学基金毫无悬念地来自哈佛，规模约 320 亿美元。紧随其后的是耶鲁，规模约 200 亿美元。哈佛理论上可以用它的基金买下一家标普 500 公司中排名 100 左右公司的全部股票！

美国的一些名校有着自己的“生态系统”。它们几个世纪积累下来的声誉可以吸引来自全球各地的优秀学生。学生们在校四年，大多会对学校的文化形成认同和归属感。而学校的文化是由校园、教学楼及雕塑等硬件以及教学、社团活动、体育比赛及艺术活动等软件来体现的。比如哈佛除了知名教授以外，还有三个美术馆，馆藏可谓丰富，从古典大师到印象派和后印象派的画作，从中国青铜器到美国 20 世纪的抽象雕塑，应有尽有。用馆长的话来说：“参观者可以了解 19 世纪绘画和摄影的复杂关系，也可以在艺术研究中心欣赏一件古希腊的酒器，从而体会一座教学型美术馆的不同。”

名校毕业生中的一部分人会在事业及财富方面非常成功，并以捐赠的方式来回馈母校，以帮助学校有财力来不断吸引优秀的教授和学生，形成“生态系统”的良性循环。

美国一所大学一年的开销是相当可观的，它们有哪些收入来源可以维持学校的运营呢？有些人会说是学费，毕竟名校一年约 6 万美元的学费和住宿费可不是一个小数目。然而对捐赠基金到达到一定规模的大学来说，学费只是收入的很小一部分。以耶鲁为例，它的学费只占总收入的 9%，而基金的收入占 34%，是学校最主要收入来源。如同养老基金一样，学校捐赠基金的资金也不能放在银行里去赚取那有限的利息，而是要通过投资获取现金流和升值回报来满足学校运营需求。耶鲁大学基金的投资回报在所有大学里面是最高的，在过去 20 年间保持着年均 13.5% 的回报率，超过大多数相关指数。耶鲁是如何获得投资成功的呢？秘密来自于“耶鲁模式”。耶鲁投资组合的特点是大量投资于另类投资品，而不是重仓传统的股票和债券。以 2013 年为例，耶鲁投资组合中 PE 投资占到 32%，房地产占到20%，对冲基金占到18%，而美国股票只有6%。PE是流通性较差的投资产品，不像股票和债券一样想卖就卖。耶鲁认为像PE这样的投资市场不如股票市场那么有效，而有效性差的市场才有好的投资机会，耶鲁有能力找到并利用这样的机会。耶鲁在PE方面的投资回报率接近30%。在房地产方面，耶鲁看中房地产项目投资带来的现金流和升值空间，以及抵抗通货膨胀的功能。另外项目投资过程相对复杂，也比较耗时，使得普通投资人无法参与，为耶鲁这样的专业投资人留下机会。耶鲁在房地产方面的投资回报率在12%左右。耶鲁超配PE和房地产，那么流通性的问题如何解决呢？从投资组合内部来看，债券产生利息，股票有股息，房地产带来租金收入。另外债券和股票可以作为抵押物从银行获得贷款。在外部市场，耶鲁也在需要时通过商业票据和发债来筹资。

近年来有许多投资者追捧耶鲁模式，也想打造自己的常青藤投资组合，然而效果往往不理想。许多大学基金的投资回报不如指数基金。投资PE和对冲基金的费用远远高于投资简单的投资产品，比如指数基金，如果回报没有明显好于指数基金，甚至更差，那么这些投资费用则是巨大的浪费。耶鲁在年报上也为投资者明确地列出了警示："没有中间地带。低成本的被动投资策略适合大多数个人和机构投资者，他们没有时间、能力和资源去进行高质量的主动投资。耶鲁的投资模式只适合少数投资人，他们有资源和理念去追求去除风险之后的超额回报。"耶鲁的意思就是说，普通投资人满足于获取市场回报（贝塔）就行了，而超额回报（阿尔法），还是留给像耶鲁这样的少数精英投资团队去追求吧。

卖方和买方是以华尔街为代表的资产市场的两大阵营。它们相互竞争，也相互依存。当然在卖方和买方内部，竞争更为激烈。在投资的竞技场上，投资人经常参与的是零和游戏，非赚即亏。投资是技术，更是艺术。许多投资人都希望可以打败市场，创造超额收益，然而成功者寥寥无几。常青藤的投资大师不仅谙熟投资技巧，也通常有着自己特别的投资哲学和对人性的理解，在贪婪与恐惧中努力地把握平衡。

主街小企业

和宾夕法尼亚大道以及华尔街比起来，主街要亲切多了。我以前在美国上学的学校在一座小城市，城市就有一条主街。街的名字也就叫做“主街”。主街是一条单行线，街的两边有银行、快餐店、药店、书店、修车铺、酒吧，还有一家中国超市。街的一头和校园相接。学生们的基本需求在这条主街上都可以满足，而一座大学也可以养活主街上的生意。我印象里主街上最高的建筑也只有三层，但这样一条小小的主街就是这座大学城里最热闹的场所。下课之后，趁着主街的店铺还没关门，去那里逛一逛，是学生们喜爱的节目。主街的生活，简单中不乏欢乐。

主街，尤其是和华尔街对比时，代表的是美国普通人的日常生活，是一种满足人们基本需求、自给自足的地方经济，是和大集团相对应的“小企业”；同时，主街也象征着一种以家庭生活为中心、崇尚勤劳和简朴的文化。主街和华尔街的对比是哈佛的一位经济学家首先提出的。他在1929年出版了一本书，就叫做《主街与华尔街》。作者解释说，主街这个概念是他从美国著名作家辛克莱·刘易斯那里学来的。刘易斯在同年出版的小说《主街》引起很大反响。

满足地方经济供应的主力是当地的小企业。在美国，小企业通常是指雇员在500名以下的企业。小企业“个头”确实很小，很难和大企业竞争，生存压力很大，因此需要政府的扶植。美国小企业中很大一部分是“无员工企业”（Nonemployer Firm），也就是企业里面没有一个拿工资的雇员。这样的企业主大多在家办公，做一些小买卖。这些“无员工企业”中，年收入超过5万美元的只有20%左右，超过10万美元的只有10%左右。小企业在微观层面“个头”很小，但在宏观层面数量众多，形成“小企业很大”的现象。美国共有2300万家小企业，实现美国总销售的54%。在小企业工作的人员总数占美国总就业人数的55%；从1970年以来，小企业创造了66%的新增就业机会。美国有60万家加盟形式的小企业，它们占美国零售总额的40%，并提供了800万个就业机会。从1990年至今，大企业总共削减了400多万名员工；在同一时期，小企业增加了800万个新工作机会。正因如此，小企业的拥护者说：“就像美联储是美国企业最后的贷款提供人，小企业是美国最后的就业创造者!”

三街之争

华尔街凭借内战时的债务承销和第一次世界大战时"安全港"加上"出资人"的身份成为了世界金融中心。美国企业在20世纪初开始了流水线作业，规模不断扩张，并通过20世纪20年代的并购潮形成了一批大企业。相比较而言，那个时候联邦政府的规模还比较小，政府支出只占GDP的10%。为了跟上华尔街和大企业的发展，联邦政府陆续成立了相关监管部门，出台新的法律法规。今天的政府支出已经占到GDP的36%左右。主街的地方经济模式不断受到华尔街和大企业的冲击，大规模的购物中心可以很轻易打败主街上的小店铺。然而凭借创业精神和灵活性，美国的小企业自强不息，在美国经济中仍占据不可替代的地位。

三条街代表了不同的利益各方，争论甚至斗争是不可避免的。在这些争斗中，各方在不断变化的环境中自我调整，也调整着和另外两方的关系。

争论总是在经济危机出现后最为激烈。在2008年的金融风暴之后，人们对华尔街的运行模式和政府的处理方式展开了激烈的辩论，辩论的核心之一就是"大而不倒"（too Big to Fail）。"大而不倒"是指华尔街的大型金融机构为了追逐利益而进行过于激进和不道德的投资及顾问业务，在引火上身而面临倒闭、自食其果的关键时点，总是能获得政府的救助逃过一劫。而政府出手相救的理由就是这些机构太大了，它们对社会的影响太大了，他们的倒闭是全社会不可承受之重。"大而不倒"第一次被广泛使用是在20世纪80年代的伊利诺伊大陆银行危机中。当时这家美国排名第七的银行由于参与高风险借贷而身处危机，出现挤兑。美国政府只好出手相救。美国2010年出版的畅销书《大而不倒》，以及后来根据本书改编而成的电影，更是让这个词汇广泛流传，加深人们对华盛顿和华尔街的质疑。

在2008年这场突如其来的金融风暴中，华尔街上那些不可一世、叱咤风云的金融机构一夜间从黄金屋变成了纸牌屋，摇摇欲坠。人们不禁要问："黄金去哪了？资本去哪了？"AIG为在金融危机之前出售大量信用掉期协约，为将近600亿美元的次级债产品提供保险。当次贷危机爆发，

AIG出售的信用掉期产品风险暴露，AIG的信用评级也遭下调，AIG的交易对手要求AIG增加交易保证金，而AIG无力支付，使集团面临倒闭。AIG股价从2006年初的近70美元一路狂跌到2009年3月的35美分！花旗集团在房地产飙升的阶段大量承销并持有与次贷相关的资产证券化产品，这些资产在次贷危机到来时价值跳水，花旗的股价从2006年初的50美元左右跌至2009年3月的谷底1美元以下。危急时刻，美国政府出手相救，用了数千亿名纳税人的钱为在倒闭边缘的几大金融机构注资及提供担保，化解了危机。

在次贷基础上证券化的金融产品，就像建在沼泽地上的高楼。贪婪驱使着人们把楼越建越高，评级机构为高楼打出高分，AIG等保险机构又赶来为高楼上了保险……直到沼泽地再也支撑不住，大楼瞬间坍塌！在建造过程中，一直有清醒的人提醒人们地基的脆弱，但在盖好的楼被投资人抢购时，谁又会去关注地基问题呢。

政府的救市引起了强烈的争论。人们认为政府对华尔街采用社会主义，而对主街采用市场机制。在金融危机期间，许多小企业倒闭，许多员工遭解雇，幸运的员工留住了工作，但眼看着自己的退休金减半，不得不延迟退休。这些小企业，这些普通员工，都没有得到政府的救助。政府救市的动机大家都理解，为了避免更大范围的经济损失，然而救市将“大而不倒”的说法再次确认，也产生了许多后遗症。主街抗议的内容之一就是大金融机构有了“大而不倒”的“免死金牌”，获取资金的成本要比小金融机构低得多，形成越发不平等的竞争。美国经济政治研究中心相信“大而不倒”的特别待遇，为美国近20家资产在千亿美元以上规模的大型金融机构每年节省了340亿美元的资金成本。当然金融危机之后，美国政府出台了对金融机构更加严格的法案，但主街仍然不满。近期小企业关心的焦点是大企业避税的问题。一些跨国公司在海外进行收购，然后通过华尔街投行和税务顾问的帮助，将利润集中在低税率国家，也降低纳税额。美国的企业所得税率是35%，而爱尔兰只有12.5%。根据一份小企业调查，小企业家诉求中名列前茅的包括堵住跨国企业避税的漏洞，这个愿望甚至比减税还要强烈。

政府救市还引发了主街对宾夕法尼亚大道和华尔街的亲密关系的担忧。有不满人士将美国的资本主义叫做权贵资本主义（Crony Capitalism），以形容权钱结合的状态。一种现象的存在似乎为这些不满人士提供了证据，那就是"旋转门（Revolving Door）现象"。"旋转门"是指政界人士弃政从商，或商界人士弃商从政，商政两界中间就像有一扇"旋转门"，供两边的人们交换身份。"旋转门"走得最熟练的人包括美国原财长保尔森。他从国防部晋身白宫，从白宫跳到高盛，并最终出任高盛CEO，之后担任美国财长，在宾夕法尼亚大道和华尔街切换自如。"旋转门"让人们对私营部门和政府部门的关系产生怀疑，但如果"旋转门"使用得合理合法，它也可以为人才的流动带来便利。

三街之间的"恩怨情仇"永不落幕，自我调整也从未间断。宾夕法尼亚大道在大政府和市场主导之间摇摆，寻找平衡点。华尔街和大型企业一方面不惜重金进行游说，希望得到政府倾斜的政策，一方面也通过公益活动来树立"良好市民"的形象，改善和社区的关系。小企业希望凭借自己的总量及在就业岗位上的贡献，向华盛顿施加压力，以使宾夕法尼亚大道和华尔街之间有一个健康的对立关系，为主街提供平等的竞争舞台。

第三节 华尔街的两股势力——英裔清教徒与犹太人

我们都知道美国是个移民国家，美国人来自许多不同国家。但大家可能不知道：美国的爱尔兰后裔数量是爱尔兰人口的近7倍；美国的犹太人比以色列的犹太人还要多；美国的德国后裔人数近5000万人，相当于德国人口的60%以上！除此之外，美国还有大量的英国裔、意大利裔、墨西哥裔、非洲裔，等等。每个族裔的存在都使得这个国家的文化更加多元化，同时也被别人的文化改变着。每个族裔也都有精英，过着精彩的美国梦。然而在金融和投资领域，到今天为止，有两个族裔的影响力最为突出。

说到华尔街，我想大家首先想到的族裔一定是美国犹太人。的确，金融圈里一些金字招牌背后都有犹太人的身影，比如高盛、曾经的雷曼兄弟及罗斯柴尔德等。对冲基金领域中犹太人掌管的知名基金包括索罗斯基金、奥式基金（Och－Ziff）及文艺复兴基金等。犹太人参与发起的PE基金有著名的黑石基金、华平基金及凯雷基金等。除了投行基金，掌管美国货币政策的美联储主席也以犹太人为主，现任主席耶伦和她的两个前任伯南克及格林斯潘都是犹太裔。

另一个在华尔街和华盛顿的强势族裔叫做WASP，WASP是White Anglo－Saxon Protestant的缩写，翻译过来就是白人安格鲁撒克逊清教徒。WASP这个名字有时带有贬义，形容他们的傲慢等，但那些不是我要讨论的话题。知名的WASP金融机构包括摩根士丹利、摩根大通、布朗兄弟哈里曼等。在政界，美国历史上的总统大多数是WASP。和WASP密切相关的另一个W开头的词组叫做White Shoe Firms（白鞋所），白鞋所是指在美国东部，比如波士顿和纽约，由WASP建立的律所，有时也指投资或咨询机构。白鞋所通常有上百年历史，服务一些全球500强的大型客户，比较知名的白鞋律所有谢尔曼和辛普森等。

犹太人口占美国总人口约2%，却持有不成比例的财富量。美国财富400的富豪中，大约有25%是犹太人。犹太人在美国的所有种族中，收入也是最高的。那么犹太人是如何从一百年前的移民变身美国精英的呢？美国历史上出现过三次犹太移民潮，第一批犹太人是从葡萄牙和西班牙搬迁来的，第二批犹太人来自德国，第三批，也是最大一拨的犹太移民来自东欧，包括俄国、波兰及白俄罗斯等地。从19世纪80年代到第一次世界大战，共有约200万名东欧犹太人来到了美国，并集中在纽约。东欧犹太人在欧洲的处境远远不如前两批犹太移民，他们来到美国后，也是生活在社会底层，许多犹太人一家子挤在贫民窟，并在纺织厂挣血汗钱。在东欧被迫害惯了的犹太人来到美国后保留了卑微的形象，被德国犹太人所鄙视。尽管身处逆境，犹太人却保留了两点让他们日后翻身的品质：自律和爱读书。根据康奈尔大学教授索维尔的调查，当年住在纽约贫民窟的犹太人，犯罪和酗酒比例都要比其他族裔低，学生们的逃学比例也低。虽然来自东欧的犹太人中有一半是文盲，但他们来到纽约后见到免费图书馆如获至宝，如饥似渴地读书。在1912年有人对俄国犹太人的图书馆作了调查，发现被借出的书中大部分是非小说书籍，畅销书无人问津。凭借勤奋和智慧，犹太人逐步走出了贫民窟，在华尔街站稳脚跟。成功犹太人士的经典故事是这样的："我的爷爷从东欧来的时候身上只有10元钱，后来我的爸爸获得了博士学位，现在我是一名投资银行家……"美国犹太人的成功是个有趣的现象。犹太人在来到美国之前，在欧洲许多国家做了很久的少数族裔，然而都没有站稳脚跟。来到新大陆的犹太人获得了令人瞩目的成就，不光是在金融领域，也包括学术、政治及电影等各行各业。是什么因素成就了美国犹太人呢？是美国相对开放的文化还是美国强调竞争的资本主义制度？我不知道问题的答案，但是可以肯定的是，犹太人的某些特质和美国社会的某些特点产生了"化学反应"。

从美国建国开始，WASP是美国社会的唯一精英群体，直到第二次世界大战之后，WASP的势力才逐渐减弱。WASP的标准人生轨迹是这样的：出生在WASP的聚居区，比如曼哈顿的上东区、长岛的汉普顿、新泽西的普林斯顿或波士顿的毕肯山——从地理上讲，WASP基本上就是美国的东北人；从小上私立学校，上大学前要进入大学预科学习（Prep School），大学要读常青藤名校，比如布什父子上过的耶鲁大学，在校期间除了学习之外还要积累人脉；毕业后做律师、从商或从政；业余爱好是壁球、马球或游艇等。这群身份显赫的英裔（或西北欧裔）白人精英一直代表着美国的主流文化，占据着华尔街和华盛顿的要职，并且和犹太人一样，从社会赚取与人数不成比例的财富。

第二次世界大战后，WASP对社会各领域的掌控有所减弱，逐渐告别了"一族独大"的局面。造成这一变化的原因是多样的。首先，美国在第二次世界大战后通过法案，对不同种族的退伍兵一视同仁地提供助学金，让他们进入大学学习，为美国少数族裔的年轻人提供了接受大学教育的机会。另外一点就是WASP自己敞开了大门，开始接受其他族裔的人进入白鞋所等传统WASP领域工作。WASP这样做的原因是什么呢？有的解释是WASP的核心价值观之一就是公平竞争，他们愿意为其他族裔提供机会。也有人对这种观点不屑一顾，而是认为经济利益的驱使才是真正原因。当有的WASP公司为了节省开支以及加入新鲜血液而招收其他族裔的优秀员工时，其他WASP公司为了保持竞争优势，也纷纷效仿，直至大家都将大门敞开。到了20世纪60年代，美国的社会更加开放。在宗教领域，天主教越来越多地被接受，美国也出现了第一位天主教总统——约翰·肯尼迪。民权运动为黑人参与主流社会开辟了道路。美国的社会越发多元化了。

今天的美国每年从世界各地吸引了各行各业的人才，为这个社会添加着新的活力。如果WASP心中的理想是一个越发强大的美国，那么他们当年敞开大门，逐渐分享主导地位的做法是成功的。

华裔与犹太人的相似之处就是对教育的重视。今天美国的各所知名大学里，都有不少中国学生。如果犹太人是“新WASP”，那么未来华裔在美国是不是可以成为“新犹太人”呢？

第二章
“牛”与“熊”的角斗场
——美国的资本市场

第一节　走近美国资本市场

财富可分为两部分：一部分用来让拥有者享受人生；另一部分用来创造更多的财富，这第二部分，就是资本。因为资本的使命是获取更多的财富，所以它的本性一定是流动的，流向回报合理而风险可控的去处。每天有数不清的投资者飞到世界各个角落签署投资协议，也有数不清的投资者在他们位于纽约、伦敦、中国香港、悉尼和圣保罗的办公室，通过电脑终端发出对证券的买卖指令。资本在这些协议签署和指令发出之时开始在全球流动。当资本在全球某些地方聚集起来，就形成了一个个的“资本池”，而美国的资本市场则是所有“池子”中最大最深的一个。

衡量一个“池子”大小的标准是它占全球“蓄水量”的比例。美国的债券市场总量大约有40万亿美元，约占全世界的1/3；美国股票市场总量约有20万亿美元，也占全球股市的1/3左右。美国的资本市场规模远远超过其他国家的资本市场。衡量一个国家资本市场深度的标准则是该市场总量与本国GDP的比例。美国的资本市场总量大约相当于美国GDP的4倍，也是远远高于其他国家。发展中国家的资本市场深度总体要低于发达国家，相对于股票市场，主要的原因是债券市场和资产证券化市场规模通常较小。

美国的资本市场包括几个板块：股票市场、债券市场、按揭市场、衍生品市场和外汇市场，几个市场各自有自己的“生态系统”，同时又相互关联。就像当年的香港保卫战，特区政府与索罗斯空军就是在股市、汇市和衍生品市场同时交火。

在所有的资本市场板块中，最受关注的就是股票市场了。股票市场分为一级市场和二级市场。一级市场是指股票发行公司通过承销商向投资者发行股票，并通过募集的资金来支持公司的发展与扩张。股票发行又分为首次公开发行（IPO）和增发（FO）。美国 IPO 采取注册制，而不是审批制。股票能否发行投资者说了算。股票市场好的时候，市场上资金充裕，投资人信心满满，IPO 的数量就会多。2006 年美国的股市有着不错的回报率，达到 15% 以上。2007 年迎来了一个 IPO 的小高峰，总共有约 300 家公司成功挂牌，共融资约 500 亿美元。到了 2008 年，金融风暴袭来，大盘下跌近 40%，IPO 市场也骤然降温，全年上市公司只有 50 多家，融资总额仅仅 200 多亿美元，要不是有一个逾 170 亿美元的 Visa IPO，全年融资额就可以忽略不计了。2013 年和 2014 年随着股市的提升（2013 年是 1997 年以来的首次大盘回报率超过 30%），IPO 市场超过了危机之前的 2007 年。与中国大陆和香港股市不同，美国 IPO 的板块集中在科技和医疗领域，占总市场的半壁江山。在过去 10 年间，许多中国公司也上演了猛龙过江的好戏，在纽约证券交易所及纳斯达克挂牌融资，比如阿里巴巴、百度、新东方等。

我本人也参与了几家中国公司在美国上市的路演，亲身体会了美国的资本市场。2007 年我参与了一家中国地产公司在纽约证券交易所挂牌的路演。在纽约我们拜访了几十家共同基金（Mutual Funds）及对冲基金（Hedge Funds），见到了不少华尔街投资高手。但纽约之行给我留下印象最深的，却是一位酒店的黑人行李员。当时我们住在著名的 Waldorf Astoria 酒店，过来帮我们运行李的行李员问我：“出差?”“是的。”我回答。我们一行人马都穿戴整齐，在很晚的时间入住，很明显是商务而不是旅游。“是关于投资的吧?”他又问。我点头。他说：“我也喜欢投资。”他边说边从口袋里拿出一个小纸条，看了一眼，接着说：“今天有家中国公司在美国

IPO，代码是 VISN，这是家好公司，你可以买进。”VISN 是国内一家做传媒的公司，叫做华视传媒，那天在纳斯达克上市并融资了 1 亿多美元。我虽然不知道一个行李员给我的消息是否可靠，但却体会了一把“金融之都”的氛围。

在 2009 年，我代表一家中国能源类公司在美国做融资路演。在纽约的时候我们拜访了一家规模不是很大的基金公司，基金公司的负责人是位 45 岁左右的白人男子，他的名片上有个三个字的中文名字，我们在这里就叫他杜先生吧。杜先生告诉我们他爷爷的姑姑曾经在 19 世纪去中国教过英文，而且他本人也很喜欢中国，每年都要去中国多次。当我把公司的演示材料给他的时候，他说：“Thanks but let's leave the American stuff aside first.”（谢谢，但还是等等再看这些美国人喜欢看的东西吧）。随后他很详细地了解了公司创始人的背景及想法，接着又问了很多关于公司一名中国独立董事的情况。他更关心公司如何在中国开展业务，而不是像许多投资者那样更喜欢研究公司的财务数字。杜先生相对那些没去过或很少去中国的投资者，更清楚中美两国公司经营环境、经营文化的差异。

虽然 IPO 是最吸引眼球的，但由于每年上市的公司数量是有限的，IPO 的融资额是无法与已经上市公司的再融资相比的。在过去几年，每年美国市场增发的总金额约是 IPO 金额的 3 倍多。在美国上市的好处之一就是增发的手续比较简便，公司可以很好地利用公众公司的地位进行再融资。也是这个原因，美国的上市公司对与投资者的关系是比较重视的。与投资者良好的沟通可以帮助公司在未来降低融资成本。

美国上市公司在股权融资方面，除了可以发行普通股票，还可以发行优先股。优先股比较独特，它兼具股票和债券的特性。它和普通股票一样代表对发行公司的所有权，又像债券一样派发固定股息，通常是按季度支付。当公司正常运转时，优先股股东在普通股股东获得股息前获取股息；在公司破产时，优先股股东在债权人之后获得清偿。对发行公司来说，优先股的股息虽然通常是固定发放的，但当公司出现财务问题时，可以减少或不发放股息，而不会像付不出债券利息那样被逼破产。但正是优先股股息的这种不确定性，使得投资人要求更高的回报，公司发行优先股的成本要大于债券。对于投资人来说，优先股的好处是价格波动幅度通常比普通股票和债券低，而且股息高；听起来很完美，但硬币的另外一面则是它既没有普通股票上涨的空间，也没有债券派发利息和到期归还本金的确定性。优先股是一种需要思考才能理解的投资产品。但想清楚以后，发现还是没有离开投资的本源，即风险和回报是成正比的。对投资人来说，投资的艺术就是取舍。

比股票市场还要大得多的资本池子是债券市场。美国的债券分为三大类，国债、地方政府债和企业债。

美国的国债都是 T 字打头，代表 Treasury（财政）。期限最短的叫做 T bill，为一年以内，因此它属于货币市场的投资品。T Note 为 1～10 年，T bond 的期限是 10～30 年，它们都属于资本市场的投资品。由于国债有美国政府的全部信用作为背书，因此被认为是没有违约风险的，至少目前还是这样。也正是因为较高的安全性，它们的利率都不高。国债的另外一个缺点是利率风险大。当利率提高时，国债的价格会受到打压。美国国债是许多主权基金喜欢的投资产品，原因是它的安全性和流通性。截至 2014 年夏天，外国政府持有美国国国债总额约 6 万亿美元，占美国国债总额相当的比例。中国、日本和比利时是美国最大的债主。

地方政府债是由州、郡和城市政府发行的债券，用来实施市政工程建设，比如公路或学校，也可以用来弥补短期的财政收支空缺。地方政府债券的发行通常由投资银行承销。与国债相比，地方政府债有自己的特点，好处是，对投资人来说，债券的利息是免税的，不好处是，由于市场缺乏透明度，流通性较差。从投资人构成来说，国债有大批的主权基金及其他机构投资人，而地方政府债有更多的个人投资者。

企业债是企业发行的长期债券，通常面值为 1000 美元，每半年支付一次利息。与股票不同，绝大部分企业债的交易是通过场外交易完成的，而不是交易所。投资人买卖企业债的主要途径是通过债券交易商。近些年纽约证券交易所发现了债券交易的机会，开始推出一些交易所挂牌债券，但到目前为止交易量仍然较小。

债券投资的最大风险是违约风险。衡量这一风险的工具之一是评级公司对债券的信用评级。债券的评级市场被标准普尔和穆迪两大公司垄断，它们占到市场份额的80%左右。债券评级从最高的AAA级到最低的C级共有20多个级别，但按大类分只有两类，即投资级和高息债级。BBB级以下的债券为垃圾债券，违约可能性大于投资级，因此它们的利率较高，以补偿投资人承受的较高的风险，高息债的名字也因此而来。其实级别较高的高息债的违约率还是比较低的，以BBB－的企业债为例，在2002年和2008年两次危机中的违约率只有1.31%和0.71%。同等级别的结构性债券违约率则要高很多。2008年的金融危机后，评级公司遭到很多质疑与批评，甚至有人说它们就是危机的制造者之一。但不论如何，评级公司对债券的评级到今天为止还在被广泛地使用。毕竟对投资者来说，尤其是个人投资者，要准确地判断债券的违约风险，是非常困难的，有个评级至少可做个参考。

美国资本市场的第三个板块是按揭市场。按揭市场是指家庭或投资人购买不动产时向银行申请的贷款。不动产的种类包括自住房屋、商业地产及农场等。为了控制贷款风险，银行通常有三种做法：一是对贷款申请人作还款能力的评估；二是要求贷款人将不动产抵押给银行，直至还清贷款；三是要求贷款人付一定比例的首付。然而在次贷危机爆发前，银行对第一点和第三点都放松了要求，集聚了大量的坏账风险。在美国，通常把信用评分在640分以下的申请人的贷款叫做次级贷。在1994年，次贷占总贷款比例只有5%，但是到了2006年，这个比例达到了20%。在2005年，美国平均按揭的首付款是2%，而且贷款者中有近一半根本不付首付款。银行的激进可见一斑。

银行的激进和按揭二级市场的操作有很大关系。按揭二级市场是指按揭贷款证券化产品的交易场所。贷款的证券化是从20世纪70年代美国发展起来的，主要产品包括MBS、CMO和CDO等。这些复杂名字背后有着类似的原理，即把成百上千种按揭贷款（有时也包含其他贷款品种）打包，做成标准化的产品卖给投资者，并由按揭贷款本金及利息作为保证。在打包的过程中，会把普通贷款和次级贷款混合，再根据还款顺序做成不同信用等级的产品。理论上，将众多按揭贷款打包会降低违约风险，但事实证明正好相反。金融危机期间，证券化产品成了“烫手山芋”，投资者唯恐避之不及。在金融危机过后，美国房地产市场复苏，坏账清偿速度加快，一些按揭贷款证券化产品价格较低，又出现了一些投资机会。

其实不论何种投资产品，都是有风险的。当人们一窝蜂地将资金投到某一种投资品，而忘却了它的风险时，这种投资品的“盛宴”就要结束了。早点离场的人可能还有盈利，留到最后的人就可能赔上身家了。当大家都忘记了这种投资品，它反而可能又具备投资价值了。投资风潮几年一换，不变的是投资者的行为。

资本市场的另一个板块是外汇市场。外汇市场是一个全球化全天不间断交易的市场。按交易量来说，它是全球规模最大的资本市场板块。美国在全球外汇市场占有重要的地位。从全球交易地点来说，纽约和伦敦是外汇交易两大中心。从外汇交易机构来说，全球十大机构中有四家来自美国，其中花旗银行更是名列榜首。美元在外汇交易中首屈一指。在全球的外汇交易中，约85%的交易涉及美元。在外汇现货市场交易中，最多的是美元、欧元交易，其次是美元、日元交易，再次是美元、英镑交易。因为美元在汇市的重要性，判断美元的走势是投资人重要的工作。衡量美元汇率的指数时把美元和六种其他主要货币比较。这六种货币中权重最大的是欧元，接近60%，其次是日元和英镑等。影响美元走势的因素很多，包括经济、政治及投资者心理等。

外汇市场分为现货和期货市场。现货交易就是根据当前汇率立即对两种货币进行交割。期货交易是通过合约规定在未来的某天按照约定好的汇率将两种货币交割，以避免未来汇率变动产生的风险。

中国投资者在投资美国时也要考虑汇率的风险。如果一位投资人今天将人民币换成美元在美国投资后，一年后套现，再将美元兑换成人民币，转回国内，那么如果在一年后，美元相对人民币贬值，那时能兑换的人民币就少了，投资者则要承担损失。投资者可以利用远期外汇等手段锁定汇率。

最后来看看被巴菲特称为大规模杀伤武器的金融衍生品。既然是衍生品，那么就一定有对应的基础产品。衍生品依附的基础投资品包括股票、债券、外汇、指数、利率及大宗商品等。衍生品就是在基础投资品上形成的一种合约，合约双方的收益情况根据基础产品价格的变化而变动。以股票的看涨期权为例。投资人如果看好苹果股票，他可以买入看涨期权。根据期权约定，他可以在一定时期内，以约定价格买入苹果股票。如果期权约定价格是600美元一股，当苹果股票涨到700美元一股时，他可以行使期权，以低于市价100美元的价格买入股票。期权本身的价格是根据苹果股票的市场价格变化而变动的。苹果股价涨得越高，与期权约定价格相差越大，期权也就越值钱。衍生品最初的目的在于为生产者和投资者提供对冲风险的工具，但目前很大一部分衍生品被用来投机。衍生品的种类很多，有远期、期货、期权及掉期等，这里就不一一介绍了。衍生品的结构可以设计得非常复杂，使得投资人不容易正确判断它的风险。

巴菲特在2002年的公司年报中，把金融衍生品称为大规模杀伤武器。因为金融衍生品的投资者常常使用很高的杠杆，还会忽略交易对手违约风险。更重要的一点是，衍生品把许多金融机构连在一起，一旦少数几家机构出问题，会牵连其他机构，形成“火烧连营”的惨状。

金融衍生品市场就是衍生品交易的场所。绝大多数衍生品在场外交易，只有很少的衍生品在交易所交易。美国的芝加哥商品交易所是全球主要衍生品交易所之一。

高端访谈：下面是我对王博士的采访（Dr. Jim Wang）。王博士是华尔街一家对冲基金的合伙人，对美国资本市场有着深刻的了解。王博士获得耶鲁大学博士学位以及北京大学学士学位。采访重点是美国资本市场特点及金融危机的成因和影响。采访时间是2014年5月。

采访内容之一：关于金融危机及美国资本市场

问：您一直参与房地产次债基金的管理，而这种产品又是2008年金融海啸的导火索。请问您认为此次金融危机的主要起因是什么？

答：从历史角度看，2008年的金融危机与以前发生过的多次经济危机有着相同的模式。这个模式就是“高速增长—资本流通过剩—资产泡沫—

泡沫破裂”。从20世纪90年代初开始，以广泛使用的个人电脑和网络为代表的信息革命大幅提高了生产效率并带动了一轮全球高速经济发展，另外，中国的经济改革、在某些领域的放松管制、全球的市场开放政策，以及高速增长的石油及大宗商品价格，在世界范围内快速集聚了大量财富。这些财富按理说也该以资本的形式再投资到经济当中，但是由于这轮财富增长太快，资本市场无法全部吸收，就造成了资本过剩。投机性资本在全球范围内流动，追逐有限的投资资产，最终导致资产泡沫的产生，比如美国和欧洲以及其他地区的房地产泡沫。这个泡沫的破裂直接导致了2008年的金融危机。从这个角度来说，2008年的金融危机和历史上许多危机非常相似，比如1997年的亚洲金融危机。

当然了，2008年的金融危机也有自己的特点。2000年的互联网危机之后，美联储降低利率以刺激经济。但是，美联储将超低利率保持的时间太长了。低利率迫使投机性资本寻找高回报资产，并导致了房地产泡沫。美国政府对金融业监管的放松，尤其是1999年对《格拉斯—斯蒂格尔法案》的部分废除，和2004年美国证监会（SEC）对金融机构净资金要求的调整（放松），给予了华尔街金融机构很大的空间及动力去承担过度的风险，并将不良资产加到资金的资产负债表中。

2008年金融危机最为特别的一点就是金融工程（Financial Engineering）所扮演的角色。金融结构产品（Structured Finance）将高风险贷款打包，再分成不同的回款优先等级，做成看起来风险较低的固定收益产品，从而大大增加高风险债务，包括次级债的重量，也制造出许多不良AAA级资产。评级机构所依赖的数据是不完整的，且对房屋价格下降与贷款违约率的相关性作出了错误的判断。根据自己有瑕疵的评估模型，评级机构对担保债务凭证（CDO）和次债抵押支持债券（MBS）中的许多级别的资产给予AAA评级。这些不良资产出现在华尔街许多金融机构的资产负债表上。对冲基金，甚至一些货币市场基金都购买了这类资产。当房价下降，这些不良AAA级资产出现问题，导致了去杠杆化的死亡螺旋，最终引起了雷曼兄弟的倒台和整个的金融危机。

问：您常年在华尔街工作，请您谈一谈此次金融危机之后，华尔街的

投资机构和中介机构都有了什么样的变化?

答：2008年金融危机以来华尔街发生了很大变化。陶德—弗兰克法案(Dodd-Frank法案)，特别是沃克尔法则（Volker Rule）大大降低了华尔街金融机构的自营交易量（Propriety Trading）。许多华尔街金融机构的交易员加入了对冲基金，或是成立了自己的对冲基金。根据《巴塞尔协议Ⅲ》(Basel Ⅲ)，华尔街金融机构需要有足够的资金才能持有一些高风险证券。这因此改变了这些机构发行结构性金融产品的业务模式。华尔街的金融机构仍然通过股票承销和做市获取丰厚利润，但交易和发行结构复杂的金融产品业务大规模下降。如前面所说，许多专业人士离开原来的金融机构而加入对冲基金，使得对冲基金行业变得“拥挤”，竞争空前激烈。拥有几十亿美元资产的大型对冲基金还能够正常运营，但许多小型对冲基金则难以维持。全球投资人的投资偏好在2008年之后也发生了改变，他们更喜欢投资传统的金融产品，比如债券和股票，而不是结构复杂的衍生产品。

问：美国资本市场被认为是世界上最成熟的市场，但在过去几年也发生了金融危机及麦道夫等丑闻。您认为这些事件会影响美国资本市场在全球的地位吗?

答：美国的资本市场仍然是世界上最发达的资本市场。资本市场的核心不是资本，而是信息。资本是不缺乏的，而难能可贵的是将资本投到正确的地方。从信息透明度、信息交流的速度以及金融技术几个方面来看，美国的资本市场仍然是领先的，欧洲紧随其后。另外美国资本市场历史较长，也经历了多次危机，在修正相关法则及规定方面，也远远好于其他市场。但是我认为美国资本市场的领先地位在过去3~4年的时间里遭到削弱，而原因并不在于金融危机或麦道夫丑闻。真正的原因是政府和美联储对资本市场的干预。美国资本市场变得越来越不自由，越来越被人为掌控。在一个自由市场中，风险会有公平的价格，下错赌注的人会承担自己的损失。但由于政府的救市，华尔街的道德问题比以前更严重了。美联储的量化宽松和低利率迫使投资人寻求高风险资产，大大改变了不同资产的相对价格。

问：金融危机之后美国国债受到国际投资者追捧，因为他们认为美国国债风险小。您能从市场风险、汇率风险、政治风险、违约风险及流动性风险等方面分析一下吗？

答：在2008年美国金融危机和之后的欧债危机之后，关于对国债的投资有许多争论。一个主权国家发行的国债，其两个主要风险点一是该国经济实力，二是这个国家的政治以及金融体系。从这点来说，美国相对来说还是好于其他国家。美国经济的实力来源于其经济的广度。与依靠大宗商品的产油国和依靠出口的一些亚洲国家不同，美国经济具备深度与广度，就像一个风险得到分散的投资组合。同时，美国的经济也很灵活，具备创业者的创新精神。美国的移民政策也从全球吸引顶级人才。2008年的金融危机从核心撼动了美国经济，但美国经济是可以恢复的。

美国也拥有全球最好的政治及金融体系。历史上许多主权债违约都是由于发行国家脆弱的政治和经济体系，而核心问题是主权债发行政府获取税收的能力。在美国，大多数人和企业是按规定纳税的。在政治体系方面，美国有许多相互制约的安排，以防止个人和利益集团控制国家的经济和金融决策。

因此对美国国债来说，政治风险、违约风险和流通性风险不高。美国国债的最大风险是利率风险，但这个风险是可以对冲掉的。短期内美元的汇率风险也不高，但长期来说，美元是否能持续作为全球储备货币存在很大不确定性。

问：美国在金融危机之后通过四轮量化宽松恢复了增长及投资者对股市的信心，却没有造成通货膨胀，您能解释一下这是如何做到的吗？

答：量化宽松是2008年以来对金融市场起作用最大的因素。我认为量化宽松没有造成通货膨胀的原因有两点。第一，2008年的金融危机使美国及全球经济产生了通货紧缩的趋势。房地产以及其他领域投资的损失逐步显现，消耗了金融市场的流通性，也大大削减了投资人的财富总量。财富的下降使得人们降低消费并使得经济形成通货紧缩趋势。在这样的大环境下，量化宽松并没有加大消费需求。第二，银行和企业在2008年之后变得保守多了。银行对发放贷款变得谨慎，一方面因为越来越严格的规定，另一方面银行自身也没有动力。量化宽松的资金只是修复了银行的资产负债表，但并未流通到经济实体中。面对消费者需求的不确定性，企业对扩大业务的兴趣也比以前减弱，在雇人及扩产方面放慢速度，使得失业率高居不下，这又进一步打击了消费者信心。消费者不消费了，通货膨胀就很难提升。

采访内容之二：关于不同投资产品

问：您公司最近推出了量化对冲基金产品，而中国这两年也陆续有量化对冲基金推出，而且不少基金经理是海归，并打算把海外的量化模式运用于中国A股市场。请您谈一谈究竟什么是量化产品，其优点和缺点又分别是什么。量化产品在美国是如何发展起来的，目前市场地位如何？

答：许多投资风格被定义为量化投资策略，但它们之间存在很大差别。区分不同的量化投资策略，主要是看投资策略以什么信息作为输入数据，以及投资决策是如何产生的。如果输入数据以量化信息为主，投资决策是由模型自动产生的，那么这就是量化投资策略。据我所知，量化投资策略有三大类，分别是技术分析（Technical Analysis）、套利（Arbitrage）和统计基础分析（Statistical Fundamental Analysis）。

技术分析的目的是从对历史价格的走势分析中发现某种规律。输入的数据包括价格、交易量以及其他数据。如果投资决策是根据技术指标决定的，那么就可以算做量化投资策略；如果投资决策是通过更加主观的方法作出的，比如阅读图标，那么叫做量化投资策略就比较牵强。

许多对冲基金建立自动交易系统，交易决定根据技术分析指标作出，指标与趋势及回归均值等相关。一些基金追求自动交易速度，建立高频交易系统。阅读交易图表的技术分析已经存在100多年了，而通过技术分析指标进行决策的交易系统也有30年到40年的历史了。

量化套利策略源自1973年布莱克和斯科尔斯提出的期权定价理论，这个理论是金融学理论的一个突破。这个理论表明，如果一种金融衍生品的价格出现较大的偏差，那么投资人就可以进行无风险套利。华尔街后来将这个理论转化为一种投资模式。这种投资模式通常会包含非常复杂的数学模型，并被运用到各种投资产品中，比如固定收益产品、外汇、可转债等。量化套利策略在1998年著名的长期资本基金倒台后开始走下坡路，并在2008年金融危机后面临更多挑战。量化套利策略通常需要很高的杠杆来获取足够的收益，但在2008年后，获取高杠杆越来越困难。目前纯粹的套利量化策略已经很少见了，很多采取这种策略的基金已经转换为多空仓对冲策略。

统计量化分析运用统计工具分析历史数据来确定能够决定金融产品未来表现的因素。举例来说，一些对冲基金分析公司盈利与未来公司股票表现的相关性，以判断未来股价。统计量化分析通常会演化成某种多空仓对冲策略。

我认为统计量化分析是目前应用最多的量化策略。这种策略可以在许多领域应用，包括宏观和微观层面。

量化策略的发展是基于信息技术的革命。量化策略需要获取并分析大量的数据，只有在互联网时代，数据才能被容易地获取。量化策略也需要大量计算，这点只有在个人计算机和工作站足够便宜且功能强大时才能实现。

量化策略从理论上来说是与有效市场理论相背离的。有效市场理论讲的是，在一个自由市场中，每一个人都能平等地获取信息，那么所有的投资回报都是随机的，任何投资策略都不会有特别的优势。在现实世界里，市场不是有效的。量化策略则试图通过模型和数据分析来找到投资产品定价的错误。量化策略去除在投资决策过程中人为的因素，加入更多科学的成分。但量化策略的问题是，当投资人意识到量化模型存在问题时，通常为时已晚。资本市场所处的是一个庞大的人造的缺乏确定性的环境。量化模型都是对现实世界的简化，没有一个模型是完美的。

还有一点，量化模型都有自我毁灭的趋势。一个好的模型迟早会被其他投资人所了解，并变成一种被广泛使用的模型。如果用这种模型的投资人太多了，那么这种模型能发现的投资机会就会越来越少，直到它不再有应用意义。

一些权威机构发布的模型风险更大。比如评级机构使用的为担保债务凭证（CDO）和次级债支持债券估值的模型就存在很大问题。这些模型是造成2008年金融危机的一个重要原因。

问：股票与债券是两种最基本的投资产品，而您对这两种产品都有研究。请问这两种产品分别在什么样的经济及市场环境下会有更好的表现？在作资产配置时，这两种产品又分别有什么样的作用？

答：首先，我们需要明确一下，我们谈的是股票和债券这两种投资品种，比如股票和债券的指数，而不是谈论选择某一只股票和债券，因为那是完全不同的事情。股票通常在经济好的时期表现较好，而债券则投资风险较小。然而在2008年金融危机之后，人们开始怀疑债券的安全性。在选择股票或者债券时，首先要考虑投资人的投资期限。如果投资人准备持有投资的时间较长，比如10年或以上，并且在市场不好时不需要急着清仓套现，那么股票则是较好的选择。如果投资人投资期限较短，并且在市场危机时还想能睡好觉，那么则应多投些债券。债券的两个主要风险分别是违约风险和利率风险。违约风险是不容易分析的。投资人需要做大量的作业才能在投资低级别债券时控制风险。利率风险在2008年金融危机之后也变得难以预判，因为各国的中央银行对利率的干预太多了。总体来说，我认为美国处于经济发展期，投资股票的收益会更好一些。

问：您公司对黄金也有研究，请问您对黄金未来的走势持什么观点？黄金作为一种投资产品，它的优势及劣势在哪里？最近金价的大跌行情背后是什么原因？

答：黄金前几年经历了牛市，直到今年年初金价暴跌，这显示了决定金价因素的复杂性。黄金的基础价值在于黄金是一种奢侈品，就像珠宝一样。与其他奢侈品，比如跑车和高档红酒不同，来自不同文化的大众都认可黄金的价值。另外一个支持黄金价格的因素是它的稀有性。尽管技术得到发展，黄金依然不容易开采和加工。人们对黄金的喜爱和它的稀有性推高了黄金的价格。但在过去的5年到10年间，黄金越来越成为一种金融产品，被人们用来对冲或投机，并造成金价的泡沫以及今年初金价的暴跌。

我认为投资黄金可以对冲通货膨胀的观点有些不妥。有许多投资产品可以抵御通货膨胀，而黄金与CPI并没有特别强的相关性。关于黄金的另外一个问题是，除了黄金的历史价格外，没有其他可以为黄金估值的体系。股票的价格是基于公司在未来的盈利能力；债券的价格是基于债券的利率和本金。黄金并不产生任何收入。一盎司黄金值1000美元还是2000美元？没人知道。由于黄金的这些特殊性，黄金与其他主要投资产品的相关性不强。因此，我觉得普通投资人应该投资一定量的黄金以起到分散风险的作用。

问：金融危机之后ETF产品受到许多投资人的欢迎，以获得cheap Beta，请问投资人如何利用ETF产品进行投资？

答：我认为ETF无论对散户还是机构投资人都是好的投资品种。ETF在交易所交易，可以让投资人以一种容易、便宜和快速的方式获取市场回报（Beta）。但是投资人要知道EFT的一些潜在问题。第一是流通性问题。大型EFT的流通性比较好，但是小型ETF在投资人想要出手时可能有流通性问题。第二是费用问题。就像投资基金一样，投资人一定要关注ETF的佣金和费用。由于ETF没有股票那么普遍，ETF交易可能会有一些隐藏的费用。第三点，也是最复杂的一点，就是ETF的市场表现。市场上有两种ETF，一种是被动投资型，另外一种是主动管理型。许多被动投资型ETF复制某种指数的回报，比如标普500指数或黄金价格。有些ETF运用金融衍生品来制造空仓或杠杆，比如做多或做空2倍标普500指数。还有些ETF持有它们要复制的指数所代表的资产，比如一只叫GLD的黄金ETF，就拥有实物黄金。这些被动投资ETF其实产品结构一点也不简单。它们要进行复杂的调仓等运作，这些运作会产生很高的交易费用，并使得它们的回报与它们要复制的指数产生偏差。关于主动投资型ETF，透明性是关键。如果投资人不清楚一只主动管理型ETF到底投资哪些金融资产，那么就很难作出正确的买卖决定。

采访内容之三：关于中国投资者

问：对有意投资美国的中国投资人，您有什么建议？投资人如何避免碰到欺骗，如何避免重大损失（欺诈风险与市场风险）？他们应该如何选择不同投资产品？

答：对有意在美国投资的中国投资人来说，第一点是要有一个正确的期望值。美国资本市场的大部分是比较成熟的。投资人在美国不一定可以获得在中国得到的投资回报。一味追求高回报大多数时候会有令人失望的结果。当投资人看到周围的人在一年内投资翻番也一头跳进去，很有可能是掉进陷阱，并赔得很惨，这种现象是很普遍的。第二点是投资人要清楚地知道自己的投资目标与条件限制，比如投资期限和对流通性的要求。如果投资人有一年的投资期，并要求能在需要时尽快退出投资套现，那么一些长期型房地产产品就不适合。投资人需要根据自己的投资需求寻找正确的投资产品。在这个过程中，投资人需要专业投资人员的帮助。美国大多数专业投资管理人是诚实并接受过良好培训的。但是美国的专业投资人士非常多，不要盲目相信在投资论坛讲话或在媒体撰写投资专栏的人士，一定要了解他们过往的投资业绩以及投资程序。第三点就是要注意分散风险。许多投资风险，包括类似于旁氏骗局和麦道夫这样的陷阱，是可以通过分散投资来避免的。我建议投资人不要在某一种投资产品上投资超过10%。第四点要考虑的是风险承受能力以及是否要设置止损点。许多投资人在2008年市场最差的时候清空投资，造成了永久的损失。其实如果他们能一直持有投资，当时的账面损失都可以补回来，甚至有更高的收益。第五点要提醒大家的是形象陷阱。一些投资人喜欢投资房地产等硬资产，还有些投资人喜欢投资大牌公司股票。从纯投资角度看，所有投资都只是数字。硬资产的流通成本是最高的。

问：目前国内投资产品以信托等有担保抵押品的固定收益产品为主。请问美国以前也是这样吗？后来又发生了什么样的改变？

答：美国类似的产品是担保贷款（Collateralized Loans）。美国的公司或组织发行以资产或现金流为担保的贷款有很长的历史，后来这种贷款演变为更标准化的金融产品，以及资产证券化产品，比如资产支持证券（Asset – Backed Securities），包括按揭支持证券（MBS）和担保债券凭证（CDO）。关于这类投资产品，有两点要特别注意。一点是违约风险。评级机构为发行机构评级，但评级有对有错。没有评级，贷款市场不可能发展到今天的规模。另外一点是二级市场的发展。在1990年以前，大多数贷款是贷款机构（以银行为主）的表内资产。后来贷款机构需要将一些贷款卖掉以加强资产负债表，这就慢慢催生了一个贷款的二级市场。这个市场大大提高了贷款市场的流通性。

问：请问您的基金投资者中有没有美国高净值个人或家族投资者？他们的投资方式及特点是怎样的？

答：我们有一些家族办公室的投资人。他们对于了解投资产品的要求非常高，同时也要求与投资管理人有很多的沟通。家族办公室经常聘用投资顾问来选择投资产品，这些投资顾问对于投资经理的要求很高也很多。对投资产品及投资团队要做到彻底地了解。

第二节　“鸡蛋不要放在一个篮子里”——现代投资理论

当一颗苹果掉到牛顿头上，人们知道了万有引力。当一个篮子掉到地上，里面的鸡蛋都碎了，人们知道了要分散投资风险。在美国证监会的网站上，关于分散投资以规避风险，举的例子是街边商贩：“你是否注意到，街边商贩经常会销售看起来完全不相关的商品，比如雨伞和太阳镜。他们正是通过多样化的商品，来减少在某一天赔钱的风险。”

资产配置就是将投资人的资本按不同比例投资到不同的资产中。资产配置并不一定代表分散投资。将所有资本投到一只股票中，也是配置，只不过是近似赌博的配置方式。

资产配置的理论基础是现代投资组合理论（Modern Portfolio Theory，MPT)。美国经济学家马科维茨在 1952 年，年仅 25 岁时，发表了一篇标题为《投资组合选择》的论文。当时没人能想到这篇只有 14 页的论文奠定了现代投资组合理论的基础，并帮助马科维茨在 38 年后获得诺贝尔经济学奖，学术界也因此有了“十四页成名（14 Pages to Fame)”的说法。在这篇论文中，马科维茨探讨了投资的效率。衡量投资的好坏，不能只看回报的高低，而是要看回报与风险的比例。获得一份回报，承担的风险越小，投资效率就越高；相反地，承担同样的风险，获得的回报越高，投资效率越高。投资人可以通过资产配置来建立高效投资组合。

资产配置是当今美国投资界广泛使用的投资策略，在实践中有一套成熟的流程。资产配置的特点之一是可以为不同的投资者定制不同的配置方案。投资者有着千差万别的要求，统一的投资套餐是无法满足每个投资者需求的，因此资产配置是从了解投资人开始的。

关于投资人，首先要考虑的是他的投资期限。一个30多岁上班族的投资期限比一名退休员工要长很多，他也因此可以更多地投资股票类风险较高的标的，而退休人员则应配置更多的债券，以避免股市短期可能带来的风险。股市在短期内的波动性非常大，随着投资年限的增加，股市的波动性大幅减小。举例来说，美国道琼斯指数年回报率最高达到87%，发生在1915年；而最差的是负53%，在1931年。从近期看，2008年道琼斯指数损失为34%，而在2009年，回报率近19%。但如果我们把投资年限从1年变为10年，并计算每个十年的平均回报率，那么回报率的区间就缩小到0~20%了。因此时间本身也有分散投资风险的作用，英语叫做time diversification。

接下来要考虑的是投资人对回报的要求。如果一名投资人对这个问题的答案是“越高越好”，那么就没有规范的投资经理敢为他投资了。在资产配置的过程中，我们要考虑的回报不是投资人想要的回报，而是他需要的回报和市场上能够获得的回报。他需要多少回报，是可以通过分析他的现有资产和未来现金流得出的。当然在作现金流分析时，要考虑的因素还是很多的，包括生活方式、其他收入来源及健康状况等。

与回报相对应的，就是投资人所能承受的投资风险。投资风险分为两部分，一个是投资人承担风险的财务能力，另一个是投资人的个性，也就是他的风险偏好。财务能力是可以通过模拟投资结果分析的，而风险偏好则是非常主观的部分。当财务能力和风险偏好不一致时，谨慎起见，投资人应该选取较低的那个作为标准。比如说一名财务实力很强的投资人对风险很反感，那么他选择的投资标的应该是低风险的。

然后需要考虑的则是投资人的税收情况及投资限制。如果投资人处于较高纳税级别，那么投资类似于地方政府债一类的低税收资产就会有所帮助。关于投资人的限制，主要就是两类，不能买与不能卖的资产。有的投资人由于工作关系了解某些公司的内幕，比如为这家公司审计，那么他就要避免投资这家公司；有的投资人由于情感原因不愿出售某些资产，比如爷爷留下来的家族公司股份，那么在作资产配置时就要标明这些属于非卖品。

在了解了投资人的特点之后，资产配置的第二步是确定与投资人匹配的投资风格，包括激进型、保守型和平衡型等，并根据不同风格配比不同资产的种类。激进型投资人可以多配置以股票为主的高风险、高回报的资产，保守型投资人可以多配置以债券为主的风险较低且有稳定现金流的资产。

在确定了资产类别的比重之后，投资人就可以开始选择具体证券来构建投资组合了。ETF 指数型基金交易方便，分散风险，对大多投资人来说是完成资产配置的良好工具。

以分散投资风险为目的的资产配置可以减少投资组合的波动性。以美国最近的两次股市熊市为例，如果投资人将所有资金都投入股市，那么他在 2000 年 8 月到 2003 年 2 月的损失是 43%，在 2007 年 10 月到 2009 年 3 月的损失是 47%。如果他分散投资，在投资组合中包含了 40% 的债券，那么他在这两次危机中的损失则下降到 13% 和 19%。当然，在股市好的年景里，一个包含 40% 债券的投资组合回报一定比全是股票的组合要差。分散的投资组合在任何时候都比不上当年表现最好的资产，但也肯定好于当年的最差资产。如果资产配置只能带来一个不温不火、比较平稳的回报，那么它的意义到底有多大呢?

首先，分散风险的投资组合可以减少市场震荡时投资人的损失。少赔钱在投资中有很大的意义，因为赔钱永远比赚钱容易。如果一个投资人的本金从 100 美元上涨到 200 美元，他的投资收益率是 100%。但当他的本金从 200 美元又跌回 100 美元，他的损失率只有 50%。50% 的损失足以抵销 100% 的收益。只有不赔钱或少赔钱，投资人才能留在生意场上不被淘汰出局。

另外，一个平稳的回报率给投资人带来的收益要高于波动性高的收益。投资人 A 的本金是 100 美元，第一年投资收益率是 10%，资产涨到 110 美元。第二年赔 5%，资产变为 104.5 美元。两年平均回报率是 2.5%，实际收益是 4.5 美元。投资人 B 的本金是 100 美元，第一年投资收益是 2.5%，资产涨到 102.5 美元。第二年又赚 2.5%，资产变为 105.1 美元，两年平均回报率是 2.5%，实际收益是 5.1 美元。虽然两个投资人的平均回报率都是2.5%，但由于A的投资回报率在两年中波动率大，他的实际收益比B的小，这个现象叫做风险拖累（Risk Drag）。对投资人来说重要的是每年的复合收益率，而不是算术平均收益率。平稳的收益率有着更高的年复合收益率。

在作分散投资时，投资组合中的资产相关性越小，整个投资组合的风险越小。但每种资产之间的相关性不是一成不变的。在2008年的金融危机中，不同资产的相关性加强，股票下跌，房地产、对冲基金等一些另类投资品种一同下跌，没有起到分散风险的作用。只有债券一枝独秀。

美国的投资人在过去的几十年中不断地发展资产配置的操作。早期的投资人会选择20只左右被认为有升值潜力股票。之后投资人在选择股票时，除了考虑单只股票的优劣，还会有意选择不同风格和规模的股票，使投资组合中既有价值型又有增长型股票，既有大盘股又有小盘股。到了20世纪80年代，美国投资人开始投资其他发达国家的股票，开始了跨地区的分散投资。在90年代，他们开始关注新兴市场。再后来，他们又开始研究先锋市场。在这个过程中，投资人也逐渐在投资组合中加入另类资产，包括房地产、对冲基金、私募股权投资及大宗商品等，目的是不断增加投资组合的效率。

在某种资产持续上涨时，投资人经常会忘记资产配置而追逐热点，结果往往是难以全身而退。据研究，投资人绝大部分（80%～90%）的投资收益来自资产配置，而非选股和择时。长期来说，合理的资产配置是获取稳定回报的保障。

高端访谈：以下是我对乔治·何吉先生的采访，采访的重点是关于全球投资及资产配置。乔治·何吉先生是道富的董事总经理及全球投资策略师，之前曾任霸陵资产管理公司的首席投资官。何吉先生毕业于哈佛大学，是特许投资分析师（CFA）。道富（State Street）是全球第二大资产管理公司，旗下资产逾2万亿美元，总部位于美国波士顿。采访时间是2013年2月。

采访内容之一：关于投资策略

问：道富基金的投资策略是“国际化视野加上对每个地方的了解”(global perspective with local expertise)。你能解释一下这个投资策略吗?

答：美国道富资产管理公司是目前全球第二大资产管理公司，管理资产约2万亿美元。我们公司建立了全球性的投资平台，总部位于波士顿，并在许多城市设立了区域投资中心，比如伦敦、巴黎、澳洲、新加坡等。对中国的投资管理由我们的香港办公室负责，最近我们也和一家北京的资产管理公司建立了合资企业。我们全球团队会定期进行视频会议，分享各自对全球市场的看法。而各区域投资中心具体负责当地的投资决策。在各个投资中心内，我们又会有不同团队专门负责具体投资品种，比如有的团队专门负责固定收益投资等。我们管理的投资品种既包括被动投资产品，如指数基金和ETF基金，也包括主动投资基金，如发达国家和发展中国家的股票基金。我们的投资策略以量化为主，但也会考虑基本面因素，会听取经济学家、策略家及政治分析师的意见。我们团队有许多建立量化模型的同事来自中国，他们都在美国受过研究生教育。

采访内容之二：关于全球投资

问：从什么时候起美国的机构及高净值投资者开始全球投资，原因是什么?

答：自1990年以来，全球一系列政治经济事件加速了投资者进行全球资产配置的步伐。这些事件包括两德统一和苏联的解体，科技的进步，尤其是互联网的普及，各国对资本进出监管的逐步开放，比如目前中国的QFII和QDII制度，允许合格投资者作跨境投资以及跨境交易成本的下降。个人投资者与机构投资者相比，受“本土情结”的影响更大，但他们也在逐渐增加在海外的投资。对美国来说，2000年以来的科技股泡沫及次贷危机等事件加速了投资者对海外的关注。投资者进行全球资产配置的目的主要包括能够更好地分散投资风险，在更广阔的范围内寻找投资机会，寻找在全球具有竞争力的公司及在一个时间点选择最值得投资的市场，比如发展中国家资本市场就曾有过良好的投资回报。

问：全球资产配置有什么新的趋势？

答：投资人现在很关注三件事情。第一是防范小概率投资风险（Tail Risk），比如在金融危机中突发的巨大投资损失。第二是确保能获得预先制定的投资回报（比如大学基金会要保证投资收益满足学校运营需求，养老金要确保投资收益可以满足于退休人员的支出等）。第三是投资者目前很关注可能发生的通货膨胀，以及由此可能引发的对美国国债的抛售（债券的价值会因通货膨胀而下滑）。除此之外投资者也仍然担心欧洲区经济形势。

金融危机让投资者感受到市场上的投资品种的价格会在某时段大大超过其合理的风险溢价，并随后在价格下降时给投资者带来极大损失。因此投资者开始更多地进行战术资产配置，而不是固守战略资产配置。战略资产配置是指投资者预先制订投资方案，并每两年到三年根据方案调整投资组合；而战术资产配置则是根据不同投资品种风险与回报的变化，根据市场的投资机会更积极主动地调整不同投资品种在投资组合中的比重。投资品种通常包括股票、债券、房地产和大宗商品等。当然每个投资品种又可以按地区再作分类，比如欧洲股票、日本股票等。

问：在发达市场和新兴市场投资分别有什么好处和挑战？

答：从长期来看，不同市场的投资回报率都会回归均值（Mean Reversion）。以 EAFE 指数为例（EAFE 是除北美外的发达市场股票指数），其中不同地区的投资回报从 1973 年到现在都回归到均值。当然在这个过程当中，每个市场有非常不同的走势。比如日本，其股市在 1989 年达到峰值，但目前比峰值时下跌了 2/3。八九十年代的时候，日本占 EAFE 的比重高达 60%。投资者可以根据对不同市场表现的判断，去捕捉市场周期以获利。

从投资风险来看，发达市场和新兴市场都有各自的风险。关于发达国家市场，投资者要明白，不同国家的商业习惯、会计准则、股票分红政策都会有很大不同。再以日本为例，它的财务准则和美国就有很大不同。投资者当然还要注意汇率风险，在日元兑换美元波动大的时候，一天内的比价就会有 8% 的变化。

新兴市场则有另外一系列风险，比如流通性、政府对市场的干预、政府对资本的控制及财务造假等。当然在发达市场也会有财务造假的问题。比如中国的翰林嘉业和美国的安然都因财务问题让投资者蒙受巨大损失。

新兴市场从1987年开始平均年回报率要比美国市场高出3%，过去的10年比发达国家市场高出更多。但新兴市场的一些危机也让我记忆犹新，比如墨西哥的龙舌兰危机（1994年在一周的时间内墨西哥比索兑美元贬值45%）、亚洲金融危机、俄罗斯债务违约和土耳其货币贬值（2001年2月22日土耳其货币实施自由浮动，里拉一天贬值36%）等。亚洲金融危机后，许多新兴市场表现很好，原因是这些国家强化了它们的资产负债表，建立了更多的外汇储备，使得它们抵抗外界干扰的能力更强了。但谁也无法保证未来危机不再出现。

采访内容之三：关于投资人和基金服务

问：道富基金服务多样的投资人，包括主权基金、养老基金、企业、保险公司及非营利组织等。您能否解释一下不同投资人的投资目标?

答：我们公司共有3200多家客户，包括一些国家的中央银行、主权基金、养老基金、捐赠基金和基金会等。每个客户都有自己的投资需求及计划。即使是同一种基金，也有不同的投资安排。以主权基金为例，有为国家未来储备财力的“下一代基金”（Futuregeneration Fund），也有为目前项目筹资的基础项目基金等。我们总是提醒客户在作资产配置时不能孤立地关注自己的资产，还要考虑自己的支出需求。

问：道富基金的投资人来自全球各地。根据你的观察，不同地区的投资人有什么不同的投资哲学，比如说来自发达国家和新兴市场的投资人以及来自不同大陆的投资人?

答：通过我在世界不同地区的所见所闻，我感受到，亚洲，比如东亚三国——中国、日本和韩国的投资者仍然有着很强的本土情结。虽然这些国家开始越来越多地关注全球投资机会，但本土情结仍然比西方国家，比如英国，要大很多。当然这很好理解，英国以前有许多殖民地，而且有对这些地区的了解和第一手资讯。

就中国投资者来说，本土情结可能由几个原因造成。第一点，过去几年中，虽然中国股市表现得不尽如人意，但中国经济增长速度却一直很快；第二点，前些年中国投资人通过 QDII 基金投资海外，受到了不小的损失；第三点，中国投资人认为人民币会持续升值，并担心投资海外会承受汇率带来的损失；第四点，和中国人的世界观有关，中国的名字中有“中”，代表世界的中心，因此与像英国这样的岛国相比，中国人可能没有过多对海外的关注；第五点，中国一直采取限制人民币自由兑换流通的政策。

采访内容之四：关于中国投资人

问：在您最近发表的文章中，您提到，许多研究表明，发展中国家的股市回报率与 GDP 增长率相关性不高。中国过去几年的 GDP 增长在全球范围内仍位居前列，但股市表现一直不好。您认为在评估一个国家的股市时，要关注哪些指标呢？

问：在基本层面，要关注一个国家股市的估值以及对其上市公司短期及长期盈利增长的预期。在技术层面，要关注其股市的流动性和投资者信心等因素。我想强调的是，股价是对投资者预期的反映。中国过去几年 GDP 增长虽然在世界排名很靠前，但总体是向下的趋势，而这种预期会引起投资者的担心，也会反映在股市走势上。

关于 GDP，还有一点提醒大家，美国的跨国公司在海外生产的产品并没有算在美国的 GDP 里，所以美国的 GDP 数字并没有完全反映美国公司的盈利。

问：目前中国投资者经常谈到调结构，即调整中国 GDP 的结构。在您的文章中也提到，中国的投资占 GDP 的 48%，而美国的消费占 GDP 的 71%。您认为一个国家的 GDP 构成是否有一个最佳比例？

答：我认为没有一个对各国适用的最佳比例。GDP 的构成取决于很多因素，包括一个国家的历史、资本市场发达程度及财富总量等。合理的 GDP 构成应该可以使一个国家达到内部及外部的平衡。内部平衡包括低失业率和稳定的物价，而外部平衡则包括经常项目逆差或顺差在 GDP 的 2% 左右。美国财长盖特纳的目标是把这一指标控制在 4% 之内；中国的经常项目顺差也有所下降，目前在 3% 左右。

在目前全球的再平衡过程中，美国应该降低消费占 GDP 的比重，而增加净出口的比重，中国则应降低投资比重，增加消费比重。日本一度信贷宽松而造成了过度投资，而中国目前也有这些问题，比如在水泥和钢铁等行业都存在产能过剩的情况，所以投资过高也会产生问题。中国的高投资和高储蓄相关，而高储蓄的原因之一是中国缺乏完善的社会保障体系，比如养老、保险等。

问：你认为中国投资人在进行海外投资时会有什么样的机遇及挑战?

答：我认为随着中国逐渐对资本项目的放开，中国投资者会有更多机会投资海外市场。这当中会有一部分以项目投资的方式出现，另一部分则会投资在资本市场（Portfolio Investment）。对于资本市场的投资，中国投资者必须非常仔细地分析扩大投资范围之后的有效曲线（Efficient Frontier，根据现代投资组合理论，当投资者进行全球投资后，其投资组合会有更好的跨区域的分散投资，那么这个投资组合在对应一定的风险程度时，会有更高的投资回报），同时注意汇率风险和不同地区的市场风险。据我所知，目前中国的社保基金、主权基金等部门已经开始了海外的资本市场投资。另外中国在这方面有很好的人才库，有许多在海外接受过投资培训的人才。

问：你认为中国投资者应该如何发掘海外的投资机会。你们公司如何在这方面帮助投资者?

答：我认为中国投资者应该与优秀的国外资产管理公司及投资顾问合作。不同投资者可以根据自身资产规模，选择不同级别的投资顾问，但总体来讲，我建议投资者选择规模较大且具知名度的合作伙伴。

以我们公司为例，我们公司用计算机模型来衡量不同投资品种的价值并发现投资机会。我们的模型既作各种投资产品的单独测算，又作跨品种的估算。对某一种投资产品进行测算时，我们会参照3组共12个因素，如盈利、估值、波动性及势能等。跨品种测算会考虑不同投资品种的历史相关性、通货膨胀率及汇率等因素。我们的团队约25名金融及经济学博士帮我们建立测算模型。

采访内容之五：国际政治动态及全球投资

问：你们公司在投资一个国家之前是如何衡量这个国家的政治风险的?

答：我们有专门的政治风险顾问及宏观经济顾问。比如朝鲜最近进行了核武器实验，我们的顾问会告诉我们这对韩国资本市场的影响。另外我们也会关注一个国家国债回报率的变化，因为它是这个国家的政治和经济情况的综合反映。

问：据我所知，你参与哈佛大学国际关系研究中心以及纽约国际关系委员会的工作。请问对国际关系的了解对你的全球投资研究有什么帮助？

答：对这些组织的参与对我的全球投资分析很有帮助。当投资人进行海外投资的时候，他要面对两种风险，即政治风险和汇率风险。在分析一个国家的经济活动时，投资者需要了解这些活动的背景。投资者倾向于认为经济因素决定政治因素，但事实常常是相反的，政治比经济更起决定作用，不同经济结构事实上是不同政治诉求的反映。以中国为例，中国有着很长的历史，而20世纪的中国历史又很复杂。对中国政治的分析对我了解中国经济和投资机会很有帮助。过去几年，在几位哈佛大学的中国专家帮助下，我对中国有了更好的认识。

问：我听说索罗斯经常参加纽约国际关系委员会的活动，对国际关系十分了解，请问你对此了解吗？

答：索罗斯是一位很成功的投资人。他最成功的投资是20世纪90年代初对英镑的做空。纽约国际关系委员会的成员经常聚在一起探讨国际关系和外交政策，也会请专家学者来谈论各类相关话题，包括中国、双边关系、经济、安全及环境等方面。国际关系委员会的网站向公众开放。索罗斯曾在这里参加讨论，我也在一些活动中见到过他。他对欧洲的金融危机有着非常有意思的见解。他也积极地在前苏联地区设立基金会，以推动当地的人权和民主。索罗斯很早就开始积极参与国际关系委员会的活动，直至今日。

第三节 传统投资——股票、债券及现金投资

股票、债券和现金投资是大多数投资者投资组合的基石，也是历史最长、投资人最熟悉的投资品种，而股票又是传统投资品种里的核心。

投资美国股票可以使投资人有机会分享美国的经济和公司盈利的增长，并在一个较长的投资期内获取高于债券和现金投资的回报，保持资本的购买力。股票的波动率高于债券和现金，因此更适合风险承受能力强、投资期较长的投资者。从1926年至今，美国大盘股的年平均回报率在12%左右，远远高于长期国债的6%和3%的平均通货膨胀率。风险方面，大盘股的波动率（标准方差）是20%左右，也要高出长期国债1倍左右。可见风险与回报在一个较长时间内是成正比的。

投资人在投资美国股票时可以从三个方面进一步进行资产配置，包括股票的市值、行业及风格。

从市值来说，股票可分为大盘股和小盘股（Large Cap and Small Cap）。小盘股没有一个统一的定义，但通常指市值在20亿美元以下的股票。与大盘股相比，小盘股通常有高风险和高回报的特点。长期来看，小盘股比大盘股的平均年回报率高5个百分点左右，波动率高10个百分点左右。但在近几个十年中，小盘股超出大盘股的收益率在减小。在大多数的年景里，小盘股回报率高于大盘股，但也有例外。2014年小盘股的回报率就比大盘股低9%左右，是1998年以来最差的一年。影响小盘股表现的因素包括估值和经济环境等。当小盘股经历了高增长的阶段，估值明显超过大盘股时，就会产生下行压力。另外当经济前景不明朗时，投资人会减少投资风险，从而抛售波动性更大的小盘股。大盘股在流通性和抗风险方面都要好于小盘股，通常是投资组合的基石，但投资人可适当在投资组合中配置小盘股以期增加投资收益。

从市值角度看，股票除了大盘股与小盘股两大类，还有中盘股（Cid Cap）、微盘股（Micro Cap）和纳米盘（Nano Cap），这里就不一一介绍了。总的原则是，市值越小的股票流通性越差，风险性越高，但回报率可能也越高。

除了市值，股票的另外一种分类是行业（Sectors）分类。标准普尔将股票分为十个行业：

（1）基础材料类（Basic Materials，包括美铝及陶氏化工等）；

（2）非必需消费类（Consumer Discretionary，包括星巴克和A&F等）；

（3）基础消费类（Consumer Staples，包括宝洁和金宝汤等）；

（4）能源类（Energies，包括美孚和雪佛龙等）；

（5）金融类（Financials，包括花旗和 AIG 等）；

（6）医疗类（Healthcares，包括辉瑞和百特等）；

（7）工业类（Industrials，包括联邦快递和 3M 等）；

（8）信息科技类（Information Technology，包括苹果和微软等）；

（9）通信类（Telecommunications，包括 AT&T 和 Verizon 等）；

（10）公用事业类（Utilities，包括美国电力和第一能源等）。

以上十种行业可以被归结为两大类，一个是周期性行业（Cyclical Sectors），另一个是非周期性行业（Non Cyclical Sectors）。非周期性行业在经济不同周期都有中规中矩的表现，尤其在经济下行周期中，也可以有着较为稳定的表现，因此这些行业的股票也被叫做防御型股票。公用事业类、医疗类和基础消费类都属于非周期性行业。经济再差，人们还是需要食品、供暖及就医等。这些行业满足消费者的基本需求，而不是奢侈需求。非必需消费类和基础材料类属于周期性行业。在经济的“寒冬”里，像新车这样的非必需消费会被搁置。同样，新房建设也会放缓，这会影响基础材料等行业。但等到经济复苏，这些行业被压制的需求就会得到释放，周期性股票通常有好于非周期性股票的表现。相信战术性资产配置的投资人会在感觉经济走势发生变化时在不同的行业中进行转换。然而判断经济周期转换的时点是非常困难的，特别是近些年各国政府加大对经济的干预。对普通投资人来说，根据自己的需求，在投资组合中合理配置不同行业的股票，进行战略性安排，长期会有合理的回报。

除了市值和行业，投资人还根据特性将股票分为成长型和价值型两大类。罗素公司（Russel）在 20 世纪 80 年代推出了一批指数，其中包括罗素 1000 成长指数和罗素 1000 价值指数。罗素公司在作分类时选取了两个指标，即市盈率和长期增长预期。市盈率低于同类型公司的股票被算做价值型，而公司盈利长期增长预期很好的股票被划为成长型。在过去的近百年当中，美国的价值型股票总体回报率要高于增长型股票，当然在某些时期增长型股票领跑，比如在 30 年代。钟爱价值型股票的投资人认为这些股票的价值没有被市场发现，但假以时日，市场会认可这些被低估的股票，从而使股票价格上涨。喜欢成长型股票的投资人认为这类股票的高成长性可以支持股票的高估值，并不断推高股价。犹豫不决的投资人可以选择第三类股票，叫做“不贵的增长型股票”（GARP，Growth at A Reasonable Price），这类股票既有增长性又不贵，但真有这么好的投资品种吗？

投资人投资股票是为了参与公司业绩增长带来的回报，而投资债券则是为了获得稳定的现金流和本金的安全返还。

根据发行人的不同，债券可分为三种：国债、地方政府债和企业债。

美国的国债由美国政府担保，因此是最安全的债券。根据期限，美国国债分为短期（Bills，90 天到 1 年）、中期（Notes，2～10 年）和长期（Bonds，10～30 年）。美国国债由于安全，违约风险小，它的收益率也较低，目前美国 10 年期国债的收益率只有不到 3%。在 2008 年金融危机后，全世界的投资人都在寻找资金避风港，这其中可观的一部分资金投资到美国国债中，看中的就是国债的安全性和流通性，压低了收益率。但是需要提醒投资人的是，美国国债虽然违约风险低，但它的利率风险较高。债券的收益率受通货膨胀及利率影响较大，在通货膨胀且利率上升时，债券会贬值，尤其是收益率较低的国债。在 20 世纪 40 年代和 70 年代，美国通货膨胀较高，国债的回报率都比通货膨胀率低，也就是说国债的真实回报率是负的。

地方政府债在美国叫做 Municipal Bonds，简称 Muni，是美国州或市政府发行的债券，用来为市政项目筹资。Muni 最吸引人之处在于省税，投资人不用缴地方税、州税和联邦税。也正因如此，Muni 的回报率通常不高，只适合税率较高的投资人。虽然由地方政府担保，Muni 也有违约现象，只是比企业债违约率低。Muni 有两种：一种是通用债（General Obligation Bond），由政府全部信用担保；另一种叫做收入债（Revenue Bond），由具体项目的收入担保，比如收费公路、医院和学生宿舍等。显而易见，通用债的风险要小于收入债。

发行企业债是企业融资的方式之一。对投资人来说，它的优势是回报率高于国债和政府债，但同时风险也较大，且没有税收方面的优惠。投资人在投资企业债时通常比较关心债券的评级。评级机构将债券分为约 20 个级别，其中约前十级（标普评级从 AAA 级到 BBB－级）为投资级别，以下的为非投资级别，通常叫做高息债或垃圾债。高息债和投资级别债券的差别与小盘股和大盘股有类似之处。高息债在债券类别中属于高风险高回报的种类。2014 年底，高息债的利息回报率高出投资级别 3% 左右。高息债相对于投资级债券，有着较高的违约风险，但利率风险较低。过去 20 年间，美国高息债的违约率在 4.4% 左右，目前的违约率很低，只有不到 2%。尽管如此，投资人不要忽视高息债的风险。在 1991 年的海湾危机中、2001 年的互联网泡沫中及金融危机后的 2009 年，高息债的违约率都超过了 10%。

从上面对股票和债券讨论中我们可以看出，风险与回报是投资中一个永恒的主题。高回报的投资产品，会对应较高的风险，没有免费的午餐。平衡风险与回报，选择适合的投资品种，是投资人最核心的工作。

当投资人需要为不时之需作准备时，那么最适合的投资品种就是现金类了。现金类资产包括现金本身和现金等价物（Cash and Cashequivalent）。现金等价物包括存款证书（Certificate of Deposit），货币市场基金（Money Market Funds）及短期债券等。在投资分析中，衡量现金等价物的投资回报率是以 91 天的美国短期国债为标准的。在过去 10 年中，现金等价物的平均年回报率接近 2%。没有人投资现金等价物是为了回报，而都是为了它极强的变现能力和本金的安全。个人和机构投资人通常会在投资组合里配置少量现金或现金等价物，作为备用金。当机构投资人认为目前市场泡沫过大，没有可投资的品种时，也会留出现金，等到市场调整时入场抄底。

高端访谈：下面是对萨洛·艾森伯格先生的采访。萨洛·艾森伯格先生是一位在美国证监会注册的独立投资顾问，为每个客户定制投资方案。之前他曾在巴黎银行等大型投资机构负责过近 10 亿美元的投资组合。艾森伯格先生是债券投资方面的专家，有哥伦比亚大学 MBA 学位。采访时间是 2014 年 3 月。

采访内容之一：关于股票和债券

问：当投资研究股票时，他们会关注股票的预期回报率和风险，及衡量风险常用的指标——标准方差（股票回报率的波动率）。债券投资人也是关注这些指标吗?

答：是的。我们也会看债券的回报率及标准方差。回报率和标准方差可以用于各类投资产品。举例来说，过去10~15年，高息债（High Yield Bond）的回报率比股票大盘（标普500）要高，而风险比大盘要低。对于债券投资产品，我们也需要关注一些其他指标，比如债券的到期回报率（Yield to Maturity）、风险评级（Credit Rating）和债券价格对利率变动的敏感度（Bond Duration）等。

问：你认为信誉评级是衡量债券违约风险的有效指标，而债券价格对利率变动的敏感度（Bond Duration）是衡量债券利率风险的有效指标吗?

答：我认为信誉评级只是违约的一个参考指标之一，事实上很多时候我对评级机构的评级是不认可的。2008年的金融危机当中，很多AAA级的发行人违约，而评级机构的评级根本就没反映出这些风险。相反地，评级机构对一些提供高回报率的债券发行人的评级又过低。比如说，评级机构对MLP（Master Limited Partnership）的评级通常不高。MLP通常是能源公司，它们会把大量的现金流以股息的形式派送给投资者。当一家公司这样做的时候，评级机构就会给出较低的信用评级。然而从债务投资人的角度看，一家公司如果没有足够的现金来支付债务利息，那么它是不会给股权投资人派息的。信用评级的好处是用起来很方便，因为信用评级是公开信息，很容易获得。但是由于上面提到的原因，我认为信用评级不能代替我自己为每个公司作的具体分析。

问：当你为某公司作债券投资分析的时候，你都关注哪些比率呢?

答：我认为最主要的是要看公司的销售及息税折旧前利润（EBITDA）是否能持续增长。至于比率，我会看负债率（Leverage Ratio）和利息覆盖率（Interest Coverage Ratio），同时我也会关注自由现金流（Free Cash Flow）。有些公司的负债率看起来很高，但是它产生现金流的能力很强，在除去资本项支出（Capital Expenditure）后还有很多的现金，所以负债率高一些是可以承受的。

问：当投资人判断股票的估值是否太高时，他们会看市盈率等指标。关于债券有类似判断估值高低的指标吗？

答：对于债券的估值高低，没有一个像市盈率这么简单的指标，尽管我本人不喜欢用市盈率，而更喜欢用和息税折旧前利润（Ebitda）相关的比率。债券投资人通常看债券收益率和信誉评级及利率敏感度的比较。

问：美国股票和债券的走势大部分时间是相反的，只有20世纪在80年代和90年代，两种资产同时走高。你是否会建议投资人在经济转好时多投资股票，而在经济走弱时多投资债券？

答：我不是这样做的。我认为这样做的实质是在择时（Time the Market），而我相信没有人可以长期性地选对入市和出市的时机。很多投资人择时交易的结果是在低点卖出，在高点买入。我的做法是根据投资人的需要及对风险和回报率的要求，制定长期的资产配置比例，并坚持这个比例，可能是15～20年。举例来说，经过分析，我可能会建议我的投资人投资60%在股票，包括美国大盘股、小盘股和其他国家的股票。之后我会保持这个比例，并经受市场的波动。

问：那你是否会为投资人作出战术资产配置调整（Tactical Asset Allocation）？

答：我只是会通过“再平衡（Rebalancing）”之一手段作出有限调整。举例来说，我的一个投资人的资产配置比例是60%股票、40%债券。如果在某一年，股票表现很好，到了年底，股票的比重达到了65%，而债券只剩下35%。这时我就会建议投资人把多出的5%的股票卖掉，然后买入债券，使得整个投资组合回到最初设定的60%∶40%。相反地，如果股票的比重变成55%，那么我会建议投资人买入股票。这样的做法和市场选择是时相反的，我的投资人会在高位卖出，低位买进；这样做还可以帮助投资人减少投资组合业绩的波动（Smooth Out the Volatility）。我为客户作的调整基本就是这样的。我认为如果太频繁地调整投资组合，买进卖出，通常投资组合表现都不会太好，而且还会产生很多交易费用。

问：一般来讲债券的风险比股票低，当然，有的债券风险也很高，比如垃圾债券。请问你对此有何评论?

答：如果从投资组合的角度考虑，而不是只看一只垃圾债券或股票，比如一个包含50只垃圾债券的投资组合和一个包含50只股票的投资组合，那么债券的总体风险还是会小于股票。垃圾债券虽然有违约风险，但整个债券投资组合不会像股票组合一样在危机时整体崩盘。债券的价格会走低，但如果投资人持有债券到期满，还是会拿回本金的（除了违约的债券）。当然如果只看一只CCC评级的债券，和一只股票，那么很难判断谁的风险更大，所以一定要在投资组合的层面作比较。

采访内容之二：关于债券投资

问：请问投资美国国债有什么好处和坏处？它在你客户的投资组合中起到什么作用?

答：中国政府是美国国债的大买家。对国家来说，买美国国债是储存现金的方式，因为美国国债安全且流通性极强，尽管它的回报率很低，甚至是负回报率（考虑通货膨胀因素）。国家主权基金或大的机构投资者选择美国国债，但它不一定适合个人投资者。我没有为我的任何一个投资者投资美国国债，因为我认为目前十年期国债2.6%左右的利率没有吸引力，甚至连通货膨胀都不能抵御。

问：你是如何帮助投资人区别投资级债券以及垃圾债券的?

答：总体来说，债券的回报波动率比股票小，而且可以带来稳定的现金流。举例来说，我有一位投资人已经快70岁了，我帮助他计算出他每年所需的花销，之后我把他的投资资产全部投资到了债券中，以避免股市产生的波动。我们很清楚地知道我们投资的债券可以为他带来多少现金，以满足他的花销。当然个别债券会有违约的风险，但我们挑选了很多债券以组成一个投资组合，因此违约的风险得到分散。另外债券的价格也会随时变化，我的投资人的账户价值会随着变化，但是每个债券的利率（Coupon Rate）是不变的，因此投资人收到的现金流也是固定的（只要公司不倒闭）。比如一只债券的面值是1000美元，利率是6%，它的价格是波动的，可能是990美元也可能是110美元，但它的利率是一种合同责任，是不能变化的。

至于投资级债券和垃圾债的区别，就是相对来说，前者风险小，但利息低，后者风险大，但利息高。

问：你会根据经济情况在投资级债券和垃圾债券之间作出调整吗？

答：就像前面谈到股票和债券一样，我不想去预测经济走势，因为我觉得预测经济形势很困难。我会更多地去判断公司的具体情况。比如我会通过研究判断一些垃圾债券不论经济情况如何，都会有比较好的表现。举例来说，去年（2013 年），一些金矿公司的债券价格下跌，原因是金价下跌，但我认为这只是暂时性的。金价会走高或走低，但金子在全球范围内总是有自己的价值。这些金矿公司有着很多的黄金储备，足够许多年的开采。我买入了一些这些金矿公司的债券，后来它们的价格也确实回升了。我喜欢寻找这样的投资机会，而不是太关注对经济走势的预测。

问：对国债来说，主要的风险是利率风险；对垃圾债来说，主要的风险是违约风险。目前是低利率环境，而且利率在未来可能走高。请问你认为目前是否应该多关注垃圾债券呢？

答：像前面提到的，我认为目前国债利率过低，因此我不建议投资国债。相反地，我还做空了一些国债。我投资了许多垃圾债，做空国债也算是对利率升高风险的一种对冲。一些垃圾债目前也不便宜了，但如果我们看看一些还有 6 ~7 年到期的垃圾债，如果我们能持有这些债券到期，那还是会有合理的回报的。当然这是对投资人而言，对交易人（Trader）我会有不同的建议。

问：你在债券投资中是如何防范违约和利率两种风险的呢？

答：对于违约风险，防控的办法一是像我这样对每只债券作详细分析，进行选择，另一个办法就是分散投资，比如建立一只包含几十只债券的投资组合。如果自己无法选出足够数量的单只债券，也可以选择债券基金。对于利率风险，第一个防控的方法是选择利率敏感度小的债券。我尽量避免投资长期债券，比如 20 年或 30 年到期的债券，以控制利率风险，因为这么长期的债券在利率上升时有崩盘的风险。第二种控制利率风险的方法是投资错期债券（Laddering），即投资一些 3 年到期的债券，一些 5 年到期的债券，一些 7 年到期的债券，等等。这样长期下来，每个时点会有一些债券到期，而那个时候如果利率上升了，我会用到期的债券来购买利率更高的新债券。第三种方法是预留一些现金，包括投资债券所产生的利息收入，当利率上升时，可以用这些现金购买利率更高的债券。

问：垃圾债券有一些股票的特性。请问你认为垃圾债和股票分别有什么投资价值？

答：我喜欢债券，因为它有一个到期日，而股票没有。比如说我购买一只 2020 年 12 月 31 日到期的债券，那么不论从今天到 2020 年底之间市场发生怎么样的变化，这只债券的价格如何变动，到了到期日，我就可以收回我的本金，除非发行债券的公司倒闭，而股票的确定性就小了。

我们今天的讨论以债券为主，但并不是说股票不是好的投资产品。我为我的每一位投资人都配置了股票投资，而且有的股票占比很高。

问：直接投资债券与投资债券基金有什么区别？

答：相对来说，我比较喜欢自己选择债券，并建立一个足够分散的投资组合，而不是去投资一只债券基金。刚才我谈到，我喜欢债券的一点是，债券有到期日。而债券基金是没有到期日的。另外债券基金经理经常会由于基金中其他投资人的行为来进行买卖。比如市场好的时候，投资人会投入更多的资金，那么投资经理就会在市场高点去购买更多的债券。相反，当市场不好时，投资人赎回资金，基金经理如果现金不够，就需要在市场低迷时卖出债券。当然债券基金也有投资价值，因为它可以分散风险。另外有些债券，包括海外债券，是一般个人投资人所难以购买的，从而不能达到理想的多样化程度，我们也可以通过投资债券基金来解决这些问题。

问：你对可转债投资有什么看法？

答：可转债既有一些利息收入，又有股权的属性以享受未来股权价格的上升。但是我不太喜欢投资可转债，因为我觉得对它的风险与回报不太好衡量。如果我想要收入，我就会投资债券；如果我看重股权带来的升值空间，我就投资股票。这种“二合一”的投资产品对我没有太大吸引力。

高端访谈：以下是我对威廉·司米德关于股票长期投资的采访。司米德（Smead）资产管理公司总部位于西雅图，管理着一只共同基金。威廉·司米德先生是公司的创始人及首席投资官。在创立公司之前，曾在数家大型投资机构负责投资。司米德先生曾多次接受财经媒体采访，包括CNBC、彭博资讯和路透社。采访时间是2014年4月。

问：你们的投资风格与巴菲特相似吗？你认为在今天的环境下，巴菲特的成功还可以复制吗？

答：我们的投资风格与巴菲特在20世纪80年代和90年代的风格相近。在那个时候，巴菲特大批买入大盘股公司股票，比如可口可乐和富国银行。巴菲特也将部分资产交给Todd Combs和Ted Weschler去投资，他们的投资和我们类似，但比我们还要集中。巴菲特今天应该还是认同我们的投资理念的，只是他现在的资产规模太大了，不能再像以前一样地去投资了。我认为他的成功是可以复制的，因为你总是可以在别人疯狂的时候恐惧，在别人恐惧的时候疯狂。人们心理的周期一直在周而复始。市场有太多的基金管理人在挑选股票，但只有很小一部分人秉承长期投资的理念。现在市场上有着太多的信息，有24小时不间断的新闻，使得投资人越来越短视，这为长线投资人留出了获取超越市场的投资回报（Alpha）的机会。我们是长线投资人。

巴菲特在2013年伯克希尔哈撒韦的股东信中提到了他在1986年投资的一处农场以及在1993年他在纽约投资的一处房地产，目的是说明，从长期来看，这两个投资都带来了很高的回报。巴菲特总是关注长线投资机会，这样可以降低投资中的交易成本和资本利得税。

问：你认为伯克希尔哈撒韦的股票投资价值在哪里？

答：我们最近购买了这家公司的股票。我们非常看重股票的估值。我认为伯克希尔哈撒韦的股票目前估值很低，接近净资产。另外我们非常看好美国经济未来十年的发展。美国有8700万新婴儿潮一代，他们处于18岁到37岁，平均年龄在28岁，是美国人口群体中最大的一个年龄段。这一代人将推动美国未来十年经济的发展。伯克希尔哈撒韦的股票会满足于这群人对房地产、地产经济、室内用品、银行的需求。

问：投资人经常会谈到公司的“护城河”，请问你对“护城河”的定义是什么?

答：我认为“护城河”可以保护一家公司不受到真正的竞争。Comcast 在美国大多数地区垄断了有线电视服务，这就是“护城河”。如果我们把 100 位美国人请到一个房间内，然后玩一个游戏。我们说一个产品或服务，然后让他们说出他们第一个想到的公司。比如我们说报税服务，他们肯定会说 HR Block；如果我们说咖啡，他们会说星巴克；我们说汉堡包，他们会说麦当劳。如果 95% 的人会在第一时间想到同一家公司，那么这家公司就有很深的“护城河”。

以 HR Block 为例，HR Block 是美国最大、最知名的报税公司之一。在 2013 年 HR Block 一共做了 2000 万份报税。这家公司一直保持着很高的股本回报率，在 25% 以上。在过去的 10 年中，HR Block 面对很多挑战，包括处理掉表现不好的业务部门（股票经纪和购房贷款等部门），以及应对前 HR Block 员工成立的同业竞争公司。我们认为在未来 10 年中商业及住宅地产的开发会改善，增加蓝领就业机会，这有利于 HR Block 维持较高的盈利能力。

问：你们很看重公司的自由现金流，请问你认为公司应该如何使用自由现金流?

答：公司对自由现金流的使用有两种方式，聪明的方式和不聪明的方式。聪明的方式是增加股息，回购股票，或进行合理的收购，以加强公司的核心竞争力。不聪明的方式是为了避税，把现金放在爱尔兰的银行里，而不让投资人收益。

我们寻找能够持续产生强劲自由现金流的公司。我们喜欢看到公司的现金流相对来说不是周期性的，而不愿被公司或行业在光景好的年份所产生的自由现金流所蒙蔽。我们投资的一些公司，股价与自由现金流相比较低，比如辉瑞公司。辉瑞是世界上最大的制药公司之一。许多投资人不了解辉瑞的财务处理有多么的保守。在 2013 年，辉瑞的研发费用占到销售额的12.9%。许多公司不会把这笔费用作为费用，而是会把它资本化，因为研发花销长期来看可以为公司带来新的业务。尽管如此，辉瑞（2013年3月）的每股自由现金流率仍达到7.9%。像辉瑞这样的公司经常会通过回购或派息来使它的投资者获益。还有一个例子就是Medtronic，这是一家世界上最大的可植入生命医学装置的生产商，它的每股自由现金流率为7.67%。我们认为，随着婴儿潮一代进入60岁和70岁的年龄，会有越来越多的富裕客户购买Medtronic公司的产品以期延长生命。这家公司会利用它的自由现金流来提高股息并经常性地回购股票。据估计，Medtronic在2014年的股息会达到1.2美元，而在1998年是股息只有0.13美元！

问：请问你认为健康的资产负债表是什么样的?

答：健康的资产负债表应该有较高的现金负债比率，或没有债务，或者产生的现金流可以在2~3年内还清债务。一个经营历史很长、规模很大的公司负债率可以稍微高一些。

问：内部持股的重要性在哪里?

答：每个上市公司的高管在谈到自己的公司时，都会谈到公司好的方面。我不感兴趣听他们怎么说，我想看他们自己的钱投资在哪里。当摩根大通的CEO Jamie Dimon在公司经历了伦敦鲸丑闻后，自己购买了公司50万股股票（价值约1700万美元），我知道这是一家值得投资的公司。

问：我注意到你们的基金有两个特点。一是你们基金的股票只有25~30只，你们觉得这样足够分散投资风险吗？二是你们基金的投资集中在美国公司，你们不考虑其他国家的公司吗?

答：研究表明，20只股票就可以分散掉90%的风险。关于集中投资美国股票，是因为我们认为新兴市场依靠中国经济发展而获利的时代可能因为中国经济的放缓而不会继续了。另外，我们认为美国投资人的投资组合在过去十年太过分散了。美国新婴儿潮会推动美国经济的发展，美国才是新的新兴市场。我们要分享美国的经济发展，而不愿投资别处。

到1999年的时候，美国股市已经历了长达17年的牛市，科技股也出现泡沫，标普500股票的估值，不论是市盈率还是市净率，都达到了历史最高水平。除了股票以外的其他所有投资产品都不再受到投资人青睐，极度缺乏资本。在那个时候，美国一些大学捐赠基金的领袖们，比如耶鲁基金的大卫·斯旺森和哈佛基金的管理人员，就很明智地将投资组合分散，减少对美国大盘股的持仓。事后证明他们的调整是正确的。但到了2011年的夏天，市场发展到了另外一个极端。美国大盘股在此前的12年表现很差，而其他资产则表现强劲。在这10年当中，石油从每桶11美元上涨到超过100美元，黄金从每盎司250美元到1800美元。中国的经济高速增长使得投资人喜爱上了对新兴市场的投资，比如巴西、俄罗斯和印度尼西亚。

目前我们认为投资人应该躲开与大宗商品有关的股票。我们看好在美国本土有好的消费者基础的公司，比如银行类的富国集团、美洲银行和大通银行等，以及医疗领域的默克和辉瑞等。

问：你们基金的一个选股标准是股票价格与股票内在价值相比有一个折价。你能否具体解释一下？

答：我们喜欢投资股价比内在价值有很大折扣的股票。我们在计算股票内在价值时非常保守。首先我们在估算公司未来7～10年的盈利增长时非常谨慎，另外我们在选择折现率时，会选择比目前市场上更高的一个利率。

我以两个公司为例。一个是Aflac。这是一家美国最大的补充健康保险公司。我们在计算它的内在价值时，用的盈利增长率比彭博终端提供的分析师共识要低20%。如果Aflec未来10年的平均盈利增长达到8.1%，而我们用的折现率是5.5%，那么我们得到的内在价值是122美元一股。在2014年3月28日，股票的交易价格是每股62.66美元，比内在价值有50%的折扣。我们认为美国新的保险法案会使得基础保险的抵扣额度增加，从而加大对Aflec提供的补充保险的需求。

另外一家公司是Franklin Resources。这家公司是美国最大的资产管理公司之一，旗下基金管理资产达到8790亿美元。华尔街关于这家公司盈利增长的预测是15.7%，而我们的是12.5%。我们测算出的内在价值是每股90.42美元，比目前的交易价格高68%。这家公司的基金类型和投资方式多种多样，这使得它们在过去的40年中的不同市场环境下都有良好表现。

第四节 另类投资——对冲基金、风险投资及其他投资

另类投资包括许多资产类别：房地产、对冲基金、大宗商品、风险投资及艺术品投资等。房地产投资是另类投资中最受欢迎的品种，我们在下一章会单独介绍。

在许多投资者心目中，对冲基金是所有资产类别中最神秘的一种。一提到对冲基金，大家就会联想起包括索罗斯在内的一些金融大鳄。他们掌管着自己的对冲基金，在资本的舞台上兴风作浪，所过之处，一片狼藉。其实如果大家想了解对冲基金，还应该知道另外一个名字，那就是现代对冲基金的创始人阿尔弗雷德·琼斯（Alfred Jones）。琼斯在1949年创立了一只特殊的基金。在法律架构方面，为了规避美国1940年投资公司法案对于共同基金等投资公司要对投资人作详细披露的要求，琼斯的基金采取了有限合伙的模式，且投资人不超过99人。在投资方面，琼斯同时采用了杠杆和多空对冲的手法，在争取扩大收益的同时避免市场风险。费用方面，琼斯仿照腓尼基船长的方式，收取基金收益的20%作为回报。这些特点正是现在对冲基金的标志。琼斯的基金是对冲基金的开山之作。在过去的20年之间，对冲基金得到了迅速的发展，全球对冲基金规模从1994年的约2000亿美元发展到今天的约2.5万亿美元。

前面提到，对冲基金有很多类别，但简而言之，就是两大类，即对冲的对冲基金和不对冲的对冲基金。在琼斯创立对冲基金时，他通过做空一些股票来对冲掉多仓的市场风险。现在有许多对冲基金仍然遵循这一思路，比如市场中性策略（Market Neutral）。所谓市场中性就是将多仓与空仓匹配，去除市场风险，基金的获益来自个股超出市场的收益。但也有一些对冲基金的操作方式完全是赌单边而没有对冲的。通常对冲基金都会采用杠杆来增加赌注，因此看对方向，收益惊人，看错方向，损失惨重。对冲基金可以做空，但并不一定采用对冲手段来减少风险。共同基金是不允许做空的。

许多投资人投资对冲基金，看重的是那些真正对冲的基金理论上可以

为投资人带来的不受市场影响的绝对回报。在2008年的金融危机中，大多数策略的对冲基金业绩不理想，但总体的跌幅还是比大盘要小，起到了一定的抗跌作用。对冲基金的操作和大多数共同基金以及指数基金比起来，是绝对的技术活。对冲基金经理的能力差别很大，因此投资人选择对冲基金的核心就是选对基金经理，选对投资团队。另外，一些优秀的对冲基金，凭借自己出色的历史业绩和较大的资金规模，对一般投资人的钱是没有兴趣的，只有那些有着特别渠道的投资人才有资格投资。

对于大多数投资人来说，他们既没有选择基金经理的经验，又没有足够的渠道可以接触到好的基金，那么基金的基金（FOF，Fund of Hedge Funds）就成了他们投资对冲基金的渠道。FOF不投资到股票等资产类别，而是选择对冲基金进行投资，以解决普通投资人没能力选择基金经理，而对冲基金门槛又比较高的问题。同时，FOF投资到不同风格和地区的对冲基金中，帮助投资人进一步分散风险。FOF的问题是它们会在对冲基金的收费上面又加收一层管理费。投资人要自己衡量双重管理费是否值得。

私募股权投资基金是另外一种常见的另类投资资产类别。大名鼎鼎的黑石、凯雷、华平和KKR等都是私募股权基金。私募基金的规模与对冲基金相仿，也在2万多亿美元。私募股权基金的结构与收费方式也与对冲基金类似，但两者的投资标的与策略不同。对冲基金以投资上市交易的证券为主，包括股票和债券等，追求相对短期的收益。私募股权基金主要投资未上市的企业，更多强调对企业的控制，通过提高企业运营与财务状况来增加企业价值，并通过上市套现或卖给机构投资者等手段获利，追求的是长期收益。当然也有基金同时投资上市与未上市公司的证券，采取更加灵活的策略。

依据投资标的的发展阶段，私募基金分为三大类，分别是风险投资基金、成长型投资基金和杠杆收购基金。风险投资和杠杆收购基金是美国私募基金中最普遍的。风险投资的标的是早期创业的企业，通常只会持有公司的少数股权。杠杆收购公司的目标是大型成熟企业，且投资时通常会控制企业的大部分股权，通过裁员、出售不盈利业务部门等手段将企业重塑。成长型基金的投资标的位于中段，是那些已经比较成熟但缺乏内部资金来完成扩张或并购的企业。

20世纪90年代是美国风险投资的高潮期。随着互联网行业的发展和几个行业内企业成功的IPO，比如1995年Netscape的上市，大量资金涌入风投公司，寻找超常的回报，直到2000年互联网泡沫崩盘，风险投资热才偃旗息鼓。美国风险投资最集中在互联网和生物医疗等科技领域。加州的硅谷地区是风险投资最成熟的地区，但美国还有许多其他的热点地区，并各有各的特点。比如说加州的圣地亚哥和麻省的波士顿都有许多生物医疗公司；北卡的三角区在纳米科技方面比较领先；弗吉尼亚州北部距离首都华盛顿较近，有不少创业公司专注网络安全方面。

美国在创业与投资方面有着良好的配套。大学有创业课程，许多城市为了吸引创业企业都有孵化器（Incubators）和加速器（Accelerators），还有遍布全国的投资者网络以及有利于科技企业上市融资的资本市场。

杠杆收购基金在20世纪80年代大放异彩。那个时代最经典的案例是KKR对RJR纳贝斯克的收购。RJR纳贝斯克的股价在1987年股灾后一蹶不振，使得投资人看到了投资机会。那次收购的总额超过200亿美元，创下了杠杆收购的纪录。在收购的资金中，只有很少部分来自KKR的本金，而绝大多数来自债务融资。杠杆收购就是指在这类的收购中，收购者大量应用金融杠杆，来提高股权投资的回报。KKR在收购完成之后，采用了更换管理层及裁员等手段提高公司效率，并拆分了烟草部门，为公司作了大刀阔斧的重组。

在杠杆收购案中，通常收购主体的资金有一大半来自贷款。因此宽松的贷款环境是杠杆收购繁荣的前提。80年代之所以杠杆收购大行其道，很大程度上是基于当时高息债的兴起，为收购主体提供了充足的资金。在80年代之前，美国资本市场的高息债主要都是那些“堕落天使（Fallen Angels）”，即那些原来由投资级发行公司发行的债务，后来由于公司财务状况恶化，债券被下调为垃圾级。在80年代之后，华尔街的投资银行德克赛尔·伯纳姆（Drexel Burnham）大力推动高息债市场，发行了大量的高息债。在KKR参与的十多起杠杆收购中，伯纳姆公司都为之发行债券融资。

杠杆收购在90年代让位给了风险投资，但是到了2005年，由于市场上较低的利息和宽松的贷款环境，杠杆收购卷土重来，出现了许多上百亿美元的超级收购，包括米高梅和赫兹租车等案例。

与大多数资产类别相比，私募投资锁定期长，流通性差，因此投资人也要求更高的回报进行弥补。根据相关金融机构统计，美国的私募投资基金平均年回报率比股票大盘高出4个百分点左右，尤其在2008年金融海啸期间，私募投资的表现要明显好于大盘。然而需要提醒大家的是，私募投资由于不像股票及债券等公募资产类别那样有实时报价，它的回报在交易前只能参考之前的交易，因此既不透明也不能准确反映当前价值。

从投资人构成来看，美国很少有个人投资人参与私募股权投资，而投资对冲基金的个人投资人要多很多。这其中原因还是私募投资的流通性差，投资人资产通常要被锁定7～10年时间，这令许多个人投资人望而却步。在另类投资中，美国的许多高净值投资人会选择对冲基金，而只有少数超高净值投资人才会投资私募基金。这与中国的情况不太一致。前几年，许多中国投资人最钟爱PE投资，因为那时中国市场上有不少所谓Pre－IPO的私募投资机会，投资人可以在较短时间内套现离场。

另外一种常见的另类投资产品是大宗商品。大宗商品包括几大类，比如农产品（小麦、白糖等）、能源（汽油、天然气等）、基础金属（铜、铝等）以及贵金属（金、银等）。为什么这些投资产品叫做大宗商品呢？原因是这类商品不论出自哪里，由谁生产，只要符合规格和标准，那么在交易的时候是没有区别的。这点和消费品完全不一样。都是四个轮子、一个方向盘的汽车，不同品牌，不同厂家制造的，性能、外观和价格会相差很大。因此当人们认为某种产品或服务已经没有太多奥妙，各家相关公司都能提供时，就会说这种产品（服务）已经是Commodity了。

投资大宗商品的方式有三种，一是实物投资，二是投资期货，三是投资相关公司股票。

投资大宗商品的第一种途径是投资实物，而大宗商品的持有成本很高，普通投资人无法投资实物，除了黄金。黄金相对来说价格高，体积小，便于携带；在战乱和恶性通货膨胀时，黄金的价值会被大家认可，保持购买力，帮助持有人渡过难关。许多人购买实物黄金的主要目的不在于投资，而更像买保险。我曾经在纽约见到过一名俄裔犹太投资人，他告诉我在俄国的犹太人当中，有些人当年就是靠黄金逃开了迫害，来到了美国。因此他对黄金的价值深有体会，当时正在发起一个投资实物黄金的基金。那时候正值欧洲债务危机期间，全球范围内大量避险资金流入美国寻找安全港。这位投资人说，许多海外投资人认为美元资产安全，但他认为在美国投资也有风险，还是实物黄金最保险。如果连实物黄金也不保险了，那么这个世界就完了。看来他把黄金作为了最后的保障。

投资大宗商品的第二种途径是投资期货，即在今天锁定一个未来某天的成交价格，如果看多后市，就做多，相反则做空。到交割日，如果当时市场价高过期货协约规定价格，那么做多者获利，做空者损失。期货可以采用保证金交易，杠杆力度较大，加大可能的获利空间，同时也大大增加交易风险。

投资大宗商品的第三种途径是投资生产大宗商品的公司，比如石油公司、挖掘黄金或煤炭的公司等。这种投资方式的好处是进行股票交易，投资简单。但投资人要知道，大宗商品的生产企业股票走势并不完全与大宗商品本身的价格走势对应，要受到其他因素影响，并且一些企业自己会通过期货市场对冲大宗商品价格的变动，进一步减小其股价与商品价格的相关性。

长期来看，大宗商品的平均年回报率与美国股市相仿，约10%，但波动率较大。大宗商品回报率与其他金融产品相关性较小，可以分散投资组合风险。另外大宗商品的抗通货膨胀性较强，可以较好地保障资金的购买力。

美国历史上几个时期大宗商品的表现可以反映这种资产的特点，尤其是与通货膨胀的关系。在20世纪30年代，美国经历了罕见的大危机，通货紧缩，债券表现较好，大宗商品则走低。70年代，越战导致尼克松政府赤字高企，加上石油危机，美国进入高通货膨胀期，CPI超过7%，大宗商品回报良好，跑赢通货膨胀，债券的实际回报率为负。进入八九十年代，美国通货膨胀回落，股票及债券都表现良好，大宗商品却不尽如人意。

从世界范围来看，大宗商品在过去的100年中经历了4个牛市，分别是第一次世界大战和第二次世界大战后世界的两次重建、70 年代日本的腾飞和新千年后中国的爆发。放眼未来，由于美元走强趋势的确立和中国经济的新常态，大宗商品在短期内难以有令人满意的表现，但印度基础设施的建设可能为大宗商品带来新的需求。

高端访谈：以下是我对华尔街 FOF 拜伦基金高级分析师周侃先生的采访。周先生在拜伦基金工作超过 10 年，对对冲基金行业有深入了解。周先生有纽约大学的双硕士学位。拜伦基金是一家关注全球投资的对冲基金 FOF，从数百只全球对冲基金中精选了约 35 只进行投资，资金总规模约 10 亿美元。采访时间是 2012 年 12 月。

采访内容之一：关于对冲基金

问：能否简单介绍一下对冲基金在美国的发展历程。

答：根据对冲基金行业权威统计机构 Hedge Fund Research 在 2013 年的报告，全球范围内总计管理资产已经达到了 2.6 万亿美元。对冲基金走过了一条六七十年的道路才达到了今天的规模。第一只对冲基金是 1946 年的 Jones 基金，它采用的多空手段、杠杆运用、绩效管理费用等概念一直延续到今天。

在 20 世纪五六十年代，对冲基金业开始发展。根据 1968 年 SEC 的一个调查，在 210 家采用合伙人形式运作的投资产品中大概 140 家属于对冲的范畴。在此时期，未来的许多投资大师开始运作自己的基金，例如巴菲特基金、索罗斯的量子基金。另一方面，60～80 年代的熊市使得对冲基金业经历了一段艰难发展的时光，直到 1986 年 Julian Robertson 的老虎基金崛起。但是好景不长，接下来的若干年中，金融市场经历了 1987 年的“黑色星期一”，1990 年的海湾战争、1992—1994 年从欧洲到墨西哥的货币危机等带来的大幅震荡。但是，对冲基金总是能先于证券市场恢复生机。在这一段时期，一些新兴的交易策略开始浮现，机构投资人也开始进入这一领域，赚取比传统股票、债券投资更为均衡的风险回报。

1998 年俄罗斯金融危机引发的 LTCM 长期资本管理公司的倒闭，是对冲基金业一次著名历史事件，引发了投资人对交易风控、杠杆管理、投资透明度等一系列概念的重新认识和定义。

经过70年的浮沉，对冲基金已经成为重要的投资对象，在发达国家的机构投资组合中占有极其显著的比重。

问：请介绍一下对冲基金的种类及在资产配置中的作用。

答：对冲基金有不同的分类方法。较常见的是分为四大类：股票对冲（Equity Hedge）、事件驱动（Event Driven）、宏观策略（Macro Strategy）和债券相对价值策略（Relative Value – Fixed Income）。股票对冲策略通常是通过多空仓结合来对冲掉一部分或全部的市场风险。股票对冲策略之一是市场中性，即在同一行业内同时做多和卖空不同公司的股票，使得整个投资组合不受行业或大盘整体波动的影响，而只获得做多和卖空的股票上涨和下跌抵销后的净收益。比较知名的市场中性对冲基金有由Cliff Asness掌管的AQR基金。事件驱动基金是通过研究即将发生的重大事件，发现当前交易价格和价值之间的不同进行套利，比如并购、分拆及再融资等事件。著名的事件驱动基金有保尔森基金（Paulson）。宏观策略是通过研究全球宏观政治及经济形势来发现投资机会，比如索罗斯当年掌管的量子基金。固定收益相对价值策略是发现不同固定收益产品在短期内存在的收益率不匹配而找到投资机会，比如研究不同信誉等级的债券或不同期限债券的收益差是否合理，从而做多收益率偏高的债券，或做空收益率偏低的债券。比较著名的固定收益对冲基金有1998年失败的LTCM基金。

对冲基金在投资组合中可以有目的地对冲已有投资组合中对于不同地区、资产类别、行业及货币的市场风险，提供特定资产类别的投资渠道，提供能在不同市场循环周期下长期回报以跑赢大市。

问：请问美国的对冲基金在2008年金融危机后作出了哪些调整？

答：在2007—2008年美国次贷危机引发的金融危机中，尽管大市剧烈下沉，对冲基金也未能逃脱两位数的损失率，它们整体的表现依然跑赢大市。在同期，由于Madoff丑闻引发了愈来愈严格的行业监管规范。2008年以后，对冲基金业总体在监管机构和投资人的双重要求下提高了交易透明度，杠杆率也为之降低。投资人更为关心评估基金在极端市场环境下的表现和交易策略。

问：请问近几年在美国比较成功的对冲基金种类有哪些?

答：近几年由于美国欧洲宏观金融政策的宽松，股市、债市齐头上扬，造成了全球资金从新兴市场的回流，推高了美股的同时也造成了新兴市场的下跌。在这样的市场下，做多的（Long Biased）的股票、债券基金都不同程度地收到了很好的回报，而传统的新兴市场基金回报率差强人意。另一方面，由于前沿市场例如非洲中东拉美的健康发展，投资于这些国家地区的基金回报率高于金砖四国的基金。

采访内容之二：关于基金的基金（FOF）

问：能否介绍一下FOF的发展及现状?

答：在对冲基金业快速发展的大环境下，第一只FOF在1971年由Grosvenor成立。八九十年代FOF开始大幅发展，几百家FOF涌现，提供给投资人选择对冲基金佼佼者的一揽子方案。在2000年到2007年间，FOF的规模扩大了10倍，在2007年的顶峰总管理资产达到了1.2万亿美元。但是在2009年，由于金融危机的影响，FOF行业规模大幅缩减到了不足6000亿美元。2008年发生的Madoff基金丑闻对于整个FOF行业是一个很大的打击，雷曼兄弟的破产引发的流动性危机导致了投资人大幅撤资，从而使得天生流动性差的FOF行业受到双重挤压。在金融危机以后的几年间，对冲基金整体复苏的脚步要快于FOF。

问：FOF可以在投资中起到什么作用?

答：FOF最重要的功能职责就是帮助投资人挑选出不同交易策略的最理想的对冲基金经理，组成根据不同投资人需要的投资组合，适应风控回报的要求。很多情况下，投资人本身因为种种条件限制，并不具有自身遴选对冲基金的素质和能力。这样的时候，就需要专业的FOF来承担这一职责。

问：请问如何选择投资经理?

答：选择正确的基金经理，首要的是选对人。基金经理本身的素质、背景、学历、经验、正直诚实的品格等只有在多次会面之后才能真实地把握。他们对于市场风险的定义认识、调控的策略手段、心理准备、压力之下的反应、对于交易损失和交易盈利的预期和操控，无一不是人员本身素质的体现。他们所辖的投资管理团队决定着投资组合的风险回报。

对于一个良好的投资组合来说，需要分散不同地区、资产类别及行业之间的风险。在决定好宏观风险资本分配到哪些小项以后，确定每一个体的小项之下通过哪些基金去达到预期的回报，是FOF的基金经理要做的工作，也是FOF的价值所在和存在的意义。

我们作为全球投资的价值型FOF已经走过了13年的历史，立足于投资美国本国市场的多空股票基金，以及投资全球新兴前沿市场的偏向做多的股票基金。按投资资本而论，很大比重都放在以亚太、非洲、中东、拉美为代表的新兴前沿市场。

问：你们的基金是一只全球策略的FOF，请问全球投资的意义是什么？如何进行全球投资？

答：全球投资的很重要的一个好处，也是对于中国本土高净值人群和机构投资人有着切实利益的一点，是分散本国投资和对冲单一行业资产的风险，另外还可以对冲掉货币风险。在如今产业结构不平衡、货币超发、财富相对集中、性质单一的中国，如何把财富分流，分散投资于海外发达国家优质的不同资产组合中去，是一个现实紧迫的问题。要想全球范围内选择好的基金经理，首先需要从全球资本市场和国家地区间不同投资风险的角度作出基于价值投资的评估，确定不同历史时期哪些国家地区的哪些资产被相对低估。在作出了这样的宏观判断之后，再进行这类资产内部不同基金之间的比较。这就是我们最常采用的从宏观到微观的选择过程。对于不同国家地区行业资产类别间基金的跟踪、评估是一个长期投资过程中形成的积累。美国经济本身在快速变好，这得益于宽松的货币政策带来的经济复苏。全球范围内资金的回流带动了美元资产的止跌回升，涵盖了货币、股票、债券、不动产等。但是居安思危，在如今证券市场不断冲高的背景之下，相对被大幅低估的市场变成了新兴国家市场。如何合理弹性地分配将来的投资组合，调动资本从被高估的市场流向被低估的市场，是我们经常遇到的问题。

高端访谈：下面是我对丹马克·韦斯特的采访。韦斯特先生是一位活跃的天使投资人，也是 Lending Club 的早期投资人之一，居住于纽约。采访时间是 2015 年 3 月。

问：能否讲一讲你工作过的科技公司以及你的具体工作?

答：从 1998 年到 2001 年，我在微软工作，并为微软公司进行风险投资。当时我们的投资主要集中在互联网的基础设施公司，尤其是与主流媒体相关的公司。我也参与了为微软制定公司策略并最终获得比尔盖茨和斯蒂夫鲍尔默同意而成立流媒体部门的过程。我们投资的几个公司成功退出，包括 iBeam（上市）、InterVu（卖给了 Akamai），以及 Akamai（上市）。在这些投资中我的身份是一个战略合作伙伴，同时也是财务投资人。在大多数情况下，这两个身份是统一的。作为战略合作伙伴，我们希望推广视窗媒体系统以及视窗服务器，但是我们的着眼点是提供支持，而不是要求排他权。在当时那个职位，我的身份像微软的一个商业发展人员（Business Development）。作为一名财务投资人，我们所关注的是业务最终的规模，只有规模够大，我们才能成功退出，从这点说，我的身份像一名风险投资人。有些情况下，整合是最佳方案，可以从策略和财务方面都达到最佳效果。我会在这种情况下尽力促成整合。比如说，我将 InterVu 的 CEO Harry Gruber 介绍给了 Akamai 的主席 Paul Sagan，希望他们可以整合成一个团队，而不是相互竞争。最终，Akamai 以 23 亿美元的价格收购了 InterVu。

作为天使投资人，我是从近几年开始比较活跃地进行投资的。我很幸运，在 2006 年参与了对 Climate Corp 首轮投资。这家公司在 2013 年以近 10 亿美元的价格卖给了孟山都公司（Monsanto Company）。我的身份既是早期投资人，也是一名顾问。我帮助公司与合作伙伴建立联系，参与制定企业发展策略，并帮助进行员工的背景调查。

问：能否介绍一下你在天使投资方面的经验?

答：我从事天使投资已经有 10 年左右的时间，但在过去的几年中，我在天使投资方面与 Gryphon Capital 合作，并在时间精力方面投入更多。我的投资方式是与在天使投资领域关系广泛且原则性强的投资人共同投资。我们投资给我们认为可以改变现有模式的创业家。我主要关注以下三个方面：第一是能提高市场效率的技术；第二是能提高个人生产力的技术；第三是能提高社会生活条件的具有创新的技术。我更多的是关注这些大的方向，而不是某个时间段的热点。随着技术的进步，热点总是不断改变，但大的方向是不会变化的。我目前投资的领域包括大数据、众筹、广告技术、移动生态系统和分享经济等。

下面是我个人过去8年中所做的一些天使投资，其中许多是和Gryphon Capital一起投资的。

The Climate Corp：向全球农场主提供软件和保险产品，以帮助他们保护并提高耕种。已经出售。

LendingClub：美国排名第一的信用贷款市场，将商业银行也变得更加有效、透明和便于客户使用。目前已经获得PE轮投资。

ALICE：酒店运营者向客户提供移动服务的平台。

Partender：帮助酒吧经理将管理库存时间从6～24小时降低到15分钟的管理工具。

Tocagen：研究抗癌技术的生物医疗公司，目前处于临床试验阶段。

问：能否介绍一下你在天使投资方面的合作伙伴?

答：我很幸运有机会和硅谷地区一起非常有才华的天使投资人一起投资，这些天使投资人包括Kapor Capital的Mitch Kapor，Dreamit and Comcast Ventures的William Crowder，Atom Factory的Troy Carter，Vayner Media的Gary Vayerchuk等。

问：请问美国早期投资的体系是什么样子的? 参与者有哪些? 他们是如何合作的?

答：早期投资中最重要的几方包括公司创立者、收购者、中介及投资人。具体来说，参与者包括下列各方：

- 创业者——创立公司的人；
- 创业顾问——帮助创业者创业的人，通常有广泛人脉和智慧；
- 孵化器和加速器——帮助创业者“毕业”并获得下一轮投资；通

常本身会少量投资创业企业，并占部分股权；

- 天使投资人——早期个人投资人；
- 众筹平台——连接天使投资人与早期创业企业的平台；
- 种子基金——早期机构投资人；
- 风险投资人；
- 大型科技公司——早期创业公司的潜在收购方、商业伙伴或客户。

以上各方会经常沟通，但信息交换的市场并不足够有效。尽管各种科技手段、媒体和投资会议可以帮助信息传播，但个人关系和渠道还是十分重要的。

问：在美国，除了硅谷，还有哪些城市有大批的创业公司和资金？

答：硅谷目前在美国的创业环境仍然是占据主导地位的，那里有大批的创业者、工程师和投资人。除硅谷外，美国也有一批城市正在或已经发展了自己的创业体系。科技发展越来越国际化；在美国本土也在不断传播到不同区域。下面五个城市是大家公认的在创业环境领先的城市：纽约、波士顿、洛杉矶、西雅图和芝加哥。另外还有一些城市也在这方面做得不错，比如华盛顿 DC、奥斯汀、底特律及圣地亚哥等。越来越多的城市正在努力创建创业氛围，以吸引创业公司。

问：早期投资人目前关注哪些领域？除了社交媒体等方面，还有什么热门领域？

答：投资人对社交媒体已关注了约 10 年时间了。另外一些热门领域包括：

- 大数据（Big Data）；
- 合作消费（Collaborative Consumption）自由经济（Freelance Economy）及分享经济（Sharing Economy）；
- 定制化商务（Customized Commerce）；
- 物联网（Internet of Things）；
- 可穿戴设备（Wearables）；
- 企业软件（Enterprise Software）；
- 融资科技（Finance Technology），包括众筹；

- 生物科学（Biotechnology）。

当然除了这些还有很多领域。科技可以提高效率和透明度，对传统行业提出挑战并创造出大量机会。

问：根据你的亲身经历和观察，你认为早期投资的领域，近期除了热点领域的变化外，都出现了哪些变化？

答：过去10年中的创业和早期的投资都发生了很多变化，我想强调其中的三点。首先，创业者的成本大大降低。“云”使得一些创业者的基础设备成本从一项很高的固定成本变为变动成本。在以前，创业者需要将大量资金投入基础设备中，包括服务器和数据中心。其次，软件开始模式从Waterfall转变为Agile模式，大大加快了软件开发速度；另外资源共享（Open Source）也推进了软件开发模式。再次，种子基金市场有了爆发性的增长。软件开发速度的提高以及成本的降低，使得与软件有关的创业进入壁垒降低，也使得一个新概念得到证明的所需成本降低。这些都导致了寻找及提供种子资金的人数大量增加。与此相关，众筹平台增加了创业者寻找资金的渠道。供给方（创业者）与需求方（天使投资人）比以前可以更容易地接触。这使得种子阶段的投资大大增加。好的众筹平台可以作为机构投资人寻找投资机会的渠道。

问：投资人与创业者都通过什么渠道接触到对方？

答：他们接触的方式包括行业及投资峰会、创业竞赛、孵化器、加速器及众筹平台等。对于机构投资人来说，最多用到的方式是通过合作伙伴的介绍。一些常见的联系包括同学关系、工作关系及个人关系等。

问：对于一个没有销售的早期公司来说，投资人如何对它估值？

答：对于一个没有销售的早期公司进行种子投资的估值，艺术要大于科学（More Art than Science）。根据具体公司，我会用几个不同的估值方式，但都会从对未来的财务预测开始。除了对未来预测的折现，我也会考虑以重置成本、知识产权等来衡量公司的有形价值。

问：早期投资人会采取什么样的金融工具进行投资，比如可转债还是优先股？

答：在过去几年中，可转债（Convertible Notes）配上一个估值上限成为种子投资的标准方法。这种工具对双方都有好处，它可以给投资人一个优先收回投资的身份，也给创业者一些估值的灵活性。在进行风险投资基金投资时，经常会采取优先股的方式，并伴有一些退出的优先条款。在风险投资者进入时，通常会要求种子轮的可转债完成转股。

问：对天使投资人和风险投资人来说，通常会在投资多久后退出?

答：首先要明确一下，天使和风险投资是不同种类的投资，尤其在众筹发展起来之后。天使投资人是高净值个人投资人，他们投资的目的可能包括对创业者提供支持和指导。风险投资人是机构投资人，他们投资的目的是为基金的有限合伙人带来投资回报。

对风险投资人来说，他们是纯粹追求投资回报的，因此他们关注速度、规模和退出。对风险投资人来说，他们很少会在投资后对投资持有超过7年时间。对于天使投资人来说，即使是所谓的与风险投资人越发类似的“超级天使”，他们都会准备长期持有一项投资，达到10年以上。

问：对有意在美国做早期投资的中国投资人有何建议?

答：首先要谨慎。通过私募方式投资本来就是高风险的，而种子投资又是风险最高的投资方式。投资人在进行早期投资时一定要谨慎。

其次要找到好的投资伙伴。寻找好的投资项目和背景调查需要有关系，这比经历、时间和资源更重要。能否找到好的投资伙伴经常是投资成败的关键点。

再次，对估值要用心考虑，尤其是在市场很热、许多公司估值很高的时候。决定总体投资回报的不只是找到好的投资机会，还有对损失的控制。当所投公司上市了，投资就完全成功了；当所投公司关闭了，投资就完全失败了。但在大多数情况下，创业公司不是以这两种情况结束，而是会卖掉知识产权或团队，或者是其他的资产，而不是让投资人看到整体业务的发展或前景。在这种情况下，如果种子投资人在投资时对估值不够严谨，那他就可能会承担损失。

第三章
地产投资不只是当房东

第一节　美国房地产市场简介

在资产配置理论体系下，房地产投资属于另类投资，然而中国投资人最熟悉的资产类别非房地产莫属，因此在进行海外投资时，买房也自然成为首选方式。房子看得见，摸得着，住得进，租得出，并且有永久产权和地契，买得安心，不像股票那样虚无缥缈。这非常适合中国买家的投资心理。据说2014年中国投资人（不包括机构投资者）在美国买房总额超过200亿美元。

买房出租确实是一种很好的投资方式，既能产生稳定的租金收入，在未来还能享受潜在的升值，抵御通货膨胀，属于全能型投资。当然和所有其他资产类别一样，投资房地产也有它的风险。如果买在地产泡沫破裂前，那么可能投资在数年之内都无法收回；如果投资的城市经济一蹶不振，失业率大增，那里的房地产价格一定疲软；如果投资的房产遇到质量问题，或租给了难缠的租户，那么投资人都会很受伤。通过投资房地产基金或信托，可以分散投资，在一定程度上降低入市时机、位置选择及个体房屋等方面的风险。

美国的房地产市场体量巨大。据统计，美国商业地产总量约为6.5万亿美元，超过排在第二名的日本约两倍。美国每年商业地产的交易量在几千亿美元，市场非常活跃。除了体量大，美国房地产投资品种繁多，适合不同投资人的口味。在具体介绍美国不同房地产投资类别前，我们先来看几个基本概念。

商业地产

在中国，商业地产主要是指与零售和餐饮相关的地产项目。在美国，商业地产（Commercial Real Estate）有着更广的含义。美国的商业地产是和私人住宅（Residential Real Estate）相对的概念，包括出租公寓（超过四套公寓的住宅楼一般就算做商业地产）、办公楼、零售、酒店、老年公寓及工业园区等用来获取租金收入和未来升值空间的有规模的房地产项目。美国市场上针对房地产投资的研究及统计一般是针对商业地产的。美国和中国处于不同的发展阶段，私人住宅建设已经不是房地产投资市场的主流。在美国从事私人住宅建造和销售的公司被叫做住宅开发商（home builders），其中最大的是 D. R. Horton，这家公司 2014 年的销售额约为 80 亿美元，净利润为 5.3 亿美元，利润率只有不到 7%，市值约为 90 亿美元。而以投资及出租物业为主的房地产投资信托（REIT）的市值则要大得多。美国最大的 REIT 是 Simon Property Group，市值将近 600 亿美元。

美国商业地产的投资人主要是各种各样的机构。从事房地产股权投资的机构主要包括 REITs、私募股权基金和对冲基金以及养老基金等。为开发商提供贷款的机构有商业银行、保险公司和专门从事按揭投资的 REITs 等。

中国投资人在美国的商业房地产投资这些年确实增长很快，但如果因此就说美国的房地产价格是中国人抬上去的，就稍显偏颇了。除了中国，许多其他国家的投资者也积极地在美国投资。从投资者国别来看，美国有着强大的本土投资群。在美国每年几千亿美元的房地产交易中，将近 90% 的投资来自本土。在来自海外的投资中，加拿大近水楼台，为最大投资者，中国、德国、日本、瑞士等国紧随其后。在商业地产领域，中国投资人只在办公楼一类名列前茅，而在酒店、零售、集合住宅和工业等领域，投资最活跃的分别是日本、澳大利亚、以色列和挪威等国。

REITs 与房地产私募基金

与投资企业一样，房地产投资也有公募与私募之分。上面提到的开发商股票和 REITs 都属于公募的投资品种，而 REITs 是目前的主流产品，占美国房地产股权投资市场的 20% 左右。REITs 起源于 20 世纪 70 年代，其成立的目的是方便普通投资者参与房地产投资。REITs 公司投资并持有商业地产，并根据规定，必须将不少于 90% 的租金收入派发给投资者。REITs 在纽约证券交易所和纳斯达克挂牌交易，和股票一样。它的出现解决了房地产投资者的几个问题。首先是流通性。流通性是投资房地产的一大挑战，但通过 REITs 投资，可以随时买卖。其次是投资金额。房地产项目的投资金额都比较大，但 REITs 使得普通投资者可以将少量资金投资到房地产领域。再次是对所投项目的管理。投资过房地产的人都有体会，房地产的管理是比较复杂的。在美国买房、租房要牵扯到维修、买保险、缴地产税、冬天找人铲雪、夏天找人除草，等等。而且美国的法律对租户比较保护，出了纠纷时，房主想将租户请走并不容易。REITs 是机构投资人，有专业团队解决这些问题，投资人可以通过投资 REITs，轻松参与地产投资。由于有这些优势，REITs 在美国发展较快，尤其是从 90 年代开始。2006 年 REITs 总体量达到4000 亿美元，比90 年代初增长了约40 倍！虽然好处很多，但投资者投资 REITs 要注意一点。由于 REITs 像股票一样挂牌交易，它与股市的相关性以及波动性大于其他的房地产投资产品。如果未来升息到一定程度，影响了房地产行业，那么 REITs 受到的影响很可能大过私募投资产品。

美国有许多房地产投资基金的架构与私募股权基金是一样的。基金发起人作为普通合伙人（GP）管理基金，投资人以有限合伙人（LP）身份投资入股。这类投资基金以股权或债权的形式投资到房地产项目中，包括开发、改建或持有项目。项目获利退出时，GP 与 LP 按规定好的比例，比如二八开进行分配。这类基金的投资期限通常较长，为5 ~7 年，且起投点较高，因此不太适合普通投资者，主要是面对高净值和机构投资人。

长期来看，美国 REITs 的平均年回报率和波动率都要高于股票大盘和私募地产基金，而私募基金的回报率和波动率在三者中最低。但美国通常统计的私募地产基金回报为不算杠杆的回报，加上杠杆后，回报会有一定提高。

房地产周期

所谓房地产周期，就是指房地产市场在底部恢复元气，慢慢攀升，达到顶部，再跌入谷底的一个过程。这个过程周而复始，让投资人在最得意时马失前蹄，在最绝望时看到乌云边上那一缕银色。一些投资人研究美国房地产市场的历史数据，希望找到周期的规律作为投资的金钥匙。关于周期的长短，我看到过不同的研究结果，有人说一个周期是10年，有人的研究结果是12年，还有人说是18年，并根据这些结果作出买入或卖出的建议。我认为周期的长短是不断变化的，很难通过周期理论作出正确的择时。尽管如此，周期的每个阶段特征还是有很大参考意义的。据研究，一个房地产市场周期可以分为4个阶段：恢复期、扩张期、泡沫期和衰退期。在恢复期，政府降低利率，促进企业发展并降低买房人的购买成本，房地产项目的空置率慢慢下降，开发商在这个时期采取观望态度。这个时期的房地产市场乍暖还寒。到了扩张期，空置率继续下降，开发商开始入场，增加新房供应量。但由于建设新房或改造旧房都需要时间，新的供应量会有滞后期。这会导致房租快速上涨，房地产市场供不应求，于是引来了更多的开发商，市场可谓“骄阳似火”。不知不觉间，新供应量赶上并逐渐超越了需求，租金上涨的速度下降，空置率从最低点回升，而开发商仍然在建造新的房源，市场进入泡沫期，显现“山雨欲来”之势。随着市场供需继续向不利的方向发展，空置率继续提高，甚至高过平均水平。开发商这个时候停止了对新项目的投资，但市场上已经积累了大量的房源，低价供应。在这衰退期，市场银装素裹，而雪上加霜的是，由于经济过热，政府很可能在这个时期加息，进一步对房地产市场形成压力，一切回到原点。处在周期中的投资人很难判断每个周期的起始和终结点，但应该对大趋势有一个判断。

与房地产投资相关的一些比率

1. 净租金收益率（Cap Rate）

Cap Rate 是在进行美国房地产投资时听到最多的一个词。它指的是一个房地产项目一年的净营业收入与买入项目总价的一个比率。举例来说，张总在纽约买了一处公寓，总价 300 万美元，之后投资人将公寓出租，一年的净租金是 12 万美元，那么 Cap Rate 就是 4% 。在中国，投资人在比较一个地产投资价格的时候，通常会看每平方米的价格；在美国，Cap Rate 是衡量一个项目卖价高低的主要比率。比如纽约曼哈顿公寓的 Cap Rate 很低，只有 4% 左右，而其他一些偏远的城市可以到 6% 或更高。Cap Rate 低并不是因为曼哈顿的租金低，曼哈顿是全美租金最高的地区之一；Cap Rate 低是因为那里的房价高。全球的投资人都愿意在曼哈顿投资，因为那里土地供应极为有限，需求很强，有超强的抗跌能力。投资人愿意牺牲一些目前的租金收益，而长期持有房产，享受稳健长久的回报。

2. 杠杆回报率（Leveraged Return）

美国在金融危机后一直维持较低利率。投资人可以借到低息贷款，来增加股本回报率。在使用贷款（杠杆）以后的回报率，就叫做杠杆回报率。继续以上面的张总为例。假设张总 300 万美元购房款中的 200 万来自银行贷款，利率为每年 3% ，那么他每年的利息支出是 6 万美元，而每年除去利息的净收入是 6 万美元（12 万美元净租金收入 -6 万美元利息）。他的每年杠杆回报率则是 6 万美元除以 100 万美元的本金，为 6% ，比全部现金投资高出两个百分点。

3. 利息覆盖率（Interest Coverage Ratio）

杠杆是双刃剑，用得好可以提供收益，用得不好会伤到自己。利息覆盖率是衡量归还贷款利息能力的比率，越高越安全。张总每年要归还 6 万美元的利息，而他的年净租金是 12 万美元，覆盖率为 12 万美元除以 6 万美元，是 200% ，算是很安全了，出现违约的风险很小。对机构投资者来讲，覆盖率达到 120% 左右就算合格了。

第二节　美国房地产投资产品分类

如果为美国房地产市场做一个矩阵，我们可以用位置、开发周期、物业级别及物业种类等因素作为坐标画出一个个小格子，并将房地产的不同项目放在不同的格子里，供有着不同要求的投资者选择。在这一节中，我们为投资者介绍美国房地产项目不同的分类方法，使大家可以按图索骥。

城市

美国的房地产市场可以分为四个区域：东北部、南部、中西部和西部。东北部是美国大城市最集中的地区，我们熟悉的纽约、波士顿、费城及巴尔地摩等都集中在这个区域。由于高度的城市化，东北部为投资者提供了大量的办公楼、住宅及零售等方面的投资机会。南部是美国金融危机后发展最快的区域，尤其是得克萨斯州。美国GDP增速最快的城市中有许多出自得克萨斯州，比如休斯敦、达拉斯、奥斯汀及圣安东尼奥等。得克萨斯州这些年创造了大量的就业机会，因此是人口净流入州，每天都有许多人从外州迁入。高速发展的经济和人口增长为投资人提供了良好的出租公寓等投资机会。南部还有一个州没有被广大中国投资人所熟悉，但非常值得关注，它就是北卡罗来纳州，简称北卡。北卡前一段时间成功转型，从一个农业州变为金融及科技发达州。北卡的重镇夏洛特是美洲银行总部所在地，也是美国的金融中心之一。另外赛车在北卡已发展成为超过60亿美元的产业，而90%的NASCAR团队成员居住在夏洛特附近。北卡和得克萨斯州一样，近年吸引了大量外州人的迁入，为出租公寓等房地产项目提供大量需求。中西部有着围绕五大湖的城市群落，比如芝加哥及克利夫兰等。中西部是美国制造业集中地，有不少工业地产的投资机会。美国西部气候宜人，有着美丽的海岸线，又有着离中国最近的飞行距离，是中国投资人最喜爱的区域，尤其是洛杉矶、旧金山和西雅图等城市。西部除了住宅、酒店及工业地产等传统房地产外，还提供一些特别的投资机会，包括酒庄、马场及高尔夫球场等。

美国和中国面积相仿，城市众多，并且也分为一线、二线及三线城市等，但这只是个大概的划分，没有统一的标准。纽约似乎是美国唯一没有争议的一线城市，而且被认为是独一无二的（one of a kind）。一种常见的一线城市划分方式叫做“六大（big six）”，包括六个所谓门户城市，分别是东岸的纽约、波士顿和华盛顿特区，中西部的芝加哥以及西岸的旧金山和洛杉矶。这些一线城市除了是美国经济、金融及文化中心之外还有一个共同点，就是步行方便指数较高（当然洛杉矶除外）。美国近年来有个趋势，就是年轻人喜欢住在交通便利的城市中心，公共交通方便，不用开车就可到达工作、娱乐及购物的场所。一些网站为美国城市作了步行方便度排名，纽约名列榜首，而“六大”中除了洛杉矶，都名列前茅。对于习惯了大城市生活的中国投资者来说，居住在设施集中、步行方便度高、公共交通便利的美国门户城市对适应新的生活还是有所帮助的。

海外地产投资人在美国投资时，通常会从一线城市入手，主要有以下几个原因。第一点就是熟悉。中国人里去过美国这些门户城市旅游及出差的人不在少数。中国目前每年近200万人到美国的游客中，相当比例的人目的地是这几个城市。熟悉有两个意义：首先是投资人在相对熟悉的城市投资，安全感比较高；其次是一些投资人在美国选好项目，自己只出部分资金，剩余部分需要在中国融资。一线城市的项目在融资时会更容易，因为大家都熟悉，解释起来相对轻松。试想一下，向中国投资者介绍一个纽约曼哈顿的写字楼，或者一个威斯康星州密尔沃基市的酒店，哪个会更简单一点。一线城市房地产的第二个好处是抗跌性较强，相对安全。再以纽约为例，作为全球金融中心，这所城市吸引了来自全美和全球的人们来这里投资、工作和居住，房地产市场有着旺盛的需求，并且这种情况在可预见的未来是不会改变的。在2007年到2009年金融危机期间，波士顿和纽约房价下滑幅度最小，且恢复很快，显示了一线城市房价的韧劲。一线城市抗跌的原因之一是这些大都市都有着多元化的经济，不像一些小城市经济单一，很容易出现三十年河东、三十年河西的情景。第三，据统计，一线城市长期来看，房价上升的幅度也处于领先水平。一线城市吸引国际资金的第四点是市场深度。这些城市的房地产市场体量大，交易量高，适合机构投资者。曼哈顿的写字楼很容易以几亿美元或更高的量级交易，而在二三线城市很难找到大型房地产项目。一些国际机构投资者有着大量资金需要投资，没有时间和精力去考察并管理一个又一个的小型项目，只有大型项目才适合它们的口味。而且在未来出手时，一线城市也不乏接盘者，为投资者提供流通性。

一线城市房地产市场的一个问题就是竞争太强。来自全球的资金都在这些城市寻找项目，推高了价格，压低了租金收益率，也压缩了给投资者的决策时间。一个外国投资者如果在纽约看好一个项目，然后回本国讨论，再与卖方讨价还价，这个项目可能就被别的买家抢走了。所以投资者需要在投资前做足够的功课，了解市场，在发现好项目时，尽快出手。

海外的投资人近些年也开始进军美国二线城市，寻找相对便宜的项目。上面提到过，净租金收益率是衡量一个项目贵贱的重要指标，收益率越低，说明价格越贵，这个道理与债券的收益率类似。在考察美国二线城市地产项目时，投资人经常会将项目收益率与一线城市比较。一线、二线城市收益率差通常在 1 个到 2 个百分点之间摆动。如果相差较大，说明二线城市项目较为便宜，可作为入市参考。

开发周期

大家经常用面粉和面包的关系来比喻地价和房价。面粉就好像房地产开发中的生地，把面粉发成面团，也就像把生地开发成熟地。再把面团烤成面包，也就是在熟地上面盖起了高楼。开发的不同阶段为投资者提供不同的投资机会。

美国有专门的土地投资公司，购买土地，进行规划，然后卖给开发商或其他投资人，赚取“发好的面团与面粉”的差价。这些公司熟悉一座城市的总体开发规划，并在总规划的基础上选择投资地块，之后进行地块规划。地块规划要符合城市总规划的方向。地块规划首先要有一个项目的概念，之后要进行土地工程、土地分区等各方面的细节安排以及三通一平等工作。地块规划是获得施工许可的前提。当一块土地的规划获得政府批准，这块土地的价值就大大提升了。这个时候土地投资公司就将地块出手获利。也有的开发商及投资人愿意购买规划还没有获批的土地，承担一定的审批风险，但可以降低购买价格。土地投资通常周期较长，流通性较差，但潜在的收益也很可观，这点与股权投资中的早期风险投资很类似。土地投资很难获取银行贷款，因此基本上依靠投资人的资金。没有杠杆的好处是，在房地产市场低迷时，即使土地价格下降，投资人也没有还款压力，可以等待市场复苏，再将地块出手，将坏款风险转换为时间风险。

生地变成了熟地，开发商入场，进入项目开发阶段。在动工前，开发商的首要任务之一就是安排好资金。目前美国的开发项目可以从银行贷到相当于总造价65% ~70%的开发贷款，利率根据开发商的信誉和项目评估确定。目前全球处于低利率环境，一些好的开发商的贷款利率不到3%。剩余的资金则来自夹层融资、开发商自己和投资伙伴的股权投资。中国投资者可以与美国开发商合作，采取夹层贷款或股权投资的方式对项目投资。夹层贷款介于银行贷款和股权投资之间，通常对项目有着第二顺位的抵押权，位列银行之后、股权投资人之前。也就是说，当项目有了收入时，首先要还掉银行贷款，之后是夹层贷款，最后是股权投资人的本金和收益。由于夹层贷款的风险大于银行贷款，其所获得的利率也比较高，目前在10%左右。股权投资人承受的风险最大，因此可获得的预期收益也最高，可以与开发商按比例分享项目的收益。开发项目的风险比土地投资小，但大于持有项目，因此预期回报率也位于二者之间，目前美国市场上开发项目的杠杆内部收益率在20%左右，根据地点和项目类型而有所不同。房地产开发是本土化很强的行业，海外开发商通常会选择与美方伙伴合作，而不是自行开发。

美国市场上的出售公寓开发项目不多，大多是出租项目。开发商在开发完成后，通常会将项目出租，等到项目达到出租稳定期（Stabilized），再出手卖给机构投资者。进入稳定期的一个主要标志是达到一定的出租率。以出租公寓为例，当出租率达到93% ~95%时，就算稳定了。养老基金一类的机构投资者喜欢接手进入稳定期的房地产项目，以获取稳定的现金流和较为平稳的项目升值。

从开发阶段来看，投资已经建好并处在稳定期的地产项目风险是最小的。投资人在投资时，项目已经有着较高的出租率以及稳定的现金流。在这个阶段，投资人接手的是成品，面粉出现问题不能和成面团或面团出了问题不能烤成面包的风险都不存在了，剩下的只是面包价格波动的风险。当然投资持有物业的预期回报也是最小的。美国门户城市目前的净租金回报率很低，每年在4% ~5%，加上未来升值的空间，每年不包括杠杆的总收益率可能不到10%。对于习惯了高回报投资机会的中国投资者，这样的回报可能看起来吸引力不够，但对于许多海外的机构投资者及高净值家族，这样的项目有着稳定现金流和较小的投资风险，又可以对抗未来的通货膨胀，已经很令人满足了。这样的项目肯定不是发财（Get Tich）的投资机会，但却是很好的守财（Stay Rich）的投资产品。对投资人来说，最重要的是做好资产配置规划，有的资本用来继续发财，有的资本用来守财，做到攻守兼备。

上轮的金融危机已经过去4年了，美国房地产的价格也一直在上升。海外投资人为了获取更高的回报，不仅深入二线城市，也更多地参与开发项目，以期获取比持有项目更高的收益。

项目类别

美国市场上最常见的项目类型包括出租公寓、酒店、办公楼、零售物业及工业地产等。

出租公寓（Multifamily Apartments）项目和中国的住宅楼类似，但不能按单元单独出租或出售，而是开发商或投资人整体持有，并雇佣管理公司统一出租并进行物业管理。出租公寓的开发周期通常为两年，并在出租一年左右可以达到90%以上的出租率，并在出租稳定时将项目卖给投资人套现离场。美国和中国文化不同，美国人对拥有自己住房的渴求相对弱一些，美国住房拥有率在60%以上，而且有下降趋势。在纽约、旧金山这样的大都市，住房拥有率更低，将近一半的人租房住。美国人平均一生要搬家近12次，因此许多人觉得租房住挺方便，不会被住房套牢在一个城市。出租公寓正好满足了美国人租房的需求，从投资角度说，是防御性较强的资产类型。在经济不景气时，公司裁员、减少出差，家庭减少消费、取消度假，影响对零售、酒店及办公楼的需求，但大家仍然需要租房住，只是房租可能会减少。美国的出租公寓分为两大类，高层公寓（High Rise）和花园洋房（Garden Style）。高层公寓通常位于大型城市中心，而花园洋房则位于郊区和小型城市。近些年美国的千禧一代，相当于中国的八五后和九零后，开始进入职场，他们对住房的需求对出租公寓影响较大。这代人与前几代美国人不同，更喜欢大都市的生活而不是郊区的安静。他们对城市的向往是美国再城市化的推动力之一，也使得高层公寓相对来说更被投资人看好。大城市中心的高层公寓为住户提供各种便利，节省了大量的交通时间。近几年出租公寓最好的市场在纽约的布鲁克林。由于曼哈顿租金高企，不少人选择了相邻的布鲁克林。布鲁克林目前一居室的月租金在2900美元左右，虽然与曼哈顿仍有几百美元的差距，但价差有缩小的趋势。目前有中国的开发商在布鲁克林开发住宅项目。

出租公寓是各种房地产类别中最安全的投资品种，而风险最大的是酒店。虽然每种房地产类型都受到经济周期的影响，但是酒店是最敏感的。在经济下滑时，酒店的盈利通常先于其他资产开始调整，而且调整幅度较大，有点天下未乱蜀先乱的意味；但在经济复苏时，酒店业也会较早地恢复。酒店是一种波动幅度较大，风险较高，但潜在回报也高的房地产投资资产。酒店与其他资产类别比较有两个特点。首先是租约。酒店基本是按天出租的，房租可以随时调整，而其他的房地产类别有着1~20年的较长期租约，租金虽然在租约期内也有调整，但都是事先规定好的。经济不景气时，企业减少出差、会议的预算，家庭取消旅游安排，立即降低酒店的出租率。在2009年，美国的酒店出租率从平时的65%左右下降到55%，同时租金下调。除了租期短之外，酒店的另外一个特点是对管理要求高。相对于其他房地产类别来说，酒店经营的好坏与日常管理的关系更大。因此一个好的酒店既要有好的房地产成分（位置、建筑及设计等硬件），又要有好的经营成分（品牌及管理团队等软件）。

根据软件和硬件的等级，酒店可以分为四个等级：经济型（Best Western、Comfort Inn等）、中端（Holiday Inn，Embassy Suite等）、高端（Westin，Hyatt等）和豪华型（Conrad，Ritz Carlton等）。根据提供的服务全面性，又可分为全服务（Full Service）和有限服务（Limited Service）两大类。总体来说，越是高端的酒店，对管理要求越高，酒店的利润波动也越大，但在年景好时，潜在的收益也大。高端酒店与经济型酒店，就像酒店行业中的奢侈品和日常用品一样，奢侈品的周期性会更强，日常用品的防御性会更好。

投资人在考察酒店项目时，会特别关注酒店的单房间收入这个指标（Revenue Per Available Room，RevPAR）。RevPAR 的计算方法是将房间平均日租金乘以酒店出租率，考虑了租金和出租率两个方面的因素，比较全面。在考量酒店行业时，投资人会观察行业 RevPAR 的变化。在酒店行业风生水起时，如果 RevPAR 的增幅缩小，且新酒店项目过多，就说明这个行业的顶点快到了，投资需谨慎；反之，则说明离底部不远了，是入市的好时机。

互联网对酒店业也有一定影响。网上预订酒店的服务使得个人出行的住宿安排更便捷了，为一些小型特色酒店带来了更多的客人。在互联网时代之前，特色酒店没有大型连锁酒店的网络，比较难以吸引客人。但是目前一些旅游网站提供各地民宅出租信息，对传统酒店有一定负面影响。

办公楼和零售物业收益波动率介于出租公寓和酒店之间。在各类房地产项目中，办公楼经常扮演地标的角色。办公楼通常位于城市的中心区域，且项目体量大，有时还由大型国际化公司冠名。许多国际大型基金喜欢投资城市中心的办公楼项目。相对来说，出租公寓和酒店等的项目规模没有办公楼大。大型基金手中资金充沛。对它们来说，投资一个小型项目和一个大型项目要完成同样的尽职调查程序，因此投资大型项目才有规模效应。另外由于办公楼通常占据城市的战略要地，因此项目地价会不断上涨，为投资人财富保值和增值。

与酒店和出租公寓不同，美国办公楼通常是多年长约，因此相对酒店更稳定一些。但长约也不是没有风险。在经济危机时，发生租户倒闭的状况，租约在手也是无能为力。投资人在考察办公楼项目时，要看租户的信用情况，以及租约的到期日是否过于集中。如果较高比例的租约在同年到期，如果到期时正赶上经济危机，那么新的租约就会受到影响。因此理想的情况是租约到期的时间比较分散，减少续约风险。这很像投资债券的错期策略（Laddering）。

近期有些投资人不看好办公楼投资前景，认为美国目前有减少员工人均办公面积的趋势。美国这几年确实有一些公司推行分享式办公环境。员工没有固定座位，只有会议室是固定的。另外，一些公司允许员工进行弹性工作，在没有会议时可以在家工作。然而这种趋势似乎还没有形成潮流。另外，美国公司对人才的竞争是十分激烈的，还是有大批公司愿意为员工创造宽敞有档次的办公环境，以吸引并留住人才。

说到美国的零售物业，去过美国旅游的中国人大都有一手体验，尤其是其中的名店街和奥特莱斯。在房地产投资中，零售物业分为不同种类，名店街叫做 High Street，最著名的有曼哈顿的五大道、洛杉矶的罗迪欧大道和芝加哥的密歇根大道。奥特莱斯是品牌折扣店，纽约的 Woodbury 有 220 家左右的商店，是东岸最大的，也是中国人最熟悉的奥特莱斯。从投资角度来说，市场最常见的零售地产类型包括四类，分别是超级购物中心（Super Regional Malls）、区域购物中心（Regional Malls）、中型购物中心（Power Centers）和社区购物中心（Neighborhood Centers）。超级购物中心和区域购物中心的设计基本相同，就是在一个两层到三层的封闭建筑中划分出几个区域，里面布满一个个的百货商店和品牌门店，以及餐厅和咖啡厅等，各个区域有室内走道连接，外面则是大片的停车场。一般来说，当店铺数超过 80 家，总零售面积超过 8 万平方米，就算做超级购物中心了。费城附近有一家非常知名的超级购物中心，叫做 King of Prussia Mall。这家购物中心零售面积约 26 万平方米，商家超过 400 家，是美国东部最大的购物场所，吸引着来自世界各地的游客。中国游客常会感叹 Woodbury Outlets 和 King of Prussia Mall 的规模和吸引客流的能力，感叹中国同胞为这两家购物场所所作的贡献，感叹它们规模太大没能力投资。其实投资它们很容易；这两家购物中心都是美国零售地产信托巨头西蒙地产（Simon Property）旗下物业，中国投资人可以方便地购买西蒙地产在纽约证券交易所挂牌的股票，目前价格约 200 美元一股，从而分享这两家购物中心的租金收入。当然投资时不能只看表象，还要仔细研究财务数字。

中型购物中心在每个城市周围都有。它们通常由一家大型的超市（Walmart 和 Kmart 等）作为核心租户，再搭配一些中小型商店或餐厅等。相对来讲，人们在中型购物中心停留的时间会比较短，通常买完东西就离开了，不像在大型购物中心，连逛带买，还经常会吃饭、喝咖啡等，花上大半天甚至一整天时间。人们去中型购物中心是完成任务，去大型购物中心是享受生活。

在许多社区附近会有由不超过10家商店构成的社区购物中心，通常包括发廊、药店和卖酒的小店。这种类型的商店最大的功能是为社区居民提供便利，满足人们日常所需。

零售行业是受互联网经济影响最大的房地产板块。2010年我在纽约一家连锁书店Boarders买书，发现这家书店正在清仓甩卖。结账的时候收银员告诉我Boarders刚刚宣布破产。对我这个喜欢逛书店的人来说，看到店里甩卖狼藉的景象，想到这家有近40年历史、500多家分店的书界巨人就这样倒下了，感到挺凄凉。在2008年，CD专卖连锁店Towers Record就已倒闭了。互联网对实体店的冲击范围越来越广，人们现在有越来越多的东西在网上购买。近年来许多投资人在各种地产类别中，最不看好零售物业，尤其是大中型购物中心，反而认为社区购物中心的风险小些。社区购物中心以药店、餐厅、发廊、美容美甲店为主的搭配，对互联网冲击抵抗力较大。然而到目前为止，美国互联网只占零售总额8%左右，实体店仍然是主战场。而且一些电子商务公司目前也在开实体店，为消费者提供体验场所。

在投资零售地产时，投资人关注的指标包括租户的质量和多样性，最好既包括国际性和全国性品牌，又包括本地品牌商店，以吸引不同消费者。投资者喜欢看到一个购物中心有一家至几家基石租户（Anchortenants），可以吸引客流，并提供稳定租金，但又担心对基石租户依赖过强。投资人也要考察目前租约到期时租户续约的可能性，比如能达到70%还是更高，还有，空出的空间大约多久才能找到新租户，是半年，还是一年。

房地产行业整体来说是受经济周期影响很大的行业，然而不同的项目类别又会有着自己的周期、自己的供需情况。许多房地产投资人会投资不同类别资产，以分散投资风险。有的开发商也会通过建造综合商业体（Mixed Use Project）来分散项目风险。综合商业体既有酒店，也有住宅和零售，可以避免当地某种地产类型过热的风险，同时有不同的收入来源。

项目等级

投资者经常说美国市场成熟，而成熟的标准之一就是市场分级清晰。

美国人爱吃牛排，不仅对部位很有讲究，还把牛肉分为不同等级，包括特级、特选、精选和无级别四级，让顾客吃得明白，钱也花得明白。

地产投资也有级别的讲究。美国投资者把地产项目分为四个等级：核心（Core）、准核心（Core +）、增值（Value Add）和机会型（Opportunistic）。核心级为风险最小、预期回报也最低的项目；机会型则是风险和预期回报都最大的项目，为投资者在资产配置时提供选择。

核心项目首先是较为新建的项目，从建筑本身来说，基本不需要装修或翻新，位置也靠近城市中心。租户结构合理，质量较高，项目基本满租，现金流稳定。这类项目的回报大部分来自租金，未来升值空间有限。追求稳定收入的投资者喜欢核心项目，不仅因为风险小，还因为流通性强。投资者对核心项目的持有期通常较长，在5~7年。准核心项目与核心项目差别不大，但需要少量的增值工作，比如简单的翻新等。

增值项目需要投资人在收购项目后进行比较大量的投入，以将项目翻新并提高物业管理水平等，并在出租率和租金提高后出手套现，完成增值过程。增值项目的地理位置可能会比核心项目差些，并运用更高的杠杆。另外，投资人持有增值项目的年限比较短，在3~5年。投资增值项目可在短期获得较高的资本增值，投资人不需持有太长时间便可获得预期收益。增值项目大约有50%的收益来自资本升值，另外部分来自租金。

机会型项目是指位置较差、处于开发期或需要大量翻新的项目，风险较大，但预期回报也最高，持有期与增值项目类似，还可能更短。投资人通常使用较大的杠杆。这类项目的收益主要来自资本升值而不是租金。

高端访谈：下面是我对杰森·桑德的采访。桑德先生是纽约莫瑞希尔房地产基金（MHP）的董事总经理，拥有哥伦比亚大学硕士学位。莫瑞希尔成立于20世纪70年代，专注曼哈顿写字楼投资，成立至今交易过150个房地产项目，总价值逾110亿美元。目前旗下有多只基金，并拥有超过60万平方米的写字楼项目。采访主题是纽约曼哈顿的写字楼投资。采访时间是2014年2月。

采访内容之一：关于纽约的房地产市场

问：什么因素支撑纽约这座城市成为全球的投资中心？

答：第一点是美国有着全球最开放、最稳定的市场经济体系。第二点就是纽约一直是全球各地的企业和个人所向往的城市。很多企业希望在纽约设立办公室，许多个人希望在纽约有住所，这点纽约和世界其他一些大都市一样，比如伦敦、巴黎、中国香港和东京。我还想强调一点，在“9·11”恐怖袭击事件后，纽约的布鲁姆伯格市长为纽约作出了很大贡献：他使得纽约这座城市充满活力，吸引了来自世界各地的观光客，这也带动了纽约酒店和零售地产的发展。来自世界各地的公司也希望到纽约为这些络绎不绝的游人服务。第三点，纽约居民近些年的财富增长很快，是前所未有的，购买力很强。

问：和伦敦相比，是否纽约更多的是吸引来自美洲的投资人，而伦敦更多的是吸引来自欧洲的投资人？

答：也不尽然。我刚刚看过一个统计，去年（2013 年）在纽约的海外投资者的投资总量排名中，中国排在第一位，加拿大排在第二位，中东地区排在第三位。由此可见纽约的投资人很多元化，有的来自全球第一大国（人口），有的来自我们的邻居，还有的来自中东。在我代表我们公司接触海外投资人时，我至少接触了来自 25 个国家在纽约投资的投资者。

问：纽约有五个区，大多数中国投资人只关注曼哈顿，你能否谈一谈其他几个区的房地产投资机会？

答：以前中国投资人确实只关注曼哈顿，但从两年前开始，中国投资人开始在布鲁克林投资，比如比较知名的中国绿地开发的大西洋城项目，除此以外还有中国投资人参与的一些小型的住宅项目。这几年我第一次看到纽约的所有地区地产投资都很火热，有着来自全球太多的资金追逐纽约非常有限的地产项目。布鲁克林的人口是纽约市五大区中最多的，如果把布鲁克林当做一个城市，那么它是全美第四大城市。目前布鲁克林的地产项目以住宅为主，但也有一些办公楼项目在那里兴建，尤其是地处布鲁克林中心的威廉斯堡地区。布鲁克林办公楼将成为有意将办公场所移出曼哈顿的公司的一个很好选择。举例来说，摩根大通银行最近宣布将把 2000 名员工从它的大通办公楼移到布鲁克林。

问：在曼哈顿区，房地产投资有什么新趋势吗?

答：曼哈顿中城（Mid Town）的办公楼市场总体来说是非常稳定的。近几年有些大的金融机构裁员，空出了部分办公室，但这些办公室很快被一些科技和媒体公司租下了。最近有很多科技和媒体公司租用了中城南部的办公楼，包括谷歌。这个趋势大大抬高了中城南部的租金，这使得一些科技和媒体公司去下城寻找办公空间。下城原来有许多办公楼，但这几年许多办公楼被改建成了公寓，因此办公楼供应量也很有限。我个人认为下城是投资办公楼值得关注的一个区域。

在豪宅方面，目前在57街和第七大道附近区域有几栋新建大楼在出售，比如One57。我记得前一段时间看到的价格是8500美元每平方英尺，是目前在售的最贵的住宅之一。这个地段最近被允许建造高层住宅楼，并且紧邻中央公园，有很好的景观，成为全球富豪集中的居住地。One57的买家当中有70%来自纽约以外，包括很多外国人。

采访内容之二：关于纽约的地产投资人

问：据我所知，纽约的房地产市场曾被几个家族所控制，现在还是这样的情况吗?

答：如果倒退25年，纽约的主要房地产都掌握在5~8个家族手里，这些家族大部分是德国裔犹太家族。后来纽约的房地产市场吸引了越来越多的投资者，包括退休基金、主权基金及各式各样的地产基金，比如机会型基金和增值型基金等。今天这些家族持有的房地产比例比之前大大下降了。目前纽约的房地产市场投资人是全球最多元化的。

问：你在与美国及海外的不同类型投资者交流方面经验非常丰富，能否请你介绍一下不同投资人的不同特点和要求?

答：先说高净值投资人吧。通常来说他们的投资期限很长，可能是20年或30年。他们会考虑投资纽约的房地产并传给下一代，而不急着什么时候出手。一些外国的主权基金也是这样，他们希望投资美国的资产，目的是保值。他们持有投资的时期也很长，没有明确的出手时间。一些房地产基金，比如前面提到的机会型及增值型基金，投资并持有房地产的周期比较短，它们会告诉它们的投资人，比如养老基金，说它们会投资房地产项目，持有3~7年然后出手，并为投资人带来回报。对这些基金来说，在纽约寻找到合适的投资项目是很不容易的。很多纽约地产的所有人根本不考虑出售他们所持有的房地产。打算将手里的房地产出售的通常是已经持有了一段时间，物业已经有了可观的升值，或者是在购买房地产项目时用的贷款比较多，还款压力较大，必须要出手的。总体来说，纽约市场上能买到的房地产项目太有限了。

问：除了投资期限，能否谈一谈不同投资人对回报的要求?

答：我接触了一些韩国投资人。韩国有大量的资金想投资到美国的房地产，然而他们对租金回报率的要求是6%；在纽约，根本找不到租金回报率这么高的项目。韩国投资人希望加大对美国房地产的投资，他们在美国其他地方可以找到6%的租金回报率，但在纽约投资办公楼，租金回报率只能达到3%~5%。以色列的投资人也要求6%的租金回报率，但最近以色列的保险资金对租金要求有所降低，他们会投资于租金回报率在4.5%的项目，并争取在3~5年后达到8%。

问：韩国投资人对租金回报率要求高是因为他们的资金成本高吗?

答：是的。他们的资金成本比中国投资人高。去年中国投资人复星买下大通曼哈顿大楼，我相信他们的资金成本比韩国机构投资人低不少。

问：请问你是否和中国投资人合作过? 你对中国投资人有什么建议?

答：我们公司的最大投资人之一就是一家中国公司，我们合作很愉快。我觉得中国一些投资人对纽约房地产市场的交易速度不是很理解。他们喜欢花比较多的时间去看项目，之后再与朋友商量，自己再考虑。我的建议是交易前多做些功课，以了解纽约的房地产市场，这样可以减少考虑的时间。其实不只是中国投资人，许多来自其他国家的投资人也不清楚纽约办公楼投资的竞争有多激烈。当投资人看到好的项目时，如果出手不够快，就很可能被别人买走。

问：通常投资人在纽约投资办公楼，有多长时间可以考虑?

答：如果投资人想作为合伙人与我们一起投资，从我们看好一个目标，到中国投资人确定出资，最多有15~30天的时间。

问：有人把今天的中国投资人与20世纪80年代的日本投资人相比，请问你有什么看法？

答：我认为这样比较的基础是日本和中国的国际地位。在80年代，日本是全球最主要的经济体之一，有着很强的购买力，而今天的中国无疑有这样的地位。我接触的一些中国投资人都是长线投资人，打算投资并持有纽约的房地产项目。从历史经验看，如果投资人持有纽约的房地产20年或以上，那么回报率应该是不错的。如果总想着低点买入高位卖出，那么投资的效果很可能不好。中国的投资人在纽约投资的回报率是不是会比日本的好，这个问题要交给时间来回答。

访问内容之三：关于MHP

问：MHP的价值之一是为投资人寻找非公开出售（Off Market）投资机会。请问你们是如何做到这点的？

答：我们公司的一个优势是我们的创始人在纽约从事房地产投资已经四十余年，认识纽约地产界的每一个人。在这四十余年中，我们赢得了自己的名声：诚实，可信。当我们告诉卖主我们会买下一个地产项目时，卖主会相信我们不会出尔反尔，同时也具备这样的实力。在纽约的房地产市场，非公开出售的项目越来越难找。现在有许多卖主会通过中介出售房地产，但这样做会花时间，并且消耗精力。需要让20~30名潜在买主来看项目，问问题，做尽职调查等。也正是因为这些，仍然有许多卖主会直接找到认识的买主，不通过中介交易。如果一个卖主清楚地知道合理的价格，并能找到愿意出价的买主，那么他就没有必要通过中介在市场上推销了。由于我们公司创始人在纽约地产界的声望和关系，我们有能力接触到好的非公开出售项目。

问：我注意到，MHP的投资人包括一些知名基金，比如凯雷和瑞信，它们在和MHP合作时，看重的是MHP带来的哪方面的价值呢？

答：以凯雷为例，凯雷是最优秀的投资者之一，它们与我们合作主要是看重我们两方面的能力。首先是MHP寻找投资目标的能力，这点前面已经提到过。凯雷通常不会自己直接寻找项目，而是在全球通过相关地产公司来发现投资标的。其次，凯雷的优势是可以带来大量资金，但是它们没有自己的出租团队，没有自己的物业改建团队。它们知道我们在这两个方面都有自己内部团队，而且做得很好。

高端访谈：以下是我对何宁豪的采访。何先生毕业于哥伦比亚大学，是纽约桑提诺房地产基金的董事，亚太投资负责人。桑提诺基金（Sentinel Corp）成立于20世纪70年代，专注于出租公寓投资，旗下资产约50亿美元，是美国最大的出租公寓投资管理公司之一。采访主题是出租住宅投资，时间是2014年3月。

采访内容之一：关于出租公寓的投资特性

问：出租公寓与其他房地产投资产品（酒店、办公楼及零售等）相比较，在投资回报与风险上有哪些特点?

答：出租公寓也分不同类型，比如开发项目和收购项目，比如核心项目（Core）和增值项目（Value Add）等，不同类型项目的回报与风险特点也不相同。但总体来说，出租公寓的显著特点就是可以产生稳定的现金流。与酒店、办公楼和零售项目比较，出租公寓的收益更稳定，波动更小，受经济周期影响更小。人必须有地方住，在经济不好的时候，人们更没有能力去买房子，只能租房子。房子租金会下降，但需求还是会有。不像酒店、办公楼和零售项目，它们的需求刚性不如出租住宅，在经济不好时受的影响会更大。

问：机构投资者在投资出租公寓时，看重出租公寓的哪些特性呢?

答：也是因为上边提到的可以产生稳定收益的特点。其实最开始的时候，出租住宅是一种私人投资产品，还没有得到机构投资者的认可。我们公司在20多年前开始投资出租公寓，并逐渐使得这种投资产品得到机构投资人的认可。目前出租住宅已经成为机构投资的房地产类型中第二受欢迎的产品，当然第一还是办公楼。

在早期，出租住宅比较分散，投资规模相对办公楼要小一些，另外物业管理不够专业，因此没有获得机构投资人的关注。后来出租住宅的物业管理专业化不断提高，也出现了一批第三方专业的物业管理公司。与此同时，美国的房地产投资越来越注重细分市场，机构投资者逐渐开始关注并投资于出租住宅。

问：请问花园型出租公寓（Garden Style）和高层出租公寓（High Rise）的投资特点有什么区别?

答：主要是位置不同。高层公寓通常地处市中心，而花园型项目都在郊区。因此概括来说，高层项目大多属于核心型（Core），风险较低，但租金回报率也相对较低。不过也要看具体城市，有些城市，比如底特律，市中心的环境很差，而有的郊区的环境非常好，郊区的花园型项目的风险就比市区的要小。

采访内容之二：关于桑提诺的投资策略

其一，关于收购

问：当你们收购一处物业时，最主要的考虑因素有哪些?

答：是位置。我们会关注一个物业周围的雇主情况。很多租公寓的人希望距离上班的地方比较近，因此我们会关注公寓周围的就业市场是否健康。另外，我们也会考虑项目周围的学校。如果是家庭租用出租公寓，他们会很关注周围有没有好的学校。另外，我们基金的投资偏好是 Core 和 Core + 的物业，因此如果物业太旧了，比如已经有 30 年或 40 年了，我们就会比较小心，因为这样的物业在收购后需要很多的资金投入来改善。

问：当你们收购物业时，除了考察物业本身，也会考虑它在整个投资组合的作用吗?

答：会考虑。比如我们有的基金中东海岸的物业比较多，那么我们在作新的收购时会更多关注西海岸的物业，以分散风险。当然很多时候我们要考虑投资者的要求。比如很多外国投资人只关注美国的门户城市，那么我们也要考虑他们的要求，当然这样做并不是因为在别的地方没有好的投资机会。

问：在房地产的牛市和熊市中，你们的投资策略会有不同吗?

答：我们在任何时期基本的投资标准是一样的。但是在市场很热的时候，我们会小心不要陷入与其他投资人竞价的境地，我们会坚守我们基金所要求的投资回报。在市场不好的时候，我们需要对某个地方的经济有深入的了解来判断这个地区的经济是否能快速回升。我们公司在美国一共有19个办公室，每个办公室都对当地的经济和市场有着很深的了解，对我们作出上述判断是很有帮助的。市场不好的时候，还有一个问题就是投资人会对市场很担心，而不愿做新的投资。

问：能否介绍一下你们在投资过程中的尽职调查？

答：尽职调查分为两个阶段。在与卖方签署投资意向书（LOI）前，我们主要依靠经纪人提供的材料作财务方面的尽职调查。当意向书签署以后，我们就可以去项目现场作尽职调查，看租户情况、物业维护的情况等。同时我们也会请律师对物业的所有权等进行核实。这些在签署意向书之前都是不能做的。在签署意向书时，我们会缴10%左右的定金。

问：从你们知道一个物业在出售到决定，通常有多长时间？

答：这取决于地区。纽约及周边的项目在市场上时间很短就会被买家出手买走。比如纽约市郊的花园型出租公寓项目，通常从经纪人挂牌到确定一名投标人，也就是1个月时间，当签署了投资意向书后，还会有1个月的时间作尽职调查。

问：你们是通过什么渠道来发现收购项目对象的？

答：两种方式：如果是比较大型的花园型出租公寓，通常由经纪人带来出售信息，并通过拍卖方式参与竞标；在纽约市内，我们参与的一些小型项目是通过私人关系找到的，因为纽约的一些偏小型的项目是家族拥有，而不是机构投资人拥有，所以不会采用拍卖的方式。

其二，关于物业管理

问：请问你们在收购物业后的物业管理方面可以为投资人提供哪些增值？

答：我们和许多其他的投资基金不同的一点就是，我们有内部的物业管理团队。这个团队在收购项目后可以更好地管理物业，更合理地调整租金，为投资人创造价值。以北卡的夏洛特为例，我们在那里有许多物业。住在我们管理的物业的租户大多对我们的物业管理很认可，因此在他们搬家时，还会寻找由我们公司投资并管理的物业。另外一点，我们公司在美国许多地方拥有物业，并由内部团队管理，这使得我们获得了很多的当地的市场信息，这对我们在收购、物业管理及未来出售时都有很大帮助，也为我们的投资人创造价值。还有一点，出租公寓的租约期通常只有一年，而办公楼的租约有5~10年，而且出租公寓与租户的个人生活环境相关，因此物业管理就格外重要。

其三，关于出售

问：你们通常在什么时候会出售一个物业？

答：从物业类型来说，如果是一个Core的物业，比较新，现金流稳定，我们会持有的时间比较长，在7~10年；如果是一个Value Add物业，我们收购时比较旧，维护比较差，我们买来后会重新装修，装修后的租金会明显提升，我们会在租金提升后立即出售，这样回报比较高。除此之外，也会考虑市场因素。比如我们去年在休斯顿卖出了一些物业，因为我们觉得那个市场已经很热了，而且新的供应也比较多。同时我们也会考虑基金的期限和投资人的要求。比如中国投资人的投资期限相对比较短。

问：在出售物业时售价是怎么确定的？通常会卖给哪些投资人？

答：美国出租公寓的价格是很透明的，大家都会根据一个市场的租金回报率（Cap Rate）来确定一个价格。出售的方式通常是会请一家经纪公司来拍卖。接手的通常是机构投资者，我们拥有的物业基本上是机构级别的物业，每个物业在2000万美元至5000万美元。太小的物业机构投资者是没有兴趣的。

问：通常出售一个物业要多久？

答：像前面说的，如果在纽约，通常从我们宣布要出售1个物业到签署合同，在1个月左右，或更短。如果在北卡或休斯敦这样的地区，大概要两个月左右，当然这些都会随市场情况变化而改变。

采访内容之三：关于投资人

问：你觉得亚洲投资人和美国投资人在投资出租公寓时心态有什么不同？

答：亚洲基本没有出租公寓这种物业，因此很多亚洲投资人对这个概念不太了解，需要一些解释。还有就是亚洲投资人对稳定的现金流不是很重视，而是更喜欢开发项目，可以在短期内出手获利。如果和亚洲投资人去讲一只基金的投资期限在7～10年，他是肯定没有兴趣的，而美国的机构投资人喜欢稳定现金流，并接受比较长期的投资期。

问：你认为是什么原因造成这种不同的呢？

答：美国的机构投资人把房地产投资当做一个金融产品。他们会作资产配置，而投资公寓是很好地产生稳定现金流的产品。而亚洲投资人更多的是把房地产当做炒作的产品。

问：亚洲不同国家的投资者又有什么不同要求吗？

答：如果对比中国和日本的投资人，最大的区别：中国投资人更关心投资回报，关心自己的投资可以赚多少钱；而日本投资人更关注风险，关心自己的投资最多会亏多少。

问：你对中国投资者有什么建议吗？

答：房地产是非常本地化的投资品种，而且美国的房地产投资相关做法，包括算回报的方法，都和中国有所不同。因此我建议中国投资者新进入美国房地产市场投资时，最好找到一家好的当地合作伙伴。在亚洲，日本和中东的一些投资人就跟着我们一起在美国投资房地产。谈到中东投资人，与我们合作的是几家大型的主权基金，它们在美国投资房地产已经有不短的时间，对我们的做法十分了解。

高端访谈：以下是我对罗素·普拉特的采访。普拉特先生是恒富房地产基金（Forum Partners）的CEO，之前任职摩根士丹利房地产部董事总经理，毕业于哈佛大学。恒富基金专注全球地产投资机会，管理资金约50亿美元。采访的主题是全球地产投资，时间是2013年3月。

问：恒富是一家全球范围内的地产投资管理公司。请您谈一谈您所了解的不同国家地产市场的变化及全球性地产投资对投资人的好处。

答：首先，世界上财富的来源从区域上讲更多元化了。近10年，亚洲、金砖国家、中东都产生了许多新的财富。这使得世界上的资金网络比以前复杂得多。在这之前，资金流动路线很简单，基本就是从美国、英国等老牌发达国家流向新兴市场，而目前，资金的流动是双向的，并且是全球性的。这种新动向对我们这些从事投资管理的人来说是非常令人兴奋的，但同时也使得我们的工作比以前复杂多了。作为一家全球性投资管理公司，我们的目标是既有能力从全球主要资本市场进行募资，又有能力将管理的资金在全球主要投资市场投入好的投资标的中，为我们的投资者带来回报。当世界上涌现出越来越多的区域核心资本市场，我们公司也必须跟上市场的发展，比如说我们公司去年又新设立了两个办公室，一个位于新加坡，另一个位于悉尼。

我们这种全球性的投资能力使得我们可以为我们的投资人在全球范围内将各种投资机会的风险与回报进行对比，以找到最适合投资人的投资产品。在当今的世界，无论是我们从事的房地产投资还是其他类型的投资，如果投资人只局限于本土的投资产品，那么他就无法建立最有效的投资组合。

作为一家全球性房地产投资基金，我们可以将韩国、德国、英国、澳大利亚及中国等不同地区的房地产投资机会进行对比，并向我们的投资人推荐风险和回报比最合理的项目。当然各地的经济及政策情况可能随时出现变化，因此我们的投资策略必须要机动灵活。

10 年前我们的公司成立时，大部分管理团队在美国，而今天，大部分团队在美国之外。我们的投资策略是“自上而下”（Top - Down）结合“自下而上”（Bottom - Up）。首先我们从宏观经济及政策的角度了解全球各地的投资环境，并在我们认为有利的地方选择具体投资机会；之后我们当地的投资人员会到项目现场进行仔细的尽职调查，作为我们最终投资决策的依据。

问：恒富在全球许多国家作房地产投资，比如德国、英国、韩国、日本、澳大利亚及中国等。请问房地产投资是否和股票投资类似，在发达地区投资回报相对较低，但风险也较小，流通性较好，在新兴市场投资预期回报较高，但风险较大，且流通性较低？

答：基本情况是这样的。关于全球市场的股票投资，市场有很多数据表明新兴市场的回报波动率要远远高于发达市场。关于全球房地产投资，目前还没有足够多的数据，不过我认为再过5年到10年，会有数据表明这一点，尽管房地产投资在不同市场的表现差异可能没有股票投资那么明显。房地产投资的收益与经济周期相关，经济的增长为房地产投资带来长期回报。我们在亚洲的投资业绩证明了我们在发展中市场的投资为投资者带来了长期的回报。

有一点提醒大家，发达国家的房地产市场的风险也不容小觑。亚洲国家房地产市场的周期比发达国家要短。发达国家的市场周期调整力度不比亚洲小，但市场交替没有那么频繁。在投资过程中管理好周期变化是很重要的。根据我们在亚洲的投资经验，亚洲房地产市场周期较短，因此如果投资者的杠杆比例不高，且具备一定的财力，那么投资者就有能力挺过周期底部；相反地，在一些发达国家市场，比如德国、西班牙、意大利和英国，市场周期更长，下跌的时间也更长，所以投资者更难能挨过周期的底部。从这点来说，在发达市场投资风险更大。

问：那么亚洲等发展中市场周期较短是什么原因呢？

答：我想这和政策有关。在亚洲，政府的政策对房地产投资影响很大。影响一个国家房地产市场主要有三方面的政策，包括土地政策、货币政策和针对银行及金融机构的政策。土地政策是政府对土地供应量颁布的政策；在新加坡、中国香港及中国大陆市场，土地供应在很大程度上受政府政策控制。货币政策在一些新兴市场的调整也比较频繁，以压低通货膨胀或刺激经济。针对银行及其他金融机构的政策会在很大程度上影响市场的信贷供应，而信贷是房地产行业的血液。这三类政策叠加在一起，会形成较短期且剧烈的市场周期调整。

相对来说，新兴市场，比如亚洲的市场受到政府政策影响更大一些，而发达国家市场受到市场因素影响更大一些。当然发达国家市场的房地产投资也受到货币政策影响，但那些市场的周期时间更长，调整相对平缓；投资泡沫在亚洲等新兴市场积累的速度相对更快。

问：请介绍一下恒富在地产投资方面都涉及哪些投资产品，而这些产品分别有什么特点？

答：从大的种类来说，我们把房地产投资分为私募投资和公募投资。

私募投资是指我们和地产开发商通过谈判而确定投资条款的投资方式，具体产品可以包括股权投资和债务投资，或者混合投资，即同时含有股权和债务因素的投资。投资的具体标的包括地产项目或地产开发公司层面的投资。公募投资是指上市发行的证券，包括股票和公司债券。股票又分为普通股和优先股，而债券又分为高息债和可转债等。

私募投资的好处是可以通过谈判而制定符合投资人风险与回报要求的定制投资框架。公募投资的好处是投资标的具备更好的透明度及流通性，而且投资人可以以较小的投资参与房地产投资。如今散户可以通过共同基金参与房地产投资，比如只投资几千美元。但如果是投资私募产品，则至少要几十万美元起步。我们的许多投资人跟随我们投资了不同地区、不同种类的投资产品。公募投资的作用之一是可以帮助投资人快速调仓，以调整房地产投资在总的投资组合中的比重。投资人可以在两三天内完成几千万美元或上亿美元的公募投资，而他们也可以在几天内卖出投资标的以套现，而这样的进出对私募投资来说要花上几个月到几年的时间。我们的一些大型机构投资人客户参与了很多私募投资，但也在越来越多地参与公募投资，以获得更好的流通性。

问：请介绍一下恒富投资人的类型，以及他们对风险和回报不同的要求。

答：我们主要的投资人是机构投资人，当然我们的投资人也包括家族基金和高净值个人。在机构投资人中，我们的客户包括很多的政府退休基金和一些机构捐赠基金，比如我们的客户中有荷兰政府员工和得克萨斯州教师的退休基金。这些投资人的风险偏好不尽相同。捐赠基金通常有较高的风险偏好，愿意选择长线的投资项目；公共退休基金虽然拥有大量的资本，但对风险承受能力较低，也偏好流通性好的投资产品；家族基金的风险偏好则处于二者之间。

问：房地产投资在你们的投资人的投资组合中扮演什么样的角色呢？房地产投资是为了投资回报，为了抵抗通货膨胀还是为了分散投资风险？

答：投资人越来越多地将房地产投资看做实物投资的一类。房地产的投资人通常也会关注大宗商品及基础设施等方面的投资机会。房地产投资可以为投资人带来与债券和固定收益产品关联度较低的回报，并具备一定的抵抗通货膨胀能力。通常来讲，房地产投资在机构投资人的投资组合中占到5%~15%的比重。今天的投资人在投资房地产时越来越国际化，而不会局限于本国市场。举例来说，我们的一位投资人是欧洲的一个养老基金，它们目前的房地产投资已经包括25%的亚洲项目，而它们要将这一比例提高到35%。

问：投资房地产的另外一个原因是获取现金流吗?

答：是的。我认为房地产投资是股权和债券投资的结合体。我们的一些投资标的是出租型物业，投资人既享有当期租金回报，又享有未来的物业升值空间，抵抗通货膨胀。在我们设计投资架构时，通常会包括债券的部分，即固定利息和固定投资期，也包括股权的部分。我认为这样的结构体现了房地产投资的本质，当期租金收入加上长期的资本利得。

问：能否和我们分享你在各地看到的有吸引力的房地产投资机会?

答：全球有许多很好的房地产投资机会。我举两个例子。首先是韩国。韩国的银行这段时间比较谨慎，开发商比较不容易从银行得到贷款。我们最近在韩国投资了几个项目，这些项目在首尔地区，都是高质量且风险不高的住宅项目。项目的年投资回报率在15%左右，并且还有参与项目收益分成的安排。我们在英国也发现了很好的投资机会。目前很多房地产投资者关注质量最好、地点最好的A类办公楼和零售物业，基本集中在伦敦。而我们发现了一些质量稍逊但位置极佳的物业，在伦敦市中心，我们称之为在A级位置的B类物业，租金加上资本利得的总年化收益率能达到13%~15%。英国的房地产市场历来以低风险和高透明度著称。

问：你认为哪些因素决定一个城市的房地产价格呢? 伦敦的房地产价格很高，但英国的经济增长并不快，这是什么原因呢?

答：我认为决定一个城市房价的核心因素是土地价格。而土地的价格则取决于政策、人口密度和这个城市的就业人口所能在经济中创造的附加价值。另外，城市良好的基础设施及交通系统也是对房价的支撑。

问：决定一个房地产项目价值的主要因素有哪些?

答：从宏观方面来说，我们要看项目开发商对项目的定位是否符合当地市场的需求。比如说一个项目的功能是否有市场，项目的设计是否与周边环境匹配，项目是针对本地长期需求还是短期投资性的外来需求，等等。从微观方面来说，我们要考虑项目的现金流。如果是一个住宅项目，我们要估算当地人口能承担的租金或买价；如果是一个商业项目，我们要估算这个项目的组合可产生的销售额及能承担的租金。

问：你和全球不同国家的投资者合作过，你是否感觉亚洲，包括中国的投资者相对其他地方的投资者更偏爱房地产投资呢？

答：首先我想说，世界各地的人都对房地产投资有兴趣。很多美国人、德国人、英国人会认为自己是房地产投资者，并是当地房地产的专家。当然亚洲投资者对房地产有很强的偏好，这可能是文化及历史方面的原因。亚洲投资者在去海外投资时很多时候会选择房地产投资，这确实是一个有趣的现象。亚洲投资者经常选择的房地产投资地包括美国、澳洲及英国等。在亚洲投资者开始进行全球投资时，房地产成为了一个重要的投资类别。

另外，中东的投资者也一直青睐房地产投资。他们从20世纪70年代开始进行全球性地产投资，并成为很懂行的投资者。他们在伦敦的骑士桥区（Knightsbridge）、贝尔格拉薇亚区（Belgravia）以及梅菲尔区（Mayfair）、美国首都华盛顿的一些区及纽约的曼哈顿区都有不少房地产投资。

问：你对有意去海外投资房地产的中国投资者有什么建议？

答：我建议他们与目标市场当地的专业投资机构合作，寻求投资建议并且共同出资，这样双方会形成一致的利益。美国投资者当年海外投资时就是这么做的，我建议中国投资者也这样开始。我觉得中国新兴的财富管理行业可以与投资者合作并在亚洲、欧洲及美国等地区发现具备合理风险回报比的良好投资机会。

问：中国的投资者刚刚开始海外投资之旅，中国的财富管理行业也开始起步，这些是否让你想起一些先行的投资者的早期海外投资？

答：是的，就像欧美的投资者在50年前开始投资海外市场。我想中国投资者能够走出一条自己的海外投资之路，他们可以借鉴美国、英国及日本等国投资者的经验。我相信中国的投资者在海外投资方面会形成很大的影响力。

问：能否请您介绍一下您最成功和存有遗憾的投资？

答：我的两个例子都和全球金融危机有关。我们最成功的投资之一就是在中国的投资。我们的投资一家上海的开发商，帮助他们在四个不同城市建立住宅项目。我们的投资正好在金融危机之前。有一段时间看起来项目要出问题，但我们和开发商的管理层保持很好的沟通，最终一起渡过难关，而且这个项目也给我们带来很高的回报。总结这个投资的经验，就是无论在哪里投资，一定要找到诚实的合作伙伴，并在困难的时候保持良好的沟通。

不成功的例子是我们在印度的一次投资。当金融危机来袭时，我们没有及时地与我们在当地的合作伙伴商讨对策，没有及时调整项目定位并重新安排现金流。这个例子的教训就是，当危机来临的时候，一定要和合作伙伴保持开诚布公的沟通，并尽早作出艰难的决定。

高端访谈：以下是我对佘榕昌先生（Ron She，CFA）的采访。佘先生是 Duff & Phelps（D&P）投资管理公司的基金经理和董事总经理，毕业于清华大学建筑系和宾夕法尼亚大学沃顿商学院。他是最早在美国华尔街从事房地产信托（REITs）投资研究的中国大陆华人。D&P 成立于 1932 年，并在 1979 年开始投资管理业务，是美国历史最悠久的房地产信托投资公司之一，总部位于芝加哥。采访主题是房地产信托（REITs）投资，时间是 2014 年 5 月。

采访内容之一：关于 REITs

问：REIT 是什么？它与住宅开发商和私募房地产基金有什么不同？

答：REIT 全称是房地产投资信托（Real Estate Investment Trust）。股权房地产信托公司通常是拥有商业地产资产，并收取租金的公司。在美国，大多数房地产信托由内部投资人员管理。一家房地产信托公司不只是拥有不同的房地产资产，还需要创造价值，比如通过收购和开发项目。因此房地产信托也被称为业主/运营人，表明信托公司持有并运营，管理他们持有的资产。

房地产投资信托和住宅开发商（Homebuilder）不同，后者专注建造并销售个人住宅而不是商业地产，并通过销售而不是长期持有物业而获利。直到最近，绝大多数亚洲知名的地产公司，包括住宅开发上市公司，比如新鸿基地产、三井不动产、三菱不动产等。尽管它们也拥有出租物业，但出租收入只占公司总收入的50%以下。

房地产投资信托和私募地产基金也不同。私募地产基金通常是有限合伙制并有固定的年限，由外部管理人或普通合伙人负责管理。这些基金投资到房地产项目或房地产公司中。一些大型房地产投资信托也会投资到私募地产基金中。

我们以西蒙地产（Simon Properties）为例。西蒙地产是全球最大的房地产投资信托，总部在印第安纳州的印第安纳波利斯。西蒙地产有内部的高管团队、物业管理人员以及出租人员。西蒙地产在美国、欧洲及亚洲持有，管理并开发购物中心和奥特莱斯。西蒙地产通过发行多种融资产品，包括股票、债券以及优先股来支持它的业务发展。包括我们公司在内的投资人可以投资西蒙地产的股票、债券或优先股。这些融资产品构成了一家公司的资本组成，不同投资人有着不同的投资目标，可以从融资公司的资本组成中需找满足他们需求的融资产品进行投资。

房地产投资信托在亚洲仍然是一个比较新的概念，而它在美国已经有50多年的历史了。在1960年，艾森豪威尔总统为房地产投资信托立法，以使所有美国人（而不只是富人）都可以投资商业地产。房地产投资信托的一大特点是税收优惠，即没有双重税收。

一般来说，要满足美国税法对房地产投资信托的规定，这家公司必须达到下述要求：

将至少75%的总资产投资到房地产中，至少75%的总收入来自租金或按揭利息，至少90%的税前利润作为股息派发给投资人。

股权信托是今天美国市场上房地产投资信托的主流。股权信托的大部分收入来自持有物业的租金，而不是按揭利息。美国目前有大约160个挂牌的房地产投资信托，它们总共持有约1万亿美元的房地产资产，包括在美国50个州及首都哥伦比亚特区的4万个物业，占美国机构级商业地产总量的15%。

股权信托目前投资持有了各种地产资产，包括办公楼、住宅、区域性商场、购物中心、仓库、酒店、储藏设施、医院、养老院及数据中心等。

过去10年中，地产投资信托的概念在全球范围内发展很快。比如在亚洲，日本在2001年挂牌成立了第一家地产投资信托，新加坡在2002年，香港在2005年都有了自己的房地产投资信托。尽管不同国家的房地产投资信托的法律结构（内部或外部的管理结构以及税收处理）不同，但这些信托都是依靠长期的出租收入。这与传统的亚洲开发商主要依靠销售商业地产和住宅的盈利模式不同。

问：投资人投资房地产投资信托的目的有哪些？是为了获得稳定的现金流、分散投资风险还是其他？

答：投资人投资房地产投资信托是为了获取较为稳定的租金收入，这些租金收入是有出租合同保障的，并且享受税收优惠。此外，房地产投资信托能够帮助投资人分散风险，提高资金流通性，并抵御通货膨胀，而且，房地产投资信托透明度较高。

第一点是稳定的收入。前面提到过，作为房地产投资信托，公司至少75%的收入要来自租金，同时必须将90%的收入作为股息派发给投资人。股息通常比较稳定，由公司所获的租金支撑。租金由租赁合同保证，因此租金相对稳定并且很容易预测。

第二点是税收优惠。前面提到，房地产投资信托没有双重纳税。所谓双重纳税，就是指投资人在投资股票类投资品时，发行股票的公司要缴纳所得税，而股票投资人在得到股息时还需缴纳个人所得税。房地产投资信托只要按规定将90%的收入作为股息派发给投资人，那么信托公司本身不用缴纳所得税。

第三点是分散投资风险。房地产投资是资金密集型的。对大多数投资人来说，将大笔资金投入几个商业地产项目中会产生投资过于集中的风险。尽管大多数美国的房地产投资信托都会专注于某一种地产资产，但它们投资和持有的物业都会位于美国不同地区，而这些地区都有各自不同的当地经济环境。一个房地产投资信托的投资组合包含不同类型的信托类型（住宅、酒店及零售等），就又增加了一层风险的分散。一个全球的信托投资组合投资于不同国家的不同类型信托，投资风险就更加分散了。另外，根据美国房地产信托协会的研究，房地产投资信托的回报与股票和债券回报的相关性较低，因此在投资组合中加入房地产投资信托则会在同等风险情况下增加投资组合的回报。从1989年至今，房地产投资信托与标普500的回报相关性只有0.56。

第四点是流通性。如同投资在交易所挂牌的其他投资品一样，投资房地产投资信托具备日流通性。通过信托投资房地产，无须事先寻找房地产中介并进行烦琐的尽职调查以及完成交易手续。投资房地产投资信托的交易成本远远小于直接投资房地产项目。直接投资并出租房地产项目需要面试，聘用并遥控物业管理公司和出租代理人。但这些服务机构可能会在同一区域投资或管理其他竞争性房地产，从而产生利益冲突。

第五点是抵御通货膨胀。这一点亚洲投资者是很好理解的。商业地产的租金通常会与通货膨胀共同提高。当建造成本和人力成本随着通货膨胀率而上涨，房地产本身的重置成本和市场价值也一起上涨。房地产投资信托的投资人既可从租金的上涨中获益，也可享受信托价格的上涨。

第六点是透明度。挂牌的房地产投资信托大多数由经验丰富的管理团队管理，他们具备清晰的视野和专注的投资策略。同时信托公司也受到独立董事、分析师及审计师等的严格监督。信托公司高管团队的薪酬结构使得高管的利益与投资人利益挂钩。挂牌的信托公司需要定期向美国证监会披露，包括季报和年报。

问：房地产投资信托的投资回报都包括哪些？之间的比例是多少？

答：投资房地产投资信托的回报包含两项，一是股息收入，二是价格上涨的收益。根据美国房地产投资基金协会的数据，从1972年到2013年，大约60%的投资收益来自于股息。在本行业大约13.5%的年化收益当中，8%来自于股息（假设股息被再投资）。

问：FTSE NAREIT 房地产投资信托是主要的比较指数吗？美国房地产投资信托的历史回报率与波动率与美国股票和私募地产基金比较起来

如何?

答：根据不同的投资策略，房地产信托有不同的指数。FTSE NAREIT是一个主要指数，它主要衡量传统股权信托。也有一些信托产品是按揭信托和混合信托，这些信托没有包括在这个指数内。按揭信托主要投资债券而不是项目的股权。混合信托是股权与按揭信托的混合。这个指数也没有包括非传统信托，比如手机站塔和林地等的信托。

从1989年底到2014年3月，挂牌的房地产投资信托的回报率（由FTSE NAREIT Equity REITs Index代表），比标普500指数回报率要高。在这段时间内，地产信托指数的平均年化复合收益率是10.9%，而标普500指数收益率是9.4%；同期，地产信托指数的年化波动率也高于标普500指数波动率，19.1%比14.8%。地产信托较高的年化波动率主要源于2008年和2009年。2008年和2009年地产信托和标普500指数的波动率分别是43.8%比20.1%和45.6%比21.3%。地产信托是资金密集型投资，在金融危机中，地产信托面临流通性危机。但是在后来几年的去杠杆化和股权融资的过程中，地产信托的波动性大大下降，回归到1989年到2006年的正常水平。在2012年和2013年，地产信托的贝塔值低于标普500指数，这也归功于地产信托的去杠杆化及大规模的股权融资。

在过去几年中，美国房地产投资信托协会和晨星分别针对挂牌的房地产投资信托及私募房地产基金的回报率作了比较研究。研究发现，在上一个房地产周期中（1990年到2007年，共17年左右时间），地产信托的表现大大好于私募地产基金。在周期当中，地产信托的净复合年回报率达到13.4%，远远高于核心型私募地产基金的7.7%，增值型基金的8.6%，以及机会型基金的12.1%。但相应地，房地产投资信托的波动率也高于私募基金。

问：美国资本市场上与房地产相关的投资产品有很多种，比如房地产投资信托、私募地产基金、住宅开发商股票、房地产项目直接投资等。房地产投资信托在投资人当中的接受程度如何?

答：房地产投资信托在近年获得了投资人越来越多的认可。这个行业在过去20年当中持续增长，也越来越成熟。随着房地产投资信托投资人基数的不断扩大，这种投资产品的日成交量越来越大，从 1994 年的 1 亿美元达到今天的 40 亿美元。房地产投资基金成为投资人参与商业房地产投资最有效的一种产品。我们认为房地产投资信托所持有的商业地产资产比私人投资者能直接接触到的房地产资产无论是质量上还是市场选择方面都更加优越。

房地产投资信托作为一个板块在美国整个的资本市场中规模仍然较小（只占总市值的 3%），但这个板块已经越来越引起投资人注意，并在主要财经媒体，比如 CNBC 和彭博社中报道。房地产投资信托增长很快，零售投资人对这种投资品种也越来越理解。美国房地产投资信托协会为地产信托行业做了大量的宣传工作，让越来越多的投资者了解房地产信托。

下面是该协会提供一些数据：股权型房地产投资信托的数目从 1990 年的 58 个增长到 2013 年的 161 个。总市值在 2013 年超过 6000 亿美元，而在 1990 年和 2000 年分别只有 56 亿美元和 1340 亿美元。截至 2014 年 3 月，有 19 只房地产投资信托成为标普 500 的成分股，代表了 3600 亿美元的市值。

前面所提及的每种房地产投资产品都可以在投资人的投资组合中有一席之地。许多研究发现，挂牌房地产投资信托和私募房地产投资信托是对一个房地产投资组合的有益补充。以适当比例加入信托产品可以提高同等风险下的回报。

投资人经常辩论，在一个房地产投资组合当中，到底有多少比例应该投资到挂牌房地产投资信托中。根据美国房地产投资信托协会的研究，将投资组合 1/3 的资产投资到信托中可以产生最佳投资回报及最低的风险。大多数研究结果表明，将 10% ~30% 的资产配置到信托中是非常合理的。

采访内容之二：关于 Duff & Phelps（D&F）的投资理念和程序

问：D&P 认为房地产证券的价值不只是它所代表的地产资产，你可以解释一下吗?

答：一个房地产投资信托并不只是一系列房地产资产，它还包括管理团队的无形资产。我们认为一个经营良好的房地产投资信托的交易价格应该高于它的净资产价格（即总资产减掉总负债）。一个优秀的房地产投资信托管理团队可以通过对已有的房地产项目和资本的积极管理，以及通过对新项目的收购、出售的开发等方式创造附加价值。作为房地产投资信托的投资顾问，我们的工作是评估房地产投资信托管理团队的综合实力及所能产生的价值，以帮助我们挑选地产信托股票。

另外，我们坚信业主/运营者的模式要优于开发商模式（包括住宅和商业地产的开发商）。我们认为投资给开发商会失去房地产投资的一个重要优势，即房地产资产可以在中长期提供稳定和增长的现金流，以及资产本身的增值。

问：D&P 强调自上而下的研究，同时也强调对每个房地产投资信托股票的个体进行深入研究。你能介绍一下你们的研究方式吗?

答：从市场方面，我们会进行 Space Market、Asset Market 和 Listed Market 的研究。

所谓 Space Market，就是指房地产出租市场，也就是租户租用业主的空间（Space），房地产投资信托就是很大的业主。出租收入就是股权信托现金流的来源，也就是信托发放股息的基础。

Asset Market 是指房地产资产交易的市场，也就是房地产资产买卖的市场。这个市场决定着房地产投资信托的净资产估值，估值的工具包括资本化率（Cap Rate）和现金流倍数等。

Listed Market 是指房地产投资信托的股票和债券挂牌交易的市场。挂牌的信托股票代表了以上提及的“Space Market”和“Asset Market”中质量较高的一个分块。

作为职业房地产投资人，我们会努力地实时了解市场动态，并做好实地考察。实地考察在我们的投资程序里非常关键。我们会定期走访各个关键市场，考察我们投资的信托所持有的资产，评估信托管理团队及策略，评估不同资产类型处在其周期的哪一阶段；我们也会积极参与行业会议。了解 Space Market 和 Asset Market 的供求关系和价格走势是在 Listed Market 选择好的信托股票的基础。这些有助于我们对所关注的信托作出自己的盈利和股息的预测以及对信托的估值。

问：资产类别包括住宅、零售、酒店、工业等，D&P 是怎样作不同地

产资产类别的配置的?

答：分配多少比例的资金投资到不同资产类别和不同的国家，并不是我们对资产配置作出的决定，而是我们内部对每个信托股票进行个体研究后得出的结果。我们在做投资决定时会考虑宏观层面的因素，比如供给和需求，但我们在哪个类别、哪个国家投资多少，最终取决于我们对个体信托股票的研究和判断。

问：能否解释一下你们是如何对个体信托股票做研究的?

答：首先，我们内部有一些指标，我们运用这些指标来筛选出一批满足我们基本要求的信托股票，并对它们做进一步的量化和基本面的研究。我们会考察管理团队的能力、信托公司的竞争策略、拥有房地产资产的特性以及对资产负债表的管理。再加上我们对市场行情的判断，以上的分析结果会帮助我们决定预测信托公司的现金流以及风险的合理设想，并作出估值。这种对个体信托股票的研究和选择是我们多年来投资业绩中的主要贡献因素。

问：当你们建立投资组合时，除了对每只信托股票自身回报及风险的判断，是否也会考虑它们之间的相关性?

答：我们有公司内部自行建立的金融模型，既有个体信托公司层面的模型，也有我们投资组合层面的模型。模型会考虑宏观层面和信托公司运营层面的一些因素，来帮助我们发现市场中出现的可以利用的价值偏差，并决定我们投资的比重。

问：当选择房地产投资信托股票时，你们是如何分析利率环境的?

答：房地产投资是资金密集型的投资。挂牌股权房地产投资信托通常使用少量杠杆来增加投资收益。理解利率环境对选择信托股票非常重要。另外，信托股票和其他公司股票一样，都受到宏观经济环境影响，而利率的方向也是其中一个重要因素。我们分析每个信托公司资产负债表的两边，右边是股权结构，左边是投资资产。关于资产，每个信托公司所持有的资产类型及租约特点都非常不同，给我们的团队带来研究的空间。在不同时期，特定的资本结构以及资产类别会产生更好的回报。

问：D&P 目前有没有和海外投资者合作?

答：我们一直以来的重点是服务美国本土投资人，目前没有海外的投资伙伴。我们母公司的投资平台服务于一些欧洲投资人。我们也考虑在未来为海外投资者提供特定的投资服务。

问：根据你们的经验，机构投资人与个人投资人的要求有什么不同？

答：机构投资人和个人投资人都会投资房地产投资信托来分散投资风险，但他们的投资期限是不同的。机构投资人有长期的投资计划，而个人投资人则更注重短期策略。在投资地产信托时，二者有个共同点就是认识到流通性的重要性，这一点是在金融危机中学到的。

问：你对接触过的亚洲潜在投资人有什么印象？

答：我接触过许多亚洲潜在投资人，特别是中国投资人。我的感觉是他们在考虑美国投资时还是比较保守的，不愿承担太大的风险。他们想在美国投资的目的主要是分散投资风险和资产保值。他们不会要求特别高的投资回报。我觉得房地产投资是满足他们要求的一种较好的投资品种。

问：你对潜在中国房地产投资人有什么建议？

答：我认为投资房地产投资信托是中国投资人参与美国机构级别商业地产投资的非常有效的方式。像我们之前说过的，地产信托可以带来稳定收入、能够分散风险、流通性较好、能够抵抗通货膨胀和透明性较高等多种好处。投资房地产投资信托可以省去直接投资房地产和出租带来的种种麻烦。

海外投资人投资美国房地产投资信托有多种选择，比如购买专业投资机构管理的房地产信托共同基金（我们公司旗下就有共同基金），或者购买房地产信托指数ETF，或者直接投资房地产信托股票。对大额投资人来说，他们可以聘用专业投资顾问，比如我们公司，来设立专户，从而享受更多的服务，包括定制的投资安排、季度报告，以及市场走势分析等。

第四章
“洛克菲勒家族的财富已经传了七代！”
——家族财富管理

“三”是个神奇的数字。中国有句老话叫“富不过三代”，美国人说“Shirt Sleeves to Shirt Sleeves in Three Generations”，爱尔兰人说“Clogs to Clogs in Three Generation”，都是类似的意思。和中国一样，美国的富豪也想尽各种办法将家族财富传承，成为世家（Legacy Family）。发达的财富管理行业是美国家族在财富传承方面的帮手。洛克菲勒家族的财富已经传到了第七代，算得上世家的代表。

第一节　纽约世家洛克菲勒家族

也许是在上中学的时候，我知道了洛克菲勒这个名字。那时，在我脑海中和洛克菲勒联系在一起的有三个词：石油、垄断和财富。在以后的工作和多次到访纽约的经历中，我对洛克菲勒家族有了更全面的认识：虽然起家于俄亥俄州，洛克菲勒家族却在纽约这座城市留下了太多的印记，在纽约发展成为全球大都会的过程当中，作出了不可忽视的贡献。

洛克菲勒中心

位于曼哈顿中城黄金地段，由 19 座大楼组成的城中之城洛克菲勒中心，是纽约的地标，也是世界上最著名的办公楼群之一，每天有 6 万多人在这里上班。然而，对纽约人来说，赋予这座建筑群生命的并不是它的位置和规模，而是它的历史、传统和艺术元素。洛克菲勒中心诞生在美国历史上最惨烈的大萧条时期，由洛克菲勒二世在1930年主持建造，本意是建一座歌剧院，但原计划由于经济大萧条而搁浅，转而建造商业项目。然而，洛克菲勒没有放弃对艺术的追求。洛克菲勒中心共有100多件壁画及雕塑，虽然这些作品来自不同的艺术家，风格材质都不相同，但每件作品似乎都与建筑浑然一体，参观者既可以暂时忽略单件艺术品，着重感受整体建筑的宏伟，也可以停下脚步仔细欣赏其中任何一件。每年圣诞前夕，洛克菲勒中心管理部门会有专人乘坐直升飞机在纽约上州、宾夕法尼亚州、新泽西州等地寻找最美杉树，砍伐后运至纽约，由工人安放在洛克菲勒中心广场并加以装饰，成为全美最具代表性的圣诞树。这一传统由洛克菲勒中心的建筑工人在1931年发起，从大萧条时期一直持续至今，年复一年，点燃纽约市及全美的节日气氛，除了1944年。那一年的圣诞树没有任何灯光，为的是响应战时熄灯的号召。

洛克菲勒中心从建成到今天曾几次易主。许多美国人在洛克菲勒家族于1989年将中心售予日本三菱集团时曾感到心痛，但三菱并不是一个"长命"的主人，在入住中心6年后，由于市场低迷加之管理不善，不得不将之卖回给洛克菲勒家族及相关美国投资人。今天，洛克菲勒中心每天吸引着来自世界各地的观光客。这座Art Deco风格的建筑群虽然没有今天的玻璃幕墙建筑那么光鲜，但却更加稳重并充满历史感。如果你去参观，一定要在前台拿一张明信片，那张明信片上面写着洛克菲勒二世说过的警句，其中一句充分体现了洛氏家族的价值观：我相信劳动的尊严，不管是体力还是脑力劳动。这个世界没有义务给任何人一份生活，但有责任给每个人一个谋生的机会。

联合国

位于纽约市东河边的联合国总部建造于20世纪40年代末。当时联合国刚刚成立，没有经费。洛克菲勒三世从当时纽约市最大的开发商那里买下了东河边上的空地，成交价是850万美元，大约相当于今天的9000万美元，并赠予市政府，作为联合国总部用地。这笔钱则由洛克菲勒二世出资。联合国总部大楼的设计由洛氏家族的建筑设计顾问哈里森完成。

洛克菲勒大学

我记得一次坐朋友的车去纽约市，看到了洛克菲勒大学的牌子，便问朋友这是什么大学。朋友回答是医科大学，并补充说比她所在的医科大学好很多。要知道我朋友当时所在的医学院隶属于一家常青藤名校，名头很响。我的朋友可能是自谦，但后来我了解到洛克菲勒大学在美国医疗领域确实很有地位。这座大学是美国第一所生物医疗研究学院，由洛克菲勒一世创办，并由二世主持具体工作。洛克菲勒大学的建立对美国在医疗研究方面追赶欧洲起到了重要作用。洛氏对医疗方面的慈善情有独钟，认为人如果不幸患病，便丧失了与其他人平等竞争的机会。

林肯中心

在洛克菲勒三世的倡导和主持下，纽约著名的文化表演中心林肯中心在20世纪60年代完工，并成为纽约爱乐交响乐团的主场，为纽约的文化生活再添精彩。工程总开支近两亿美元，其中一半由洛克菲勒三世通过私人渠道筹集，这里面也包括三世自己及洛氏基金会的资金。三世也自然而然地出任了林肯中心的首任主席。今天，来自全球的顶级音乐家在这里登台，为纽约的音乐爱好者带来一场又一场的听觉盛宴。

纽约现代美术馆（MOMA）

这座关注现代艺术的美术馆在洛克菲勒二世的夫人倡议下于1929年建立，并发展成为当今世界上最知名的美术馆之一，馆藏逾10万件，以早期现代艺术品为主，包括梵高的《星空》及毕加索的《亚维农少女》等现代艺术名作。

如果没有洛氏家族在建筑、音乐、艺术及教育等方面的贡献，今天的纽约市也许会有所不同。

家族办公室

在财富管理领域，洛氏家族也是先驱之一。洛克菲勒的家族管理办公室成立于20世纪初，为家族打理财富，进行投资，并于20世纪80年代在证监会注册，开始接受其他家族的客户。2012年，洛克菲勒家族办公室与罗斯柴尔德合资，欧美两大顶级财富家族正式合作。今天的洛氏家族办公室为来自全球的超过200个家族及个人管理着逾200亿美元的财富，平均每个投资人交由洛氏家族办公室管理的资产接近9000万美元，成为财富管理领域的金字招牌。

“富不过三代”似乎是财富家族的魔咒。洛氏家族对社会的贡献以及财富传承之道也许可以为中国的企业家提供借鉴。

高端访谈：以下是我对Jimmy Chang的采访。张先生是洛克菲勒公司（洛克菲勒家族办公室）的董事总经理、首席股权投资策略师及高级基金经理，毕业于纽约大学，是一名特许金融分析师。采访重点是洛克菲勒公司如何帮助高净值投资人进行投资。采访时间是2012年11月。

采访内容之一：关于洛克菲勒公司

问：您能否介绍一下美国财富管理行业的格局，以及洛克菲勒公司在财富管理行业的地位。

答：经过过去几十年的发展，美国的财富管理行业形成了多层次且成熟的市场划分。根据资产规模的大小，投资人群可以分为零售投资者和高端投资者。为零售投资者服务的机构包括银行、财务规划顾问、保险公司等，而高端投资者则可以享受私人银行及家族办公室的服务。洛克菲勒公司为高端投资人提供全方位服务，包括投资、税收安排及信托设计等。信托的主要功能之一是确保家族的财富可以按照家族的意愿传承给后代。

洛克菲勒公司的客户主要来自美国，也有海外投资者。美国的客户中大多数是高净值家族和个人，他们通常在开始时会将两三千万美元交给洛克菲勒公司管理。根据客户需求，洛克菲勒公司会为他们提供两种类型的服务。第一种是全方位财富管理，即根据家族对投资回报的要求、风险的承受能力及遗产规划等方面的考虑，为家族资产作总体安排，并通过建立投资组合及设立信托等手段实施。第二种是单纯的投资服务。有些家族有其他顾问，并已做好了总体资产安排，只需要我们提供投资服务，为他们选择适合的投资产品。另外的美国客户也包括机构投资者，包括基金会、捐赠基金及非营利组织等。一般来讲它们只需要我们提供单纯的投资服务。

我们也有一些海外客户，比如海外的高净值家族，我们通常只为他们提供投资服务。我们在海外也有一些机构合作伙伴，由我们设计并管理投资产品，它们在当地负责销售。举例来讲，在亚洲，我们和日本一家主要的金融机构合作，由它在日本销售我们设计并管理的投资基金。

问：洛克菲勒公司的财富管理理念是“全球视野加上细节考核”，您能否解释一下？

答：洛克菲勒公司是最早开始全球投资的公司之一，比大多数公司要早几十年。洛克菲勒公司的全球视野不仅体现在投资方面，也体现在文化、商业交流及慈善等方面。洛克菲勒家族参与了多家机构和组织的设立，比如联合国、北美自由贸易区、耶路撒冷考古博物馆、北京协和医院、亚洲协会、日本协会及美洲印第安人博物馆等。

我们在投资时遵循的“全球视野加上细节考核”宗旨是指我们在全球寻找最佳投资机会，打破国界限制。现在许多公司的发展已经突破国家界限，比如韩国的三星，它的销售额只有百分之十几来自韩国。我们在考察三星时，要看它在全球范围内如何同苹果等同行业公司竞争。我们在全球找到好的公司后，要具体研究公司各个方面的情况，来认识它的投资价值，并最终决定是否投资。我们不会看到哪个国家经济发展快，就盲目地对该国进行投资，而一定是要找到确实具备投资价值的公司。

另外，针对不同行业，我们也会有不同的考虑。比如，金融业受国家经济的影响相对较大，目前我们对投资欧洲的金融公司会非常谨慎。而高科技行业受地区经济的影响相对较小，我们就会重点关注高科技公司。

采访内容之二：洛克菲勒公司为投资人提供的全球资产配置服务

问：您对2013年世界经济发展的看法如何，高净值投资人如何从这种发展趋势中获利？

答：我们总体上对2013年的态度是谨慎乐观（Cautiously Optimistic）。我认为2013年上半年全球经济仍然具有较大的挑战性，但在下半年会有所增长。我们很关注中国的投资机会，并对中国2013年下半年的经济形势比较乐观，也相信那时中国的经济政策也会明朗起来。我们认为中国的经济增长会继续带动巴西和澳大利亚等主要对华资源出口国的发展。我们对投资欧洲比较审慎，感觉欧洲的复苏可能还需要较长一段时间。但同时我们认为欧洲经济基本见底，所以2013年季度或年度的经济指标与2012年同期相比会有所改善。美国2013年下半年如果财政悬崖的问题得到结构性质的解决，经济会有不错的表现，目前美国的房地产等行业已经开始触底反弹。

问：目前很多投资者很关注包括缅甸在内的新兴市场（Frontier Market），请问您对新兴国家的看法如何？

答：像缅甸这样新开放的新兴市场内需很强，短期经济发展会很快。但投资新兴市场也有很多挑战，比如市场流动性比较差，进出都不是很便利，再比如公司内控及治理相对较弱。缅甸的股市预计到2015年才会建立，因此，目前投资只能通过私募的方式，流通性较差。斯里兰卡和越南虽然有股市，可以通过二级市场投资，但它们的股市交易量比较小，流动性也不好；另外，由于它们的资本市场体量较小，投资量一大就会抬高投资价格。所以，我们很关注新兴市场，但投资时会非常谨慎，另外，通常也会通过投资在新兴市场有业务的相对成熟的市场来间接投资，比如投资新加坡或泰国的公司。

股市行情的启动通常会比经济的提速提前几个月。另外，我们认为掌握市场时机（Market Timing）是非常困难的，因此我们目前就会逐渐建仓来捕捉未来全球经济复苏带来的投资机会。我们虽然对2013年下半年比较乐观，但也对潜在的动荡有所顾忌，比如中东局势和伊朗核问题等。因此，我们会坚持分散投资的方式，既在投资区域上作分散选择，也在不同投资品种上进行配置，比如股票、债券和实物投资，包括房地产和黄金等。

问：对高净值投资人来说，进行全球资产配置比仅仅在本国投资有什么优势?

答：全球性的资产配置主要有两个好处。首先是分散风险，也就是美国人喜欢讲的“不把鸡蛋放在一个篮子里”。每个国家都有自身的风险。

另外，全球投资可以捕捉到本国没有的投资机会。以中国投资者为例，全球投资可以把挑选投资机会的范围从中国扩展到全世界，范围大了，可选的投资机会也就更多了。比如，国际性奢侈品品牌、最先进的医药公司以及许多领先的科技公司还是在发达国家，而一些能源矿产的投资机会则存在于一些发展中国家，比如拉美的巴西、智利和秘鲁就有很好的铜矿投资机会。但投资发展中国家时要注意其经济与中国的相关性，比如，中国是铜的进口大国，如果中国经济放缓或结构调整，对铜的需求下降，就会影响海外铜矿的收益，这样就没有起到分散风险的效果。

问：洛克菲勒公司是如何帮助投资人进行全球资产配置的?

答：我们首先要了解每个投资者对回报的要求、对风险的承受能力及对流动性的要求等，并根据这些条件为每个投资者量身定制适合他的资产配置方案。比如，我们会为投资者投资全球股票以获取投资回报从而为财富增值，会投资债券或黄金为财富保值。说到黄金，目前一些投资者认为黄金既没有利息又没有分红，不是好的投资产品，但我们认为在当今各国超发货币的背景下，黄金还是能起到保值作用的。

我们的投资分为两类。一是我们自己管理的基金，包括全球股票基金、美国小盘股基金、美国债券基金（包括国债、地方政府债和公司债）等。二是第三方资产管理机构管理的基金，我们称为开放式平台（Open Architecture）。比如，我们自己不管理对冲基金、私募股权基金和专门的发展中国家基金，但我们会选择最好的基金经理来进行此类投资，我们有一套系统的选择基金经理的方法。

我们今年截至目前的投资业绩非常不错，历史业绩也一直令人满意。业绩背后的支持是我们的研究能力。我们不依靠华尔街投资银行的投资报告，而是依赖我们自己的独立研究。我们的研究讲究团队精神，而不是所谓的明星体系。我们研究团队的成员可以讲十几门外语，使得我们在投资全球市场时可以拿到一手材料，做深入研究。

在考察海外投资机会时，我们的团队会去做实地考察。同时，由于我们身在纽约——全球的金融中心，各地的投资界人士也会经常来拜访我们，向我们讲解他们在当地看到的投资机会。除了地理位置的便利，他们来与我们会面还有两个原因。一是洛克菲勒公司在投资和财富管理界久负盛名，二是大家知道我们是长期投资者，许多资产管理公司需要像我们一样的稳定投资者提供资金。

问：能否具体介绍一下洛克菲勒公司为高净值投资人投资的资产都有哪些种类?

答：我们将投资产品分为四类：流动型资产（即流动性强、容易变现的资产）、分散及收入型资产、实物资产、增值资产。

流动型资产包括现金及现金等价物，主要用来满足客户的现金需求。在市场动荡、经济状况不明朗的时期，我们倾向于持有更多的流动型资产，以避免客户在市场下行时因现金需求而被迫卖掉流动性不好的资产。持有流动型资产也让我们能够在市场短期回升时作出机会性的投资。

分散及收入型资产主要包括债券及追求绝对回报的对冲基金。这部分资产配置用来减小投资组合的波动性，并产生持续性收入（比如债券定期的利息收入）。

实物资产包括房地产投资、贵金属投资、大宗商品投资及艺术收藏投资。这部分资产配置用来抵御通货膨胀并保持客户的购买力。

增值资产包括股票、私募股权投资及风险投资。这部分资产配置虽然风险较高，但可以为客户带来更高的长期投资回报，以使投资组合价值增长。

我们根据每位客户的投资目标、对收入和流动性的要求，以及对风险的承受能力，为他们用上述四类资产搭配不同比例的组合。我们为每位客户制定战略性资产配置安排，但同时也会根据我们对资本市场及每种投资产品的判断，为客户的资产配置做出战术性调整。

长期来说，我们会偏重对股票的投资。从长期来看，管理良好且估值合理的公司会为投资者带来满意的回报。在过去的几十年中，全球股票市场也确实实现了增长。我了解到，在中国过去几年和日本过去20年当中，股票回报不尽如人意，因此这两国的投资者对股票投资热情不高。但作为全球投资人，洛克菲勒公司有能力在全球范围内搜索具有吸引力的股票投资机会。

问：中国投资者在考虑海外投资时，要特别注意哪些事项?

答：中国的经济发展集中在过去30年，而财富积累主要集中在过去10年。目前，中国高净值家族正在从创造财富向为财富保值转变。在美国，我们常说创造财富要集中资源，而保住财富要分散资源（Wealth Creation Through Concentration，Wealth Preservation Through Diversification）。分散投资不仅可以分散单一国家和单一投资品种的投资风险，还可以在全球范围内获取本国没有的投资机会。

中国投资者在投资海外之前，一定要充分了解海外的市场，了解投资产品的特性，了解海外资本市场的管理制度。还有非常重要的一点就是税收。每个国家的税收的制度差别可能很大，比如，美国目前的遗产税是35%，未来可能超过50%，而中国现在没有遗产税。当然，我们会为投资者作税务方面的安排，让非美国居民投资者可以合法地在美国税收方面保护他们的资产。我们建议中国投资者在进行海外投资时找到了解国际资本市场的投资顾问。

投资海外还要面对的一个新课题是汇率。如果客户要求，我们会为客户特别安排汇率对冲（Currency Hedge），但通常我们不这样做。因为我们投资股票时是全球投资，所以我们的投资组合就具有了天然的汇率对冲。另外，我们在考察一只公司的股票时，也会考虑到汇率对其的影响。

人民币前段时间升值很快，但我们认为未来继续升值的空间和速度有不确定性。另外，如果中国投资者要求，我们也可以通过金融衍生品来对冲，以保证获取未来人民币升值带来的收益。

采访内容之三：美国与中国的高净值投资人

问：根据您的观察，美国和中国的高净值投资人有什么异同?

答：中国的高净值家族大多是第一代。他们依靠创业精神，通过大胆的决策创造了可观的财富。在投资时，他们通常比较主观，不喜欢依靠专业的投资顾问，且投资比较集中。另外，中国目前的投资品种相对发达国家也比较单一。

美国的富豪家族对资产配置的观念比较接受。即使是第一代创业者，在投资时也比较注重分散化，比如很多高科技行业出身的富豪会将很多资产投向非科技领域。另外，美国的富豪比较习惯聘用专业的投资顾问打理财富，让专业的人做专业的事。一些美国的富豪家族开始时会聘用多家投资顾问来安排投资，并根据投资业绩来逐渐选择一两家最好的顾问。对一家投资顾问来说，富豪家族通常会给它3~5年的时间来考察它的表现，因为3~5年可以覆盖一个完整的资本市场周期。

问：美国的高净值家族是否已逐渐抛弃了本土情结，而越发注重全球投资？

答：美国资本市场在20世纪90年代表现非常好，所以那时美国投资者关注海外不多。从2001年到2010年，美国股市表现差强人意，而新兴国家表现不错，因此，美国投资者从互联网泡沫破裂后（2000年）开始关注海外投资机会。对于未来的十年，我们认为发达国家和发展中国家的投资机会均等。过去10年发展中国家的发展主要依赖中国的高速发展。中国对大宗商品的需求大大提高了商品价格，也带来了许多发展中国家资源类型公司股票的高回报。而目前中国经济处于转型期，未来发展对资源及大宗商品的依赖减少，势必影响资源型国家的发展速度。另外，美国近些年在能源发面的发展也很快，比如页岩气的开采。

所以，对普通投资人而言，本土偏好的强弱是受本国及海外资本市场表现影响的。而对于我们专业投资人来说，我们始终坚持全球视野。其实经济发展快未必意味着投资回报高，比如过去10年的中国股市就是个例子。反之，经济发展慢的国家也并非没有投资机会。比如日本在过去10年GDP年增长率只有0.3%左右，但日本仍然有投资机会。成衣品牌优衣库的母公司快速零售集团（Fast Retailing Co.）的股票在过去10年中就增长了几倍。

问：目前中国高净值投资人的投资品种比较单一，而且主要集中在国内。您认为随着人民币国际化的进程，中国的投资人是否会逐渐扩大投资品种，并开始注重海外投资？

答：目前中国对海外投资限制仍然很多，比如投资海外证券只能通过QDII这一通道，但随着政策的开放，中国投资人会有更多海外投资渠道。现在也有一部分中国投资者随着移民或通过贸易等商务活动，已经有部分资产在国外。但在对海外资产投资时，他们仍然经常选择他们比较熟悉的、和中国相关的公司，比如H股公司。虽然投资自己熟悉的公司是正确的，但这样做就丧失了海外投资分散风险的机会。

其他国家的投资者在开始投资时也是以本国投资为主，之后随着孩子出国留学、移民等开始投资海外，比如为孩子在海外购买房产，而后随着对海外市场的逐步熟悉，又开始投资更具备流动性的资产，如股票等。成熟的海外投资者最终会进行全球资产配置，在全球范围内选择最好的投资机会。我相信未来中国高净值家族也会这样发展。

问：请问您对有意海外投资的中国高净值投资人有何建议？

答：首先在进行海外投资前一定要做好功课，不要看哪个地区发展快或什么投资品种流行就盲目投资。中国很多投资者还要管理企业，没有精力去了解海外资本市场，所以建议找到好的投资顾问。

在选择投资顾问时，一定要注意利益的一致性。有的投资顾问公司是以产品和销售为导向，而不是把客户的利益放在首位。他们经常会推销佣金最高的产品，而有些产品可能流动性很差，且并不适合投资者，那么投资者投资后就会被套住。虽然投资产品都有详细的说明及风险揭示，但通常投资者没有时间也很难了解说明中专业、复杂的描述。选择投资顾问时要了解对方的收费模式，模式越简单透明越好。比如，我们的唯一收费是客户交给我们管理的总资产的一个固定比例。如果我们的投资业绩好，客户资产增值，我们的管理费也会增长，使得我们与客户的利益一致。

另外，在选择投资顾问时，我们也建议大家从该投资顾问以前的客户那里多了解些情况，看看承诺的服务有没有兑现。

高端访谈：以下是我对李·郝思娜的采访。郝思娜博士是第一基金集团（First Foundation）的董事总经理，是美国知名的心理学家，曾任加州贝佛利山校区的高级心理咨询师，是家族后代培养及家族传承方面的专家。第一基金集团是总部位于加州尔湾的一家金融集团，为南加州地区高净值家族提供投资和银行服务，成立于1990年。此次采访重点是如何打造世家及美国高净值家族的传承，时间是2013年7月。

采访内容之一：关于世家

问：美国高净值家族关于家族传承最大的顾虑是什么？

答：他们最关心的是下一代可以继续有所作为，为家族作出贡献，并有幸福和成功的人生。他们希望看到这样的成功可以在家族中一代代延续下去，让家族可以成为一个世家（Legacy Family），世家的定义是在创业家族后的4~5代，家族成员仍可以持续有所作为并为家族和社会作出贡献。

问：如何才能让家族财富代代传承呢？

答：这需要家族保证四类资本的传承，它们分别是金融资本（Financial Capital）、社会资本（Social Capital）、人力资本（Human Capital）和智力资本（Intellectual Capital）。金融资本包括家族企业、投资等，可以持续为家族产生收益；社会资本包括公益基金和义工安排等，可以增加家族社会影响力；人力资本包括家族成员的价值观、家族对后代的培养、家族成员之间的交流等，可以保证家族的凝聚力；智力资本包括家族成员的教育及家族治理等，可以保证家族的竞争力。

如果一个家族只关心保障物质财富的传承，而忽略对后代家族成员培养，使得后代成员没有自我实现价值，没能够为家族作出贡献，那么家族无法成为世家，物质财富也会散尽。家族必须关心家庭成员之间的关系，尤其是与新成员的关系。当有新成员通过婚姻加入家族时，家族成员的关系会变得更加复杂。

问：根据你的经验和观察，那些没有成为世家的家族通常是犯了哪些错误呢?

答:通常这些家族没有很好地激励后代成员的发展,使得一些家族成员出现情绪上和心理上的问题甚至会涉及毒品等问题。如果家族成员没有学会如何管理家族的企业,没有学会如何管理家族的金融资产以创造新的财富,那么"富不过三代"的情况就会发生,而且家族成员也无法获得幸福、成功的人生。

采访内容之二:关于财富管理、继承和遗产安排

问:高净值家族在共享财产(Shared Assets)方面会面临什么问题?

答:共享财产可分为两大类,即产生收入和不产生收入的共享财产。通常来讲,家族成员更容易在不产生收入的共享财产上产生分歧,因为这类财产是需要花钱维护的,比如家族拥有的度假农庄等。家族需要制定一些制度,以决定谁对这些财产有决策权,而有决策权的人又要对其他家族成员负什么样的责任。另外,家族也要对每个不产生收入的共享财产制订一个退出计划。有的家族成员可能不喜欢对此类财产的所有权及产生的连带责任。

家族企业是产生收入的共享财产。关于这类财产,家族需要考虑不同的问题。最重要的一个选择就是由谁来担任家族企业的接班人以完成权利的交接。家族首先要看家族内部有没有合格的接班人,如果家族企业由家族内部有能力的成员接管,通常家族企业发展会更顺利。但如果家族成员没有能力接管企业,家族就必须从外部招聘适合的管理者接管。家族需要成立一个董事会对管理者进行监管。

问:请问家族信托的主要类型包括哪些?

答:从大类来分有两种信托。第一种是可撤销信托(Revocable Trust),第二种是不可撤销信托(Irrevocable Trust)。可撤销信托是指信托设立人拥有改变信托条款或停止信托的权力,而不可撤销信托则相反。不可撤销信托的好处是可以享受一些税收优惠。举例来说,我是信托设立人,你是信托受益人。我放 1000 美元在不可撤销信托中,如果通过投资,这 1000 美元在若干年后增长成为 10000 美元,那么这增长的 9000 美元都可以免税交到你手中。除了避税之外,信托的第二个作用是保证家族财产安全。如果信托设立人将资产放在不可撤销信托中，日后设立人被起诉，那么起诉方无法触碰信托中的资产，因为根据法律，不可撤销信托是不属于信托设立人的。或者比如设立人离婚，配偶也是不能获得信托中的资产的。信托的第三个功能是保证财富有效地传承。设立人可以规定受益人，比如子女，只能在一段时期内拿到一定的金额，以防止他们得到一笔财产后在短期内挥霍殆尽。另外，设立人的孩子可能有毒品方面的问题，或者比较软弱，可能会受到设立人配偶的摆布，我们把这类孩子叫做“脆弱继承人（Vulnerable Heir）”。信托也可以对他们起到保护作用。

问：受托人的职责是什么?

答：受托人的职责是保护受益人的财产，保证所有决定都符合受益人的利益。受托人对受益人有很大的信用责任（Fiduciary Duty），他需要根据信托条款管理信托财产，安排投资，对投资监控，并分配财产。每个人都可以被指定作为受托人，不需要有任何证书或接受过任何培训。这一点造成了很多问题。许多人同意作为受托人但由于没有接受过适当的培训，不了解信托的规则，不了解如何管理信托财产，也不了解如何根据信托规定投资。受托人还要明白他们绝对不可以利用自己的权力通过对信托财产的管理来为自己获利。

问：许多财富家族会设立基金会以支持一些非营利活动。这样做的目的是为了回馈社会，加强家族品牌还是税收考虑?

答：我们帮助客户设立的基金会都是为了支持非营利活动。当资金放到信托中，资金就变为了公众资金，只能用做支持非营利组织。关于基金会是有相关规定的，比如说基金会中每年至少5%的资产要支出给非营利组织。每个基金会都有一个董事会，董事会由家族的不同直系成员组成。一些较大的基金会的董事会也会包含外部顾问。

家族成员要聚集在一起以决定基金会资金的支出，因此基金会是维持家族成员关系的重要手段。基金会为那些对家族生意没有兴趣的成员提供展现领导力的平台，也为培养后代的领导力提供锻炼机会。总的来说，基金会既有外部使命也有内部使命。外部使命是为社会作出贡献，内部使命是维护家族成员关系，使得家族价值观得以传承。

问：家族聘用外来管理人员来管理家族企业的好处和挑战在哪里？

答：好处是在很多情况下，从外部聘用的管理者要比家族成员具有更强的管理能力。如果家族成员没有接受良好的教育和培训，没有了创业精神，那么他们就不再适合管理家族企业了。聘用外部管理者的风险是外部人员在家族企业没有投资，所以他们可能对家族企业缺乏企业拥有者的责任感，因此，在聘用了外部管理人员后，家族成员要设立董事会来对管理人员进行监管。当然，董事会成员必须对家族企业的发展战略有清楚的了解。董事会成员也可以包括非家族成员的某方面专家。

当我为我的家族客户作企业管理接班咨询的时候，我首先会评估家族的企业，以判断家族企业在这一时刻需要什么样的领导。家族企业在交接班时需要的领导力很可能与第一代创业时所需的领导力不同。下一步我会观察家族成员，看看有没有具备家族企业所需领导力的候选人，如果没有，就只能去寻找家族外部成员。

财富有时会对家族后代产生负面影响。有些家族的后代成员会认为自己是家族的一员，与生俱来有权力享受家族的财富，而不再去为家族作贡献，不再努力增强自身实力。

问：家族成员加入家族企业应该通过怎样的程序？

答：每个家族企业都应该有一个企业管理手册，手册包括管理家族企业的各项政策，其中很重要的一条就是谁可以加入家族企业的管理团队。通常每个家族企业对于家族成员进入家族企业都有相关要求，以我的一些客户为例，他们通常要求家族成员具备一定的教育水平，同时具有3～5年家族企业外的工作经验，而且家族企业正好有适合家族成员的职位，而不是为这位家族成员而设立的职位。而且，新加入家族企业的成员通常要在一位非家族成员的监督下工作。

采访内容之三：家族二代的教育

问：你在加州的贝弗利山校区做了19年的高级心理咨询师，这个经历对你目前的工作有什么帮助？

答：对我的工作帮助很大。贝弗利山校区就像贝弗利山的缩影。贝弗利山集中了各种各样的财富，这里有成功的创业者，也有人一辈子一天都不工作，就靠信托基金（Trust Fund）的财产生活。贝弗利山地区也有大量的演艺界和体育界明星。另外，这里也有来自别国的移民，比如一些离开伊朗来到美国的伊朗家族。因此，我有机会看到不同种类的家族和财富，看到不同家族如何管理财富，看到什么样的管理有效，什么样的管理是失败的。

除了在贝弗利山校区的工作，我也作为专家为青年总裁协会（Young President Organization）做发言人。青年总裁协会于1950年在纽约成立，于2007年与全球总裁协会合并，共有16000多名会员，来自全球100多个国家，成为一流的终身领袖网络。对青年总裁协会的参与使得我有机会接触到全球许多不同地区的家族和财富，比如亚洲的印度和阿富汗，再比如南美洲的哥伦比亚。这些经历使得我可以从国际视野来考察财富为高净值家族带来的挑战和问题。

亚洲的家族相对来说更希望他们的后代可以继续为家族企业效力，当然同时也希望后代可以完成自己个人的目标，并为社会作出贡献。

在中国香港，人们把不争气的富二代叫做“草莓儿（Strawberry Kids)”，意思是他们娇生惯养，遇到轻轻的打击就会垮掉。中国有许多新创造的财富（New Wealth)，社会缺乏一些模范，因此，中国可以多参考世界其他地区的成功经验和最佳做法（Best Practice)，以将家族的企业和财富传承下去。

我们为家族成员包括二代提供各种各样的培训。我们为家族二代提供财务和人生技巧训练营，教他们了解金融市场，教他们如何与人沟通，如何处理共享财产（Shared Assets)，如何读懂法律合同，如何进行工作面试及了解信托受托人和受益人的责任和权利，等等。我们也帮助家族安排家族会议，以制定家族规章制度并为家族企业制定发展策略。另外，我们也为家族作专题培训，比如如何有效沟通，如何有效地进行慈善活动。

第二节　美国财富的金字塔

每个国家的社会财富都是一座金字塔，有钱人总是少数。美国的

“钱”途在金融危机之后屡遭诟病，但到目前为止，美国的财富金字塔仍然是世界上最大的，而且比第二名大很多。美国目前总的财富逾80万亿美元，占全球总财富的30%以上。美国从“镀金时代”开始创造并积累下来的大量财富，催生出了专业化的财富管理行业。以洛克菲勒家族办公室为代表的顶级家族财富管理机构位于金字塔尖，为全球的显赫家族打理财富。其他不同类型的财富管理及投资顾问机构瞄准不同财富体量群体，提供分级服务，形成整套服务体系。与美国有业务往来的人经常会感到美国服务行业分工细化，财富管理行业也不例外。

在讨论财富管理行业之前，我们需要先搞清一个概念，到底什么人才能叫富人。按财富的体量大小，富人被分为不同的等级。这个分级没有标准答案，更多的是一种行业习惯。我看到过许多种分类方式，包括下面这两种三档和五档分法。三档分法根据净资产将富人分为超级富豪（净资产超过5000万美元）、中级富豪（净资产为500万美元至5000万美元）以及大众富人（净资产10万美元至500万美元）。五档分法更加细化一点，从高到低分别是超级富豪（净资产超过5000万美元）、特级富豪（净资产为500万美元至5000万美元）、高净值人士（净资产为100万美元至500万美元）、富裕人士（净资产为50万美元至100万美元）以及小康人士（净资产为10万美元至100万美元）。在我看来，100万美元、500万美元和5000万美元似乎是三个重要门槛。财富为家族带来自由和消费能力，同时也带来一些问题，尽管大多是令人羡慕的问题。从财富管理角度来看，资产越多，家族可以选择投资的种类也越多，为财富管理人员提供更广阔的舞台，也对能力提出更高的要求。同时，大量的财富也带来更多的财富管理需求。比如，有的富豪家族在全球不同国家有房地产投资，那么财富管理团队就需要了解各国的相关法律和税务规定，并定期把各处房产进行估值，对租金收入进行汇总，这些工作就超出了普通财务顾问的能力。许多富豪家族家人结构也比较复杂，可能有户主前妻及前妻的孩子、现任夫人及孩子。对于后代，户主要考虑教育、传承、资产分配及遗产等各式各样的问题，而这些问题要通过设立家族董事会、建立信托及慈善活动等不同手段解决，这些都对财富管理团队提出较高的要求。通常来讲，财富总量越大的家族，享受的财富管理服务越全面，独立性及私密性越强，接触到的投资机会也越多。

美国的财富管理市场的参与者，大体可以分为为大众投资者服务的财务顾问、为中高级富豪服务的私人银行，以及为超级富豪服务的家族办公室，但不同服务机构的客户会有所重叠，没有清晰的分界线。

美国的财富管理市场和中国有很大不同。中国的商业银行有着庞大的网络，多数的投资理财产品是通过商业银行的渠道销售给投资者。美国的金融产品销售渠道是财务顾问网络。美国有30多万个财务顾问，主要来自券商和保险公司，也包括独立财务顾问公司。以大众投资者为目标的财务顾问主要推销以保险、年金及共同基金为主的金融产品，同时也会作一些简单的财务规划。虽然称谓是财务顾问，但其工作的本质是推销，主要的收入方式是通过销售产品而获取佣金。尽管大多数财务顾问的客户资产量不是很大，但一些优秀的财务顾问有着良好的客户积累，能影响的资金总量也很可观。一些小型公司为了融资做交易路演时，管理层也会拜访这些财务顾问，宣传自己公司的股票。

当投资人的可投资资产达到100万美元左右，就可以跨入私人银行的门槛了。美国主要的投资银行都有自己的私人银行部，比如大家熟悉的摩根斯坦利和美林银行等。依托投资银行强大的全球网络、研究平台和传统银行业务，私人银行为客户提供较为全面的财富管理服务。在投资方面，私人银行可以向投资人介绍全球的投资机会，帮助客人建立跨区域、涵盖不同资产类别的投资组合。在传统银行业务方面，私人银行可以帮助客人安排贷款，抵押物可以是不动产，也可以是股票等金融资产，甚至可以是艺术藏品等另类资产。在家族服务方面，私人银行可以帮助客人建立信托、安排慈善活动或高端定制出游等。一些优秀的私人银行客户经理管理着大量投资人的资产，规模不亚于小型基金。我在2012年时拜访过美林私人银行部的一名高级副总裁，此人在纽约办公，是我一名美国律师朋友介绍的，帮助该律师家两代人打理财富。这名高级副总裁管理客户资产逾4亿美元，平均客户资产1500万美元左右，范围是50万美元至5000万美元，共约300个客户。

如果说一般财务顾问的服务相当于“经济舱”，那么私人银行的服务就是“头等舱”了。尽管“头等舱”对一般人来讲堪称奢侈，但对超级富豪家族来说，专属性还是不够。毕竟头等舱的客人也要和经济舱的客人一样，按时到达机场，在同一时间按统一航线飞行。当超级富豪要求更多的自由时，他们会选择私人飞机，按照自己的时间和行程安排航程。有一次我们代表一家中国公司在美国做融资路演，为了时间需要，公司租用了一架私人飞机，从波士顿启程。我们在飞机上的两餐分别选择了波士顿龙虾和中餐。这样的服务是头等舱无法安排的。在财富管理领域，能像私人飞机一样提供专属服务的就是家族办公室（Family Office）——位于金字塔最顶端的财富管理机构。通常来讲，当一个家族的可投资资产达到1亿美元，他就可以建立一个家族办公室专门为自己家族服务；当一个家族的可投资资产在2000万美元以上，它可以把资金交给一个多家族办公室，与其他家族共同进行投资。

第三节　神秘的家族办公室

家族办公室有着很强的神秘感。到底什么是家族办公室，让我们掀开它的面纱一探究竟。我对家族办公室已经关注了一段时间，也与美国的一些家族办公室以及家族办公室协会负责人作过较为深入的交流。我对家族办公室的定义是，为高净值家族提供全方位投资理财服务的专属团队，任务是确保家族财富的安全、增长及传承，履行家族CIO、CFO及CHO职责。前面讲过，许多中高级富豪会选择私人银行提供财富管理服务，但当超级富豪需要更加定制化的服务时，他们会选择把银行搬到自己家里，也就是说在家族内部成立一个由投资、税务、法律等各方面专家组成的团队，为家族提供360度的财富管理服务。CIO是首席投资官，他会负责家族的投资。只有让钱生钱，家族才能在人口增加、现金贬值的情况下保持家族资本的购买力。CFO是首席财务官，他要负责家族的税务及保险规划、现金管理、慈善支出等各项工作，保证家族机器的正常运转。CHO是家族的首席人力官，他要负责家族文化建设以及子女教育等。家族办公室将三个首席的职能汇总，力求使家族的资本发扬光大，而这种资本又分为三类，分别是金融资本、社会资本及人力资本。金融资本就是资金。家族的资金通常来自家族企业的收入，或出售企业及上市等套现运作。家族办公室把资金进行投资，争取在风险可控的情况下取得合理的回报。社会资本是家族的品牌。有良好品牌的家族在运营家族企业和投资时都可以享受优待。社会资本要通过慈善及参与社区活动等方式积累。人力资本是家族基业长青的核心。后代教育及家族人员的决策制度等是保障人力资本的手段之一。

家族办公室的服务范围虽然广泛，但其核心仍然是投资。家族办公室的投资不是机会型的，不是今天看到矿产利润大，就去投资一个矿，明天有朋友介绍一个新的医疗技术，就去做个风险投资。相反，家族办公室的投资非常系统化，有着完善的流程，我们在下面会具体介绍其投资方式。

家族办公室的概念在中国是一个全新的舶来品，但在欧洲和北美已经有了很长的历史和成熟的运作模式。据说最早的家族办公室可以追溯到文艺复兴时期意大利的美蒂奇家族。今天的家族办公室起源于19世纪的欧美，发展于20世纪八九十年代的美国。美国的股市在这个时期走出了近20年的大牛市，并购及IPO市场也是红红火火，造就了一批新贵，也催生了众多家族办公室。知名的家族办公室Harris MyCFO就是由詹姆斯·克拉克在他的网络公司Netscape上市后于20世纪90年代创立的，目的是帮助硅谷成功套现的创业者打理财富。今天的Harris MyCFO为超过300个家族及个人管理着近400亿美元的财富。目前美国有约4000家家族基金，欧洲有1500家左右，亚太区是家族基金的新兴市场，家族办公室总共管理的财富逾3万亿美元，超过全球对冲基金2.5万亿美元的总规模，是资本市场上一股不容忽视的力量。我在一次与美国家族办公室协会负责人的对话中了解到关于全球家族办公室异同的一些有趣信息：在全球范围内，美国的家族办公室运作最为规范。在欧洲，英国、德国的家族办公室较为发达，瑞士次之。在美国境内，东北部及中西部家族办公室相对较多，而西海岸的PE和VC基金更多。欧洲家族通常会持续经营家族企业，而美国家族更多地会卖掉企业，成立家族办公室来负责投资。从风险偏好来看，欧洲家族对政治风险比较重视，而拉美家族对货币贬值风险较为小心，这些与不同地区历史上发生的政治、经济事件有关。

目前美国知名且历史最悠久的家族办公室中有两家来自100多年前的“镀金时代”，它们分别是洛克菲勒家族办公室及贝瑟默信托（Bessemer Trust）。这两家家族办公室分别脱胎于“镀金时代”美国最成功的两家企业：洛克菲勒创办的石油公司以及卡内基创办的钢铁公司。

洛克菲勒通过石油发家，并在1882年成立了一间由专业人士组成的办公室，一方面管理公司业务，另一方面也管理家族的投资和事务，这就是今天家族办公室的前身。洛氏家族办公室经过一个多世纪的发展，服务已经超越了传统的家族办公室，客户已经不仅仅是高净值家族和个人，也包括基金会、非营利组织及机构投资者。洛氏家族办公室提供三大类服务，包括财富顾问、资产管理及投资信息管理。财富顾问板块为客户提供传统的家族办公室服务，核心是投资和财富规划，比如税务规划、设立信托及慈善安排等。资产管理板块下设9只基金作为客户的投资工具，其中6只股票基金，3只债券基金。股票基金按照股票市值及区域划分，并把超越对应指数作为投资目标。比如全球股票策略基金，目标是在3～5年内投资表现好于MSCI全球指数的回报，投资标的是全球范围内具备长期增长潜力、市值在20亿美元以上的公司股票。再比如美国小盘股策略基金，目标是在3～5年内投资表现超越罗素2000指数，投资标的是估值合理、销售收入增长势头良好、市值在3亿美元到20亿美元之间的美国上市公司股票。3只债券基金的投资策略是在保障本金的前提下为客户带来稳定的现金收益。投资信息管理板块依靠公司内部研发的信息系统，为投资者提供实时投资账户信息，这为拥有多个账户、投资于不同基金的经理及不同投资策略的投资者及时了解自己的投资情况带来很大便利。

洛氏家族办公室目前有11名董事，其中4位来自洛克菲勒家族，1位来自罗斯柴尔德家族。CEO鲁本·杰弗瑞先生在2010年加入团队，之前有着光鲜的履历，包括美国负责经济事务的副国务卿、美国期货交易委员会主席、中国证监会国际顾问等。杰弗瑞律师出身，并在高盛工作18年，曾任职高盛管理合伙人并负责高盛欧洲业务。

亨利·菲普斯是卡内基的合伙人，共同创立了卡内基钢铁公司。在公司被出售以后，菲普斯在1907年成立了贝瑟默信托，管理家族的投资。贝瑟默是新炼钢法的发明人，对卡耐基钢铁作出了很大贡献，菲普斯以他的名字命名自己的家族办公室以示敬意。在1974年，贝瑟默信托开始接受其他家族的客户。今天，贝瑟默信托为包括布什家族在内的逾2000个家族管理着近1000亿美元的财富，提供11项相关服务。除了家族办公室常见的投资及税务规划等服务外，贝瑟默信托的特色服务包括财产集中的应对咨询、家族企业咨询服务及娱乐休闲VIP服务。一些家族的资产比较集中在家族企业等领域，而集中就会产生风险。贝瑟默信托会帮助家族对风险进行评估，并通过资产配置及对冲等手段来掌控风险。还有一些家族企业面临融资及发展的难题，贝瑟默团队会帮助家族对企业进行估值及评估不同融资手段，同时考量家族是应该将企业发扬光大还是在市场条件好的时候及时出手套现。娱乐方面，贝瑟默信托可以为客户在演出票已售罄后获得最佳位置的门票，在心血来潮想在最难预订的餐厅就餐时安排定位，在出游时合理地安排游艇及私人飞机。

洛氏家族办公室与贝瑟默信托从成立至今历经数次战争、经济危机、家族人员变动的冲击，却仍屹立不倒，并且管理的财富总量不断增长，获得了越来越多的家族的信任。洛氏家族办公室已为洛氏家族服务了七代，贝瑟默信托则为菲普斯家族服务了六代，帮助家族将金融资本、社会资本及人力资本代代传递。他们的成功经验对中国的企业家有着很好的借鉴作用。

高端访谈：以下是我对马克·卡斯特的采访。卡斯特先生是Harris MyCFO的董事。Harris MyCFO是美国最大的家族办公室之一，管理着400亿美元的资金。采访重点是家族办公室的运营方式和投资策略。采访时间是2013年7月。

采访内容之一：关于家族办公室的运营

问：多家族办公室和私人银行在给投资人提供的服务方面有什么

区别?

答：多家族办公室的客户资产规模庞大，需求复杂，多家族办公室可以为客户提供生活各相关方面的管理，不局限于财富管理。多家族办公室为客户提供一系列相关服务，包括付账、家族雇员筛查和工资发放等。这些服务有的是由内部团队负责，另外一些由外部顾问实施。这样全面的服务可以把家族成员从日常财富管理的烦琐工作中解放出来。由内部团队和外部顾问相互配合而为家族提供全面服务，使得家族可以有一个统一的声音。

在投资方面，私人银行的客户资产规模通常会小一些，需求的复杂程度也低一点。家族办公室对另类投资品的投资相对会多一点，对最小投资额要求较高的基金投资也会多一些，因为家族办公室的客户资金量较大。还有一点就是家族办公室在投资时运用的投资架构也更灵活，更多样，包括有限合伙及专管账户等。

问：你们公司的服务方式是通过跨职能的团队合作以提供全方位服务。你能否对此具体解释一下?

答：我们需要为客户的财富提供全方位的管理，这就要求我们能对客户财富的方方面面统观全局，而不是孤立地关注某一方面。我们强调跨职能的合作，避免各职能团队封闭工作。只有这样，我们才能保证为每位客户制订的投资规划不是片面的，而是兼顾投资、税务及遗产安排等，也才能保证这些安排能有机地顺利地实施。

我们的核心能力之一是为客户提供家族企业的出售前规划，帮助家族在出售企业前设计最合理的法律架构。我们与律师和税务师合作来设立交易主体及交易架构。同时，我们会了解客户在出售家族企业后对现金流的需求，并设计投资组合以满足这些需求。在为出售家族企业所获得的收入进行投资安排时，我们也会全面考虑家族的其他资产，比如房产和在一些基金的投资，衡量这些资产对我们的投资安排是否有影响。有时我们会利用投资损失来抵消在其他投资上的收益，以减少税收。Netscape 公司在出售前一年就作了各方面规划，比如设立信托，并在出售后建立投资组合将出售所获资金进行投资。

问：请问你们公司是如何帮助客户作短期和长期的税务规划的？

答：税务规划对于客户获取长期的节税带来的利益至关重要。我们的家族办公室团队成员与每位客户紧密合作，以了解他们的税务情况，每位客户投资对税务的敏感程度取决于他所在的州、家族的财富结构等因素。我们帮助客户确定持有每种投资品的最佳法律主体，以优化税收。我们同时也帮助客户设计赠予及慈善活动。

在帮助客户投资时，我们利用不同的主体来取得节税效果。比如说，我们会在一家投资地方政府债的基金设立专户，让投资经理更多地投资客户所在地的政府债券，以最多地省税。再比如说，我们也会选择一位股票投资经理来进行复杂的短期投资亏损策略，以抵销投资组合中其他投资产品的投资收益。比如，一位投资经理跟踪汽车指数，他可以卖出通用汽车并实现亏损，然后再买入福特汽车，并利用在通用汽车股票上的亏损，来抵销在某个 PE 投资上的获益。投资汽车指数的基金可能总会比指数本身的回报低几个百分点（税前收入），但整个投资组合会有更高的税后收益。

问：请问合法规避遗产税的方法有哪些？

答：帮助家族传承财富的方法有很多。设法避免遗产税（目前每个人一生中遗产免税总额是525 万美元）不仅可以使家族财富持续增长，还可以供后代学习。避免遗产税的常用方式包括设立年金信托（GRATs，Grantor Retained Annuity Trusts）、隔代信托（Generation Skipping Trusts），以及家族有限公司（Family LLC's）等。每个家族关于后代的目标都是独特的，因此我们必须先清楚地了解他们的目标。许多家族的传承策略中会包括慈善活动，慈善活动可以使家族成员团聚在一起，以帮助家族传承家族的价值观。

问：如何利用信托来保护家族资产，以防止家族资产由于商业责任、婚姻问题及后代不理智地花销或投资而产生损失？

答：在设立信托时可以清楚地规定资产在什么条件下、以什么样的方式传给后代，或者是传给基金会或慈善机构。信托可以非常灵活，也可以非常严格，具体取决于信托设立人的目的。信托里的资产及信托受益人可以受到保护，而不受到债主、失败的婚姻以及受益人自己不当行为的侵害。

问：美国的财富家族通常在什么地方设立信托，是特拉华州还是巴哈马？在这些地方设立信托有什么好处？

答：特拉华州在法律体系发展及解决商业、信托和投资人的法律问题方面一直是先行者。美国一些其他州也通过了类似法条，但没有案例法去支撑这些法条，也没有特拉华州的法条清晰。在特拉华州设立信托的好处包括：信托没有到期日（除非直接持有房地产的信托）；成熟的“总体回报”法条；对于收入和本金相对灵活的分配方式；法条对于信托受益人提供强大的保护。

当然，美国家族也可以设立海外信托，但是这会增加复杂性以及海外申报等工作。

问：你们通常会为客户选择哪些保险品种？

答：我们会为客户的保险作全方位统筹，包括寿险、财产险（比如房屋、游艇和私人飞机等）、私人财产险（比如珠宝、艺术品和其他收藏品等）。我们与许多保险中介合作，并根据客户需求，为客户选择保险范围最广、成本最低的保险产品。

购买寿险的原因是为遗产增加流通性，而不是作为一项遗产。当遗产中包括流通性差的资产时（比如实体公司、艺术品及房地产等），寿险可以提供流通性。

问：请问你们是否有海外客户，他们有什么特别需求吗？

答：我们有外籍客户。为外籍客户服务时会有更多的复杂性，比如税收条约、申报要求以及合规要求。因此，我们必须与海外的投资顾问合作。对海外客户来说，一个非常简单的交易都可能牵扯到合规问题。不合规的操作可能会被严重处罚。

采访内容之二：关于投资服务

问：你们公司从全投资组合的视角出发，为客户提供全面的投资管理。能否请您解释一下这种投资方式？

答：我们从整体财富管理的角度来审视客户的投资组合，包括可投资资产，也包括不可投资资产。许多客户拥有房地产、私营公司和出售公司后的大量股票。我们在为客户建立投资组合时会整体考虑所有资产，比如会考虑投资组合与客户的私营公司如何平衡。

问：你们公司的目标是为客户实现多重投资目标，包括分散投资风险、降低税务支出、实现财富传承及慈善的目标等。您能否举例说明多重投资目标是如何达到的?

答：在为客户建立投资组合时，我们会考虑多重因素，包括客户的居所（不同居住地的税率不同）、持有资产的实体是否是缴税实体、投资组合的投资期限、家族对流通性的要求以及风险承受能力等。我们为客户建立的投资组合会反映上述所有的客户特性和需求。

举例来说，一个客户可能会拥有一个需要缴税的信托、一个不需要缴税的基金会和一个退休账户。当我们建立投资组合时，会将大量税收较高的投资产品放在基金会和退休账户中，而在信托账户中实施低税收的投资策略。根据客户的年龄和对投资产品流通性的需求，我们为客户退休账户安排的投资可能是短期的、流通性较高的投资产品，而在基金会账户中安排一些长期的、流通性较差的投资产品。把不同账户统一安排，来满足客户的资产配置、风险控制及其他需求。

问：请问你们公司如何为不同类型的客户安排投资方案，比如创业家、财富继承人和企业高管?

答：在我们为客户作财富管理规划时，我们既会考虑客户财富的来源，也会考虑客户对财富使用的目的。举例来说，有的客户财富是继承得来的，他可能对商业、资本市场和投资没有特别的理解。我们通过探讨来为他制定合理的投资目标，了解他的流通性需求、对财富增长的长期期望及风险承受等因素。我们通常会把客户按对财富增长的要求分成三类：财富保值类（Wealth Preservation——保守）、合理增长类（Measured Accumulation——中性）、创造财富类（Wealth Generation——激进）。

根据这些分类，我们会应用资产配置模型来为客户建立分散的投资组合，以满足不同客户的个体需求。

问：你们公司如何帮助客户选择基金并决定不同基金的比重?

答：我们内部有一个30人左右的研究团队，分布在俄勒冈州、加州、伊利诺伊州、康涅狄格州和马萨诸塞州。团队的研究员研究的基本上是所有的流通性和私募性投资产品。团队的研究目标是找到市场上最好的投资产品。他们不研究任何我们的银行内部产品，我们也不会通过研究某一金融产品获得任何推介费。我们研究的唯一目的是找到“机构级别”的投资经理，他们有良好的过往业绩，而这些业绩是由他们的团队和投资方式支撑的。

我们应用复杂的研究工具来挑选不同领域的投资经理，比如专门进行全球股票投资的经理，并对各个经理的基金按照最合理的比例投资，以便为我们的客户构建投资组合。在决定每只基金的比重时，我们会应用我们的数学模型，并会考虑每个基金之间的相关性。

我们力求所组建的投资组合在国家配置、行业配置、贝塔值、波动性、持股及换手率等方面比相关指数更合理、更好。

我们也为客户研究并选择最佳的投资工具，比如是投资到某一经理管理的共同基金中，还设立基金专户，不受其他投资人的影响，或选择与少数几位其他投资人所组成的混合账户（Commingled Fund），目的在于为投资人找到最适合且费用最低的投资工具。由于我们管理的财富量很可观，我们会把一些客户的投资款集中在一起（Pooled Funds），统一投资给一名投资经理，这样我们可以同投资经理协商，获取优惠的投资管理费用。

问：请问你们公司内部管理了几只基金，为客户投资到多少外部基金经理管理的基金中，投资的回报如何?

答：我们内部管理两只基金，这两只基金投资到其他基金中。这两只基金的目的是帮助客户对某种投资产品获得更大的分散投资能力。有些基金对最少投资金额的要求比较高，有些客户自己没有足够能力在某一种投资类别中投资多个投资产品而达到分散投资的效果。我们的这两只基金可以帮助解决这些问题。这两只基金中有一只叫做 Porthos，这只基金投资到 15 ~20 名对冲基金经理管理的基金中，他们的投资策略包括多空仓、宏观策略、不良资产投资等。另外一只基金叫做实物资产投资基金，这只基金投资到自然资源及大宗商品相关基金当中，起到对冲通货膨胀风险、分享大宗商品未来回报的作用。

我们的投资平台共挑选了207名外部基金经理，他们的基金包括各类资产类别。由于合规要求，我们不能透露某位基金经理的业绩。

问：你们公司如何选择新的基金经理，通过数据库还是同行推荐？

答：我们内部的研究团队会建立一个基金经理的目录，并作研究。同时我们的客户也会为我们推荐好的基金经理。其他渠道包括参加投资会议及市场上的投资经理数据库。

问：在投资给一个新的基金经理之前，你们公司会考察这位经理多长时间？

答：我们对每位新的基金经理会作全面的尽职调查。至于尽职调查时间的长短，每位基金经理是不同的。影响调查时间的因素包括我们对一位基金经理的兴趣大小，他所管理的基金，他的团队都在一个办公室工作还是有多间办公室，他是美国本土基金经理还是海外管理人，等等。有些时候一个基金管理团队是新成立的，但是他们在之前的基金公司工作时与我们有过合作，那么尽职调查的时间就会短些。针对每位基金经理，我们都会和他进行持续的接触和讨论，进行完整的尽职调查。

对于上面所说的从之前的基金公司分立出来的新基金，尽职调查相对简单，我们主要会审查他们的资金来源，他们是否有能力承担运营费用以及他们的投资工作是否会被设立新基金及招聘员工所干扰。对于一只全新的基金，我们会考察一年左右的时间，并会和他们进行多次会议。

问：当一名基金经理的业绩不够理想时，你们公司通常会给他多少时间来提高业绩？

答：根据我们的经验，我们认为基金的投资业绩是一个拖后指标。基金经理会在业绩变差之前就暴露出问题，而业绩的下滑只是对问题存在的证明。因此，我们非常强调对基金经理持续的监控，通过电话、拜访，以及检查投资组合特性等方式在基金出现问题前发现征兆，并在需要时用更好的基金经理来替换他。

第四节　美国富豪如何投资

前面提到过，家族办公室具备多项职能，但核心是投资。下面我们就来看一看美国的家族办公室如何帮助富豪家族安排投资。

超级富豪家族把大量的资金交给家族办公室投资，理所应当要求优良的投资回报及相关服务。什么是优良的投资回报呢？如果一个家族的要求是投资回报越高越好，那么没有一个家族办公室敢为他服务。优良的回报是指在承担一定风险基础上获取的合理回报，而合理的回报可能是超过相应指数，即大盘的回报，也可能是在通货膨胀及国债回报基础之上有一个超额回报。投资是平衡风险与回报的决策。对美国的富豪家族来说，他们相对更看重投资的安全性。他们通过经营自己的企业赚取大量财富，表明他们擅长发财（Get Rich），当他们把企业卖掉，或从企业的利润拿出部分资金，并交由家族办公室打理时，他们希望能保住家族财富，因为家族办公室擅长的是守财（Stay Rich）。富豪们不期望通过家族办公室的投资赚取超额的回报，而是要求在资金安全的前提下，获取的投资回报可以抵御通货膨胀，保持家人的生活水平，保持家族的财富地位。当我在美国与一些财富管理公司及对冲基金交流时，他们了解一些中国投资人对回报要求很高，总是向我强调：“We are in the business of staying rich, not getting rich（我们的业务是让投资人保持富人的状态，而不是帮他们发财）”。

如果家族办公室的投资业绩不理想或服务不到位，那么投资人会将资金撤走，其总资金管理规模会很快萎缩。超级富豪们要求的服务标准是很高的，因为他们有太多的选择。如何满足他们的投资要求呢？家族办公室有以下几种杀手锏。

首先是规模，包括管理资金的规模和团队的规模。以贝瑟默为例，管理资金逾1000亿美元，员工850人。客户与员工的比例是3:1。当资金量和团队达到一定规模，家族办公室就可以做到Instividual，这个词是机构（Institution）和个人（Individual）混合而成的，是形容家族办公室最准确的一个词。Instividual是形容好的家族办公室既具备像机构投资者一样的投资能力，又有像个人投资者一样的灵活度，是一只会跳舞的大象。几百亿美元甚至上千亿美元的资金规模使家族办公室在投资时有着很强的议价能力。它们作为买方（投资方），可以与卖方（券商等服务机构）议价，获得最优惠的证券交易费用，以及全面的投资研究支持，也可以找到市面上最好的基金，甚至当一只优秀的基金已经关闭对投资人的窗口，不再接受新资金时，要求基金经理特别处理，接受家族办公室的资金。在资本市场上，资金为王，当资金规模够大时，家族办公室可以为客户获取最大的利益、最好的投资机会。这与好的家族办公室可以在演出开始前最后一分钟为客户搞到最佳座位的门票是一个道理。然而，规模是一把双刃剑，当客户多了，是否每个家族都能享受专享服务呢？毕竟家族办公室的卖点之一就是专属性。因此，家族办公室必须有够规模及够专业的团队来匹配资金和客户的规模。只有一个足够低的客户与员工比例，才能保证服务的专属性。

家族办公室投资的另一法宝是资产配置。通过为客户配置相关性较小的资产，使得投资组合在好的年景能够参与市场的上涨，在市场不好时，可以控制亏损程度。只有少数家族由于对某一行业非常熟悉，而选择以风险投资或股权投资的方式较为集中地投资这一行业，大多数家族办公室会通过资产配置而分散投资风险。家族办公室会为家族安排战略性和战术性两种资产配置方案。战略性资产配置是指按照家族长期投资目标、限制以及家族的价值观等而安排的框架性的投资组合方案，比如将多少比例的资金投资于股权性投资、债券性投资、私募投资、大宗商品及房地产等。战术性资产配置是根据市场及不同资产类别的变化，及时作出的调整。

美国家族办公室在作资产配置的时候有两个关键词，一是全球化，二是另类资产。进行全球化并且跨资产类别的资产配置可以在最大的范围内寻找投资机会，并且最大限度地减少投资组合中包含资产的相关性，从而尽可能地降低投资风险。尽管地球越来越平，不同地区的经济相关性在加强，但差异性会一直存在。配置不同地区的投资产品可以确保当某个区域经济发生严重危机时，整个投资组合可以“东方不亮西方亮”。在投资组合中包括另类投资产品也是同样道理。对冲基金及私募股权基金等另类投资既有可能带来更高的回报，又能减少投资组合与大盘的相关性，在市场不好时减少损失。很多海外投资及另类投资机会的投资门槛和费用都比较高，对专业性要求也更高，普通投资人没有能力进行投资。

美国的投资品种繁多，加上金融工程师时有金融创新，设计出新产品，再加上海外投资产品，就是最专业的投资人也难以全面顾及。家族办公室如何能够理解、跟踪并应用这么多不同投资品呢？家族办公室的解决之道是建立开放式平台（Open Architecture）。所谓开放式平台，就是内部管理加外包的混合投资模式。一些研究充分、大家比较熟悉、不容易创造超额回报的投资产品通常由家族办公室内部团队管理，比如美国大盘股和投资级债券。那些需要特殊知识和技能的投资产品，通常是另类投资，基本会由家族办公室团队选择外部投资经理进行投资，比如对冲基金和私募股权基金等。如果想让开放式投资平台发挥作用，那么家族办公室必须有能力甄选不同的外部投资经理，而这正是家族办公室的看家本领。选择基金经理是一项系统化的工作。家族办公室都会有一套自己的选择流程和标准。当一个基金经理出现在家族办公室的雷达上后，家族办公室会对基金经理做一段时间的跟踪及多方面的考察。比如，考察基金的组织结构，是集团公司控股还是基金合伙人控股，考察基金如何分配资源，包括资金、时间及研究人员等，考察员工激励计划等。基金经理的过往投资业绩当然也是考察重点。共同基金要看回报是否跑赢指数；对冲基金要看是否创造了绝对回报，是否有着和大盘很低的相关性，以及最大的阶段损失是多少。此外，还要分析历史业绩的分布性，基金经理主动管理带来的回报，以及基金的业绩与基金规模的关系，是否在基金规模增长后，业绩下降。

除了全面了解过往业绩，还要明白业绩是如何产生的，这样才能确定未来是否能保持这样的业绩。这就需要考察基金过去和现在的投资标的和风格是否有一贯性，基金是否严格遵守投资纪律，比如对杠杆及做空的限制，对持仓集中性及现金比例的要求，以及有关卖出的规定。除此以外，还要对基金管理团队人员作背景调查，对基金的合作伙伴进行了解，等等。

高端访谈：以下是我对李克·凯勒的采访。凯勒先生是第一基金集团（First Foundation）的创始人和主席，曾任加州尔湾市投资委员会主席及加州大学尔湾分校校董。第一基金集团是总部位于加州的一家金融集团，为南加州地区高净值家族提供投资和银行服务，成立于1990年。采访重点是美国高净值家族如何投资，采访时间是2013年8月。

问：第一基金集团的投资顾问是用什么方法帮助客户确定需要的投资回报以及能够承受的投资风险的？

答：我们更多的是帮助客户确定所能承受的投资风险，而不是去确定一个明确的投资回报目标。这样做的原因是，我们的客户大多数已经有了相当的财富，当他们过上了富裕的生活时，他们希望能保持这样的生活方式。他们希望通过投资保持财富，而不是创造财富。当然，也有一些客户需要通过投资来得到足够的退休金，对于这类客户，投资的回报就显得更为重要。我们要确定所需要的投资回报来满足这类客户退休后的花销。

对我们的大多数作平衡投资的客户来说，我们一个大致投资回报目标是每年4%～5%的净回报。所谓净回报，就是去除通货膨胀因素和各种费用的回报。比如，我们为客户投资总的回报是7.5%，通货膨胀是2%，各种费用是1%～1.5%，那么客户的净回报会在4%～5%。客户可以每年提取这些回报产生的现金，作为生活的花销。同时，客户承担的投资风险也是有限的。

问：请问分散投资对于你们的投资策略来说，更多的是为分散投资风险而不是获得更好的回报吧？

答：更多的是对风险的考虑。我们认为保障本金的安全是非常重要的，因此我们会通过分散投资的方式来控制风险。

问：请问你们在与客户探讨投资风险时，通常会用到哪些指标，是波动率（标准方差）吗？

答：首先，我想说的是，在2008年的金融危机中，投资的损失是超过所有人想象的。我们的投资模型里也没有关于股票市场突然下跌近50%的假设。黑天鹅出现了。用统计的术语来说，这是肥尾现象（Fat Tail）。

在风险方面，我们更多关注绝对风险，即向下的风险，而不是波动率（波动率是双向的，既包括向下的波动，也包括向上的波动）。我们只关注向下的这一半波动率。我们在管理投资组合时，会有个大致判断，比如有90%的可能性，我们的投资组合会损失20%以内，但也有10%的可能，我们的投资回报会出现极端的损失，也即所谓的肥尾现象。但如果我们一定要去管理这种小概率的极端风险，我们的投资组合就很难去满足投资人的要求了。因此，投资时，我们还是会以大概率的市场环境为基础，当然，我们会注意在需要时调整我们的投资策略，比如我们了解了一些新的信息，让我们对市场的下行风险有了新的判断。

问：你们是如何帮助客户确定投资组合比例的？

答：我们的投资组合的资产配置比例是由我们的投资决策委员会决定的。投委会只决定比例，不决定具体投资到哪只证券中。当资产配置比例决定后，我们各个投资领域的专业负责小组会去选择具体标的，比如负责股票、债券或房地产的小组。举例来说，如果我们决定一个投资组合中有30%的资金投入美国股票中，那么负责美国股票投资的专业投资经理会去挑选IBM等股票。

我们把投资组合分为五种，即增长型、偏增长型、平衡型、偏收入型及收入型。我们根据每位客户的风险承受能力，为他安排这五种投资组合中的一种。在每种类型里，投委会会根据对市场走势的判断进行调整。举例来说，在一个平衡型的投资组合中，我们规定股票的比重最多是60%，最少是30%，当投委会对市场比较乐观时，股票的配置会接近60%，反之，当投委会对市场较为悲观时，股票配置则会接近30%，而同时我们会把资金作为现金存放，或投资到债券及另类投资产品中。

一个增长型的投资组合，股票最多可以达到75%，而一个收入型的投资组合，股票最多只能有30%。

在投委会决定了一个投资组合的比例后，投资经理会决定某只证券的比重。比如说，当投委会确定了投资股票的比重后，股票投资经理会决定超配或低配某只股票。这个决定来自于投资经理对某一只股票的把握。比如一个投资经理可能会低配一只股票，是因为尽管这只股票的预期回报很高，和投资组合里配比最高的股票回报预期一样高，但投资经理认为它的风险较大。

问：你们在选择不同投资产品时主要考虑什么因素？

答：我们主要考虑估值问题。我们将不同投资产品的估值分为三类，即估值偏低（Under Value）、估值适当（Fairly Valued）和估值过高（Over Valued）。我们认为估值偏低的投资品是较为安全的，因为无论这种投资品种的底部在哪里，低估值的下跌程度应该是最低的。我们会买入不流行的投资品种，等它变成了流行的投资品种后再将它卖掉。

问：你们是如何选择股票和债券的细分投资品类型的（Sub Asset Classes within Stocks and Bonds）？

答：在股票投资中，我们总体会关注蓝筹股，而不太关注股票的细分种类。我们认为，当熊市来临时，不同种类的股票相关性很高，都会一同下跌，不论是价值型还是增长型，大盘股还是小盘股。那个时候的风险主要不是来源于我们投资了什么类型的股票，而是因为整体的股票市场。而固定收益产品的相关性则要低很多，国债、高息债、地方政府债、贷款抵押债券和不良债券等的表现都会不同。因此，在细分类型方面，我们更关注固定收益产品，而不是股票。

问：许多人说资产配置的一个简单公式是将等同于100减去年龄的资金比例投入股票中，剩余的投资到债券中。你同意这种方法吗？

答：我不同意。现在人们的寿命都延长了，活到90多岁的人越来越多了。许多人在退休以后还能有20年或更长的寿命。同时，我们觉得未来5年中债券的回报率可能很低，比如在2%～4%。如果一个人在65岁的年龄，我们不会把他65%的资金投资到债券，因为这不能满足他的花销。

问：股票在你们的投资组合中的作用是获取资本升值吗？

答：我们只投资高分红的股票。我们希望在等待股票升值时也能获取收益。我们比较关注蓝筹股，而不会去投资小盘股。前面说了，我们喜欢估值较低的股票，而小盘股的估值从来没有低到我们喜欢的位置。但是我们过去几年确实错过了投资小盘股的机会，过去几年小盘股表现很好，小盘股收益美国经济反弹的力度比我们想象的要大。如果小盘股对蓝筹股没有一个合理的估值折扣，我们是不会投资的。投资人有时为他们在牛市赚了多少钱而迷失，但真正的胜利者是在熊市能守住财富的人。

问：如果有的投资人追求高回报，也愿意承受高风险，你们会为他们选择这样的投资产品吗？

答：如果有人明确提出这样的要求，我们也可以为他投资高风险高回报的产品。不过，多数情况下，这样的投资者会选择那些更激进的投资管理机构。我们服务的投资人是已经有了财富的投资人，我们帮他们的财富保值，我们做的不是帮客户致富。

问：我注意到你们的股票投资组合有25～35只股票，这是因为你们认为这个区间可以保持分散风险与对每只股票深入研究的平衡吗？

答：是的。比如一个投资组合有20只股票，每只股票占5%的比重，那么如果一只股票下跌20%，整个投资组合因此而下跌的幅度只有1%。另一方面，我们的投资人员需要对每只股票进行充分研究，了解每一只股票。这样当我们投资的一只股票的价格时上涨并达到我们的预期价格时，投资人员可以部分或全部卖掉这只股票。

问：债券在你们的投资组合中的作用是产生现金流和对冲股票的风险吗？

答：是的，主要作用是获取现金流。但是，在投资债券时我们也会关注估值。比如，我们之前卖掉了高息债，我们虽然出手早了点，但目前看来那个决定是正确的，因为后来高息债被大量抛售。

问：你们也会为客户配置国债吗？

答：我们目前不碰国债。国债虽然没有违约风险，但利率风险非常高。如果我们认为美国的经济会按这种慢增长的模式前进，而不会再出现危机，那么债券的违约风险很低，但是利率风险则很大。

问：另类投资产品在你们的投资组合中起什么样的作用？

答：我们喜欢同时产生现金流和具备升值潜力的另类投资产品，比如房地产和MLP（Master Limited Partnership）。MLP是针对石油及天然气领域的投资，可能是美国比较特别的投资产品。对冲基金本身并不是一种投资策略，就像共同基金一样，里面有许多不同的投资策略。我们喜欢既有分红也有升值潜力的对冲基金。我们认为房地产的估值还算合理，虽然已经不便宜了。我个人认为美国地区政府债券还是比较有投资价值的。新兴国家的股票估值也比较低，但也有风险。如果中国的经济增长放缓，会影响新兴国家的经济。

我们认为另类投资是介于股票和债券中间的投资产品，它们的市场风险（Beta）应该是股市的一半。

问：如果美国退出量化宽松并开始升息，房地产会受到冲击吗？

答：我认为即使开始升息，房价还会继续涨，只是房地产板块可能从火热降温到微热。只要房屋出租的净回报率高于贷款利率，房价就有上涨空间。如果贷款利率从3%上升到4%，市场不会垮掉；如果利率上涨到6%~7%，那么市场可能承受不了，不过我们离那种利率水平还有一大段距离。

问：你们在考虑一个客户是否适合投资另类投资产品时，都会考虑什么因素？

答：会考虑投资金额的大小、客户对风险的承受能力以及税务等因素。在美国，许多对冲基金、VC和PE基金都要求投资人的投资规模在500万美元以上。这不是要求投资人对每一只基金的投资达到500万美元，而是每个投资人的总可投资资金。

高端访谈：以下是我对李察·休的采访，他是银冠家族办公室的CEO兼主席，毕业于普林斯顿大学。银冠是美国最知名的家族办公室之一，管理资产约100亿美元，并在纽约证券交易所上市。采访重点是家族办公室的投资策略。采访时间是2013年6月。

问：超高净值家族的投资需求与机构投资人和普通高净值投资者有什么区别？

答：超高净值家族的资产庞大，这导致他们有着比较复杂多样的需求，包括税务规划、针对不同资产的财务报告以及几代人之间的家族关系等。大多数超高净值家族会有一家或几家运营实体公司，在作家族投资决定时，需要考虑这些实体公司。实体公司需要运营资金和资本项目支出，同时，通过运营也会产生现金流。因此，在作投资决策前，我们需要作详细的现金流分析。机构投资者不需要作这方面的考虑。与普通高净值投资人相比，超高净值投资人有着更多的投资选择，包括传统投资品和另类投资产品。一般的投资者无法负担另类投资的管理费用及最低投资额度。另外一种可能是，一般投资者为了分散投资，对每种投资品的投资额都很小，无法做到合理和经济地分散投资。

问：大多数家族办公室采用开放式投资平台（Open Architecture），并将一些投资功能外包，请问家族办公室本身的核心价值是什么？

答：是的，许多财富管理公司采用开放式投资平台来为客户投资。一般来讲像股票和债券这样的传统投资品是由内部团队来进行投资管理的，原因是外部的基金很难满足财富管理公司为客户进行定制投资安排的要求。还有一个原因就是一些传统投资品种，比如固定收益类产品，投资人已经作了充分研究，且市场比较有效，投资经理不容易做到比市场上的其他基金带来更多价值。

但是，对一个财富管理公司来说，为每一种投资品种聘用投资经理是不经济的，还是需要利用外部投资经理。因此，一个财富管理公司的核心技能是资产配置和投资经理的选择。另外，财富管理公司也需要有很强的风险控制、财务回报、税务安排及现金流分析能力。

问：请问你们公司的最低投资金额是多少？

答：我们的客户中，投资金额最低的是500万美元，平均投资额是3200万美元，前50%的客户平均投资额是1.29亿美元。我个人认为，一个家族办公室至少要管理几亿美元的资产才有能力聘用高品质的管理人员及维持运营。

问：请问最近一些年美国超高净值家族的资产配置趋势是怎样的，比如在传统和另类投资品、本土和海外投资品之间的分配？

答：超高净值家族在2008年金融危机后减少了对另类投资产品的投资。这些投资品的管理费用比较高，而且很多这类产品在金融危机期间没有起到保护投资者财富的作用。但我认为另类投资品仍然是资产配置的重要组成部分，而且投资者会重新开始投资另类投资产品。另类投资产品可以使投资者的投资组合具有更好的分散性，而且一些另类投资产品可以提高投资组合的回报率。我们的客户通常将20%左右的资产投到海外，以及20%的资产投资到另类投资产品中。他们的大部分投资还是集中在美国的股票和债券中，而且平均的比例是60%和40%。这样做的原因是他们对这些产品更熟悉一些。我们的投资人没有对海外投资品作大量投资是因为美国有着很大的资本市场，而且市场的流通性很好，回报相对稳定。当然，我们也认为进行海外投资以进一步分散投资组合还是必要的。

问：请问你们是如何为客户建立投资组合的？是利用你们内部建立的投资模型来衡量每种投资品的风险、回报和每种投资品间的关联性吗？

答：是的。我们首先会考虑每个投资人的需要，包括风险承受能力和对回报的要求。当我们选择投资品种时，我们会应用我们内部建立的模型来预估每种投资品的未来回报和风险，以及它们之间的关联性，从而决定每种投资品种的比重。

问：2008 年对所有投资人来说都是极具挑战的一年。请问你们是如何应对挑战，并为你们客户的投资作了怎样的调整？

答：我们不相信资产的技术性配置（Tactical Asset Allocation）。我们资产配置的目标至少是 5 年，通常是 7～10 年；一个市场的周期通常就是7～10 年。在金融危机期间，我们所做的是与客户保持经常性的和高透明度的沟通。我们向他们解释市场上发生了什么事情，以及发生的原因是什么。金融危机后，有些投资品种强烈反弹，我们将这些品种的比重下调，因为我们认为这些品种的回报会回归均值。

问：许多中国的财富家族的投资比较集中，请问您对此有何评论？

答：新近产生的财富在投资时会比较集中。我知道中国的高净值投资人喜欢做一些比较集中的投资，比如房地产。我建议他们关注其他投资产品以更好地分散投资组合。他们在投资前需要了解不同投资品种。另外，如果他们了解现代投资组合理论，那么他们在投资时可以更好地建立投资组合。我们在美国也经历过类似的事情，许多投资人在 20 世纪 90 年代末期集中地投资科技股，但在 2001 年遭到了严重打击。

第五章
回报与激情

投资人怀揣大笔资金在世界各地考察各种各样的投资机会，用放大镜仔细衡量着风险与回报，平衡风险与回报永远是投资的核心。然而，回报绝不局限在金钱上，还包括激情、爱好和虚荣心的满足等。微软的前 CEO 斯蒂夫·包莫在 2014 年曾出价 20 亿美元天价欲购买 NBA 的快船队，据说当有人质疑这个价钱是否太过疯狂时，包莫说他一直梦想拥有一支 NBA 球队，觉得拿出他十分之一的身价来实现这个梦想是值得的。

对投资艺术品、电影和酒庄等的投资人来说，财务方面的回报只是投资需要考虑的因素之一，拥有这些东西带来的快意和满足感才是投资的意义所在。毕竟，财富的意义在于其带来的自由，其中就包括做自己想做的事的自由。

第一节　5800 万美元的“气球狗”——艺术品投资

艺术品与投资关系密切，不仅因为艺术品本身就是一种投资产品，还因为美国许多成功的投资人对艺术品收藏情有独钟。摩根（J. P. Morgan）似乎开创了华尔街收藏艺术品的传统。根据纽约大都会美术馆的记载，摩根当年总的财富相当于今天的 9 亿美元。在生命的最后 20 年里，他把 2/3 的财富投到了艺术品收藏中。在他死后，他的儿子把他的大部分藏品捐给了纽约大都会美术馆。今天投资圈的大亨们对艺术品收藏的热情丝毫未减。肯·格里芬（Ken Griffin）是城堡基金（Citadel LLC）的创始人。城堡基金位于芝加哥，是美国乃至全球最大的对冲基金管理公司之一。格里芬的身价在数十亿美元。在2004年，格里芬被艺术新闻杂志评为全球最活跃的十名艺术收藏家之一。在2006年，格里芬斥资8000万美元购买了一幅美国当代画家杰斯帕·琼斯（Jasper Jones）的画作。另一位对冲基金界的头面人物朱利安·罗伯森（Julian Roberson）是美国著名的对冲基金老虎基金的创始人，他的收藏包括毕加索、马蒂斯、高更及蒙德里安等人的画作。2009年，罗伯森将15幅作品捐给了新西兰的一家美术馆。在创立老虎基金前，罗伯森曾在新西兰"隐居"了一段时间。另一位金融界的大藏家是托米森·希尔（Tomilson Hill），他是黑石集团旗下一家资产管理公司的CEO。他的收藏以文艺复兴时期的青铜器为主，也包括弗朗西斯·培根等画家的作品。他是纽约著名的林肯艺术中心剧院的主席，也是大都会美术馆的董事。金融界藏家的名单还很长，这里就不一一介绍了。

在艺术品收藏方面，好莱坞的明星与华尔街的金融家遥相呼应。据说Jay－Z和碧昂斯（Beyonce）夫妇的壁炉上面挂着安迪·沃霍尔的作品；莱昂纳多·迪卡普里奥收藏了达利（Dali）的作品；麦当娜的收藏价值上亿美元，包括毕加索及曼·瑞（Man Ray）等大师的作品。其他的藏家还有布拉德·皮特及强尼·德普等。

如前所述，美国人对艺术品的追求是从"镀金时代"开始的。那个时候美国富裕了，人们把对欧洲艺术品的迷恋转化为占有。在19世纪末，蒸汽船出现，将欧美之间的航程大大缩短，更方便了美国人去欧洲购买艺术品。欧洲名画买得越来越多了，得有个像样的地方展出，于是大都会等美术馆出现了，美国人可以不出国就欣赏欧洲大师作品了。到了第二次世界大战后，美国终于出现了知名的本土画派及画家，比如抽象表现主义的波洛克和波普艺术的安迪·沃霍尔，世界艺术的中心也从巴黎变成了纽约。

艺术品的投资价值

艺术品的特别之处在于它同时具有精神层面和物质层面的价值。它不是普通的投资品，许多购买艺术品的人是为了收藏，是出于对艺术的喜爱。但是，艺术品又确实具备投资价值，并在近些年被投资人划分为一种特殊的资产类别。

看了前面的章节，读者应该意识到美国投资人非常善于为各种投资产品作出相应的指数，以衡量这种投资品的回报及风险，同时作为检验投资这类产品的基金业绩的参照物。艺术品既然成了投资类别之一，自然会有专家为它制作指数。美国艺术品投资指数比较有名的包括纽约大学商学院的梅建平教授和同事一起建立的“梅摩艺术指数”（Mei and Moses Art Index），此指数体现了过去 50 年艺术品投资的回报与风险。摩根大通在 2012 年作了一个很有意思的研究，比较了“梅摩指数”与其他资产类别的表现。在截至 2012 年的 50 年当中，以“梅摩指数”为代表的艺术品投资的平均年回报率是 8.2%，低于以标普 500 为代表的美国股市的 9.8%。但在过去的 10 年和 15 年中，艺术品投资的回报则高于美国股市。艺术品投资与股市的相关性较低，而美国的股市在 2002 年和 2008 年经历了两次重创，给了艺术品投资超过股市的机会，艺术品类别来说，战后当代艺术品的投资回报要远远高于印象派作品。从 1998 年到 2012 年，当代艺术品累计回报超过 5 倍，而印象派作品只有 1 倍多。另外报告也指出，艺术品投资也可抵御通货膨胀；从 1973 年到 2012 年，艺术品投资在通货膨胀上升时的表现都不错。

根据梅健平教授自己的研究，将艺术品添加到投资组合中，可以降低投资组合的风险。在一个由股票、债券、黄金和现金组成的投资组合里，如果加上艺术品投资，那么投资组合的风险（波动率）则由 10% 下降到 7%。当然，也有研究表明艺术品投资的回报与风险比率被高估了，实际情况比股票要差不少。针对每种投资类别，历来会有不同的统计口径和结果，投资人可以多参考。

不论从哪份研究来看，艺术品投资的回报顶多和股票相仿，只有加上给收藏家带来的源自欣赏和拥有的满足感，才更能体现艺术品投资的价值。单纯地将艺术品作为投资品未必会给投资人带来满意的回报，但如果投资人喜爱艺术，愿意收藏艺术，那么他得到的回报是不能简单地用数字来衡量的。

艺术品投资市场的生态系统

当今的艺术品投资市场已经形成了完整的生态系统，参与者包括艺术家、画廊、拍卖行、收藏家和评论家等。

目前受追捧的艺术家很多属于当代艺术范畴，他们当中有许多是美国人。对于这一现象，后面的采访中专家给出了解释。杰夫·昆斯（Jeff Koons）就是一位十分受瞩目的美国当代艺术家。昆斯有着一种化平凡为神奇的能力。他的许多作品看起来像儿童游乐场外面卖的用气球编成的动物，只不过这些作品是用不锈钢制作的，并且表面做了镜面处理。在2013年，他的作品“气球狗”就在纽约拍出了5800万美元，使他成为最昂贵的在世艺术家。我们如果想欣赏昆斯的作品倒是很方便，因为美国驻华使馆的院子里就摆放着昆斯的作品“郁金香”，是昆斯租借给美国使馆的。昆斯在曼哈顿切尔西区的工作室里有数十位助手，把他的想法制作成作品。从现代艺术到当代艺术，创意已经成为艺术品价值的核心，而技法只是为了准确地体现创意。昆斯属于艺术家中的蓝筹股，已经确立了市场地位，还有一些新出道的艺术家（Emerging Artists），投资他们的作品更像风险投资，风险与潜在回报都很大。

画廊是展出和销售艺术家作品的场所。一个新兴艺术家如果能和一家有实力的画廊合作，他在市场上的知名度就有可能快速提升，一起提升的则是艺术家作品的售价。美国画廊高古轩是目前世界上实力最强的画廊之一，画廊以创始人高古轩命名。高古轩从加州大学洛杉矶分校毕业后，曾经在校园旁边开了一家卖招贴画的小店，后来开始经营印刷艺术品。今天的高古轩一共有11家画廊，遍布欧美及中国香港。高古轩展出的画作来自杰夫·昆斯、安迪·沃霍尔及杰斯帕·琼斯等当代大家。中国画家曾梵志的作品也在高古轩展出过。纽约曼哈顿的切尔西区有几百家画廊，是目前世界上最有影响力的画廊大本营之一。投资人和艺术家都要选择适合自己的画廊，这就像公司上市一样，要选择与公司规模、行业等相匹配的投行，而不是一味追求华尔街知名大行，大行是不会为小公司安排上市的。投资者如果喜欢小盘股，也要和专注小型公司的投行多接触。艺术品投资也是一个道理。需要提醒大家的是，画廊对游客的态度是绝对没有第五大道名店街的服务员热情的。

在艺术投资市场的生态系统里，拍卖行无疑得到了最多的曝光，尤其是两大巨头苏富比和佳士得，它们就像饮料领域的可口可乐和百事可乐，是其他对手不可企及的。这两家公司都成立于英国，但目前都在美国有许多业务。苏富比更是将总部搬到了纽约。这两家历史悠久的拍卖行合在一起占据了当今高端艺术拍卖约80%的市场份额。在2014年的纽约春拍中，佳士得和苏富比分别拍出了7.45亿美元和3.37亿美元。艺术投资人和藏家可以从拍卖结果中获取有价值的市场信息。此次春拍中受追捧的仍然是我们熟悉的当代艺术家，包括杰夫·昆斯、安迪·沃霍尔和格哈德·里克特等。如果哪名新兴艺术家的作品能被两大拍卖行拍卖，那么就说明他已经有一定的市场地位了。

在这两家巨无霸之后，还有一个比较遥远的第三名，也会时常露面，它就是菲利普斯拍卖行，也是来自英国。在前面谈到的2014年纽约春拍中，菲利普斯的战绩是1.46亿美元。

说起菲利普斯，必须讲一讲法国"二诺"的恩怨。"二诺"中的阿诺（Bernard Arnault）是LVMH（路易威登）集团的老板，而皮诺（Francois Pinault）则拥有PPR（Gucci）集团。二人是法国最富有的人，又都是顶级当代艺术品藏家，但却绝对不是朋友，他们曾在1999年收购Gucci的争夺战中闹上法庭。皮诺在1998年入主佳士得，阿诺在次年计划收购苏富比，但未果。心有不甘的阿诺于是收购了另一家拍卖行菲利普斯，并计划将它打造成能与佳士得和苏富比分庭抗礼的第三极。为了快速抢占市场份额，阿诺在收购菲利普斯后，向卖家提供高额担保，保证拍卖的最低总金额。此举虽然为菲利普斯抢到了一些生意，但也是一招险棋。在一次拍卖中，最低担保导致了约8000万美元的损失。在2001年，菲利普斯为整个LVMH集团带来了约1.5亿美元的损失。无奈的阿诺在2002年将菲利普斯出手。《经济学人》杂志把阿诺打造菲利普斯的失败称为"昂贵的错误"。

有兴趣参与拍卖者可以从各拍卖行网站找到拍卖会安排以及电子版拍卖会手册，另外还可以参加拍卖前展览（Pre - Sale Exhibition）。在注册之后，参与者有几种方式参与竞拍，包括现场竞拍、电话竞拍和网上竞拍等。拍卖行也提供融资和储存等相关服务。

除了拍卖，拍卖行也越来越多地安排私人交易（Private Sales）。目前私人交易占拍卖行总销售的15%左右，并还在增长。促成私人交易本来是经纪人和画廊的业务范畴，但为了增加业务量以及培养与艺术品藏家和投资人的关系，拍卖行近些年也加大对这块业务的拓展力度，这也增加了艺术品经纪人和画廊的生存压力。谈到这一现象，英国一位艺术品经纪人是这样描述的："在以前，画廊是艺术潮流的领导者，美术馆是学者去的地方，而拍卖行是负责清仓甩卖的。"潜台词是，拍卖行财大气粗，网络遍布全球。拍卖行进军私人交易市场，实在令许多画廊难以招架。对于卖家来说，私人交易的好处主要有两点，一是交易过程私密，二是在交易过程中可以得到更多的关注。

如何参与艺术品投资

对于投资人来说，投资艺术品主要有两种方式，即直接投资和间接投资。这和投资其他资产类别，比如房地产和股票是一样的。直接投资就是投资人买下一件艺术品，对这件艺术品有百分之百的所有权，然后在适当的时机出手套现。间接投资是指投资人投资到艺术品基金当中，拥有基金的一定份额，而不直接拥有艺术品。

艺术品与其他资产类别的不同之处就在于它不只具有投资价值，还具备欣赏价值。直接投资的好处就是可以体现艺术品的欣赏价值。用收藏的艺术品装饰自己的别墅，每天安安静静地花上15分钟端详它，与它交流，感受它的存在，这些对收藏家有着不同寻常的意义。另外就是买主掌控着艺术品的出手时机，可以在任何时候联系经纪人或拍卖行把艺术品卖出，而基金是有锁定期的，投资人不能说退就退。当然，对投资人来说，直接投资在时间、精力及专业知识方面的要求都更高一些。初涉艺术品的投资人可以聘请艺术品投资顾问进行辅导，并多参与艺术节、拍卖会及画廊组织的展览，同时也要多和有经验的投资人及收藏家交流心得。

随着近些年投资人对艺术品作为一类资产类别的认可，艺术品基金得到了较多的关注。艺术品基金的结构通常与PE股权基金的类似，采取合伙制、封闭结构并有固定的期限。艺术品基金的卖点包括专业的投资团队、对交易信息的掌控、对艺术品专业化的储存管理及出售渠道等。投资艺术品基金可以免去直接投资中许多投资人要处理的烦琐环节，但艺术品基金投资艺术品不是为了拥有，而是为了出手，因此，艺术品的欣赏价值就消失了，艺术品变成了纯粹的资产类别，而投资艺术品的目的是单纯地为投资人带来回报和分散投资组合风险。艺术品基金的规模仍然较小，根据英国的市场研究公司 ArtTactic 的调研，2012 年全球投资到艺术品基金的资金只有 4.82 亿美元，而全球艺术品总体交易额为 500 多亿美元。艺术品基金目前尚难吸引到养老基金及信托等机构投资人的认可，因此募资规模通常有限。目前全球最大的艺术品投资基金管理公司是伦敦的 Fine Art Group，它的管理人原来是佳士得财务方面的高管，目前旗下基金规模在 2 亿 ~3 亿美元。

艺术品的直接投资与间接投资适合不同的投资人和收藏家。选择哪种方式首先要清楚自己的要求和偏好，其次要了解这两种投资方式的各自特点。

高端访谈：以下是我对约翰·古德的采访。古德先生是佳士得纽约的董事。加盟佳士得之前，古德先生曾在高古轩工作多年。采访主题是艺术品投资。采访时间是 2014 年 3 月。

采访内容之一：关于艺术市场

问：目前国际艺术投资市场占主流的艺术品是哪一类，是古典大师作品（Old Masters）、印象派作品（Impressionism），还是当代艺术家作品（Contemporary Art）？是什么原因使这种艺术品成为市场的主流？

答：当代艺术（1945 年至今）是目前艺术品市场的主流，主要是因为当代艺术品充足的供应量。在今天，大多数高质量的古典大师和印象派的作品被美术馆珍藏，剩下的作品也很少在市场上销售，不足以支撑和发展一个市场，市场上能见到的古典大师和印象派作品大多数是二流作品。相反，当代艺术品的供应则相对充足。市场的发展需要足够的作品去支撑，当代艺术品市场不乏像罗斯科（Rothko）、安迪沃霍尔（Andy Warhol）和里克特（Richter）等知名艺术家的作品。

问：据我了解，美国“镀金时代”的收藏家购买了大批欧洲古典大师的作品，20 世纪 80 年代的收藏家购买许多印象派大师作品。到今天，当代艺术家作品成为市场主流。这样的变化除了因为市场上艺术品的供应外，是否也与收藏家的偏好有关？

答：是的，与这两个因素都有关系。

问：您能否描述一下当今艺术品市场的结构，比如拍卖行、艺术品经纪人、收藏家和艺术家各自的角色。另外，也请解释一下艺术品的一级和二级市场。

答：所谓一级和二级市场其实是很简单的概念。一级市场交易的是“新”艺术品，即之前没有被交易过的作品。二级市场上的艺术品是被交易过的作品，除了创作这幅作品的艺术家外，它至少还有过一个别的主人。艺术品市场有着自己独特的生态环境，每个参与者都在支持并影响着其他参与者。当代画廊主要参与一级市场，特别是在画廊安排的展览中，主要作品都是它们所代表的艺术家的新作。拍卖行参与二级市场，收藏家则在画廊和拍卖行购买艺术品。拍卖行是整个艺术品市场的重要组成部分，因为只有拍卖行会公布艺术品的成交价。私下艺术品交易的价格很难被确认。纽约画廊举办的画展就像一个公司股票的 IPO，当然，画展上展出的艺术品总是会优先推荐给画廊的老顾客。拍卖则面对大众，每个人都可以参与，艺术品被售予出价最高者。

问：哪一个艺术品市场是当今世界最主要的市场，是纽约还是伦敦？它们各自有什么特点？这两个市场为什么会取代曾经的艺术中心，比如巴黎？除了纽约和伦敦，还有哪些新形成的艺术中心？

答：纽约目前仍然是当代艺术的中心，伦敦也很具有竞争力。这两个城市，特别是纽约，没有关于艺术品交易的繁重税收和限制。美国崇尚开放的市场、限制较少的市场，而艺术品市场是当今世界上规定和限制最少的主要交易市场。巴黎在第二次世界大战前是世界现代艺术中心，当时世界上大多数主要艺术家聚集到巴黎，比如马蒂斯和毕加索，大家在那里创作并交换想法。后来，由于希特勒和纳粹的兴起，许多艺术家在 20 世纪三四十年代逃离欧洲并来到新大陆，尤其是纽约。今天我们所处的时代，是一个可以实时交流并交换信息的时代，艺术的世界也不像以前那样集中在某个城市了。新兴的艺术之都包括洛杉矶和柏林，这两个城市吸引了大批青年艺术家，并成立了大批画廊。

问：哪个美术馆是当今世界最主要的当代艺术品美术馆，是纽约的现代美术馆（MoMA）、古根海姆（Guggenheim），还是伦敦的泰特美术馆?

答：纽约现代美术馆有着世界上最全的现代艺术品收藏。泰特似乎举办了更具活力的展览。两个可以说是平分秋色，但我还是觉得纽约现代美术馆更好一些。

问：许多重要的当代艺术家都是美国人，比如沃霍尔（Andy Warhol）、罗斯科（Mark Rothko）、德库宁（William De Kooning）、加斯帕·琼斯（Jasper Jones）、杰夫·昆斯等（Jeff Koons），而不是来自传统盛产艺术家的国度，比如法国和意大利，这是什么原因呢?

答：在谈到艺术史时，人们有一种说法：希特勒摇了摇大树，苹果落到了美国。要知道德库宁出生在荷兰，在年轻时来到美国。另外，其他一些和德库宁同时代的艺术家也是在其他国家出生，后来来到美国发展，比如罗斯科、高尔基和纽曼等人。在美国，他们遇到了美国本土艺术家，比如杰克逊、波洛克。罗斯福在任时成立的公共事业振兴署（WPA）为艺术家、作家和其他有技术的失业人士提供工作，也推动了欧美两地艺术家的交流，从而产生了伟大的美国艺术运动：抽象表现主义。这个艺术运动在初期没有很快被市场接受，但美国的艺术评论家和美术馆的解说却接受了这种带有美国色彩的艺术形式：大气，大胆，反映了美国国土的宽广及人民思想的自由和开放。

问：我曾在纽约的高古轩画廊看到了中国当代艺术家曾梵志的作品，请谈谈您对当代中国艺术家的看法。

答：曾梵志是一位出色的艺术家，他以独特的视角将东西方文化的感觉融于一体。艾未未是一位有争议也很优秀的中国艺术家，他在坚守自己文化的同时超越了传统。中国的当代艺术家既需要强大的本土市场的支持，也需要通过在国际画廊举办画展来进行推广。

问：当代艺术品是如何估价的？经纪人的艺术品出售价格是参考同一

画家拍卖的价格并作折扣吗?

答:画廊对于所出售新艺术品是艺术家和经纪人共同商量定价的。定价时要考虑到画展时收藏家所表现出的兴趣,以及之前相关艺术品拍卖的价格。在二级市场出售艺术品时,价格由卖主与代表卖主的经纪人商定。与前面提到的一样,定价过程中要考虑对作品的需求、相关拍卖价格,以及经纪人能了解到的任何相关私人交易的信息。私人交易信息非常难以确证,这更凸显了拍卖价格的市场指导价值。对于有着良好交易市场的艺术家,比如格哈德·里克特(Gerhard Richter),他的新作品定价会是在预估的拍卖价格上打一个折扣。负责任的经纪人会努力为艺术家创造一个交易市场,并维持交易量。最好的情况是一级市场的销售价格低于后续交易价格,否则的话,如果后续拍卖价格低于一级市场价格,就会使艺术家作品显得有贬值的趋势。

采访内容之二:关于艺术品收藏与投资

问:艺术品收藏与投资有什么区别?

答:艺术品收藏通常从爱好开始,但当收藏的艺术品升值了,爱好就变成投资了。价格越低的艺术品,投资风险越大。投资成名艺术家的作品,比如毕加索或沃霍尔的作品,可以大大减低投资风险。

问:如何开始收藏及投资艺术品?

答:学习收藏的最好的方法就是开始收藏。了解艺术品市场的一个很好的方式是选择几个你所喜爱的知名艺术家,并持续关注他们作品的拍卖成交价。佳士得拍卖行的网站有许多有价值的拍卖信息。初学者可以根据自己的预算及心理承受能力,开始收藏艺术品,并且和艺术品一起“生活”。在开始阶段可以通过收藏价格相对较低的大师的版画、素描和纸上作品来理解艺术家的作品;同时,也可以考虑年轻艺术家的纸上作品。当你对艺术品市场有了更多的了解,有了更多的知识,并且知道自己真正想要什么样的作品,就可以开始收藏价格更高的作品了。

问:约克大学教授,《价值一千两百万的鲨鱼》一书的作者,唐·托马森说过,在当代艺术世界里,品牌可以代替认真严肃的判断。请问你认为品牌和判断的关系是什么?

答：品牌是消费文化中市场运作的重要部分，对艺术品市场也一样，但不能把品牌和判断相混淆。认真严肃的判断需要对艺术的观察、对艺术的学习以及对收藏作出知情选择。品牌不能代替研究。

问：收藏家的动力来自哪里，是对艺术的热情，还是对品位及购买力的一种展示？

答：每一位收藏家都有不同的动力，但我认为每一位真正的收藏家都对艺术有热情，并且能够欣赏艺术品。当人们对某件事情有热情的时候，他们会学得很快。有些人确实用收藏来展现他们的社会地位，但当他们这样做时，他们也正是在装饰他们的家或办公室。真正的收藏家是非常活跃的，尽量多地学习艺术，并且不断地调整、提升及扩大他们的收藏。

问：请问你对艺术品基金的观点是什么？

答：艺术可以作为投资，但应该是长线投资，而基金通常来说比较短期。“购买并持有”是投资艺术的最佳方式，这会带来最大的收益，但有如此耐心的基金是不多的。

问：对入门级收藏者来说，他们应该从新兴艺术家还是成名艺术家的作品开始？

答：都要考虑！艺术品收藏就像建立一个股票池，需要同时包括蓝筹股（成名艺术家作品）和新兴艺术家作品。沃霍尔是过去50年最具影响力的艺术家，每个人应该至少收藏一件他的作品。同时，收藏者也要关注并理解当代艺术家。在沃霍尔和当代艺术家之间，还有一批受到沃霍尔影响的艺术家，比如杰夫·昆斯、村上隆和达米安·赫斯特等。收藏者要了解这三组艺术家并选择自己喜欢的作品。

问：沃霍尔曾形容自己“肤浅得很深刻”（Deeply Superficial Person），我觉得这也是对他作品的诠释。请问你对他有什么样的评价？

答：沃霍尔是一个天才，他的作品预言了一个被媒体占领的世界。他理解一个图像的力量，特别是当图像被重复排列的时候。他的作品不仅美丽，而且深刻。

第二节　是娱乐更是商业——电影投资

《阿凡达》、《泰坦尼克号》、《复仇者联盟》、《冰雪奇缘》，这些电影有什么共同点呢？首先，它们都是中国观众熟悉的美国大片；其次，它们都是世界上票房收入最高的电影。《阿凡达》和《泰坦尼克号》的收入都在20亿美元以上，《复仇者联盟》和《冰雪奇缘》的收入都在12亿美元以上。据估算，《阿凡达》的利润在12亿美元以上。从投资回报来看，一些小成本制作电影的收入可达到数十倍甚至上百倍。一些成功影片更是获得了票房和评奖的双丰收。比如获得第83届奥斯卡最佳影片的《国王的演讲》的收入接近2亿美元，投资回报率超过12倍。如果投资人参与了一部成功的电影，他不仅可以收获财务的回报，还可以收获其他投资不能带来的名誉和快乐，这就是电影的魅力。在给大家带来欢乐和话题的同时还能赚个盆满钵满，这就是电影吸引投资人的原因。但是，投资者永远都不能忽视月亮的另一面，仅2010年以来，美国就有多部电影投资亏损逾1亿美元。美国投资人把电影投资叫做“hit business”。投资的电影一炮而红，投资人就像打了本垒打；电影被市场否定，投资人就落得出局的下场。

电影是娱乐更是生意，而做生意就需要资金。就像硅谷的成功离不开美国发达的风险投资市场、有利于科技公司的上市制度以及强大的二级市场支持，好莱坞的地位也离不开美国成熟的电影融资体系。

电影融资的手段和房地产项目有类似之处，都包括股权、债权及预售等，但电影融资中特别的一项是政府税收补贴。在销售方面，电影包括国内和国际两部分，同时也包括院线和衍生品部分。投资人（包括股权和债券投资人）投资给制片方，后者将电影拍摄完毕后通过代理在国内及国际院线发行，并将授权出售给电视台、有线电视及网络等播出渠道。在电影产生收入后，制片方将资金按条款返还投资人，完成整个流程。下面我们来仔细看一看电影的融资方式和收入来源。

电影的融资手段有五种，分别是优先级贷款（Senior Loan）、空缺贷款（Gap Loan）、过桥贷款（Bridge Loan）、退税补贴贷款（Tax Secured Loan）

四种贷款融资以及股权融资。

优先级贷款是以影片预售为抵押物的银行贷款。在电影拍摄结束之前，不同地区的海外发行商会预先承诺各地区的电影发行额，比如德国的发行商会承诺德国境内的电影发行最低票房收入，这就叫做预售。这些承诺是根据电影的剧本、明星及各地的市场分析等作出来的。片方与发行方的预售合同虽然有法律效力，但发行方在电影拍摄完成之前是不会将真金白银交给片方的。为了将预售变现，片方会将预售合同交给银行作为抵押，获得贷款。银行在作贷款评估时，会参考权威代理对每个预售市场作出的价值分析。提供预售贷款的银行在债权人中有最先还款顺位，因此预售贷款也称优先级贷款。

代理也会为没有进行预售的区域（Unsold Territory）作一个市场价值评估，片方会以此为基础去借空缺贷款。提供空缺贷款的投资人顺位排在提供预售贷款的银行之后，风险也更大一些，因此，投资人会要求一个较高的债务覆盖率（Coverage Ratio），比如要求市场估值比贷款额高出50%，从而达到150%的债务覆盖率，以保证贷款安全性。即使电影在这些区域的票房比代理的预期少50%，片方还是有能力还款的。

银行贷款要经过申请、审批及放款等环节，而每个环节都需要时间。然而，片方没有时间等待，因为演员是不会为一个影片安排长时间空档期的。如何在银行放款前就能拿到启动资金呢？这就要求助过桥贷款了。过桥贷款，顾名思义，是一种短期贷款，通常期限为数个月。片方用过桥资金开始影片的拍摄，在拿到银行贷款时将过桥贷款还掉。

许多地方和国家政府为了促进电影业的发展而给片方税收优惠，比如退税等，但有时这些税收方面的奖励资金是不会在前期给予片方的。为了尽早拿到现金，片方也会利用政府承诺的税务奖励作为担保，向贷款人借用资金。

在借款之前，片方需要找到股权投资人，和所有的项目融资一样，没有人会把钱借给不出本金的项目方。同时，如果项目方本金比较充裕，就可以适当减少预售比例，毕竟影片拍摄完毕后的价值要高于预售时的价值。

从投资人的角度看，第一顺位的贷款人风险最小，获得的利息也最少，其他的贷款人承受的风险都大于优先贷款人，因此也顺理成章地获得更高的回报。股权投资人排在所有贷款人之后收回自己的投资本金及回报，风险最大，但潜在的收益也最大。电影投资的股权结构再次体现了风险与回报的关系，同时也体现了时间即是金钱。

投资一部电影的风险很大，经常会有投资人血本无归。那么投资人如何规避投资电影的风险呢？首先是可以选择不同的投资方式，贷款类的投资风险相对较小，股权类投资则有高风险高回报的特性，投资人如果有着较小的风险偏好，则适于参与债权投资。其次就是分散风险，这与其他任何投资都是一个道理。投资人可以选择以基金的方式参与电影投资。基金通常会投资一系列影片，以规避投资单一电影全军覆没的风险。

中美两国在电影投资方面有很大的合作空间。中国有着潜力无限的电影市场，也有着许多有意参与娱乐业的投资人，而美国有着成熟的电影行业和在某些方面领先的理念和技术。双方的合作也许会产生出下一部《阿凡达》。

高端访谈：以下是我对好莱坞影视律师西蒙·豪斯曼的采访。豪斯曼在2014年募集成立了自己的电影投资基金，合伙人是乔治·索罗斯的侄子杰夫·索罗斯。采访话题是电影投融资。采访时间是2014年3月。

采访内容之一：关于美国的电影产业

问：好莱坞为何能拍出这么多成功的电影?

答：我想说好莱坞也可以很不成功。电影行业是一个“全垒打行业”(Hit Business)，你需要打出全垒打，需要拍出好的影片，一部票房表现好的影片可以使你非常成功。好莱坞也经常拍出不好的电影，不论由谁主导，拍出的电影票房都可能会很糟，都可能会赔上几千万美元。

按大体来分，好莱坞的电影可分为两类，一类叫做大制片公司电影(Studio Films)，另一类叫做独立制作电影（Independent Films)。对于前一类电影，通常大制片公司会负责电影拍摄及制作的费用，并安排发行渠道，当然也有例外。对于后一类电影，由于电影制作方没有大制片公司的财力，因此需要在拍摄之前就开始将全球不同市场的电影放映权卖给发行商，来为电影融资。相对来说，独立制作电影的风险比大制片公司电影大，且利润较少，因为独立制作方没有大制片公司的分销渠道。不过如果操作得好，独立制片电影也可以获得很大的成功，在这方面也有很多案例。

问：目前网络、手机等媒体会对传统影院造成很大冲击吗？

答：我认为这些新媒体使得内容的供应量、提供内容的人以及人们接触内容的渠道都比以往大大提高了。虽然院线都尽力把电影观赏的方式限制在影院内，但人们欣赏影视相关内容的方式、时间，以及每次持续的时间都在发生变化。尽管如此，电影院线票房的表现还是不错的。全球新兴市场对好莱坞电影、英语电影的需求还是很强的。以中国为例，尽管目前中国还有进口电影的配额限制，但已经是全球第二大电影市场。我看到报告，中国在2020年就会超过美国，成为全球第一大电影市场。因此尽管当今时代新形式的内容越来越多，然而新的市场也越来越多。我个人相信，还是有许多人会喜欢花上两个小时的时间，在电影院里边吃爆米花，边通过大屏幕欣赏电影。人们对不同形式的内容选择多了，会使人们在总体上花更多的时间去观看这些内容。

我们再来看看电视行业的发展。现在一些电视台制作的节目质量是很高的，比如HBO等。我认为从《黑道家族》（*The Sopranos*）开始，电视台推出了高质量的连续剧。现在的情况是，每个时期都可能有三四部好的电视剧在播映，人们对这些节目热情很高。曾经有人认为看电视的人会越来越少，可现在仍有许多人在看；现在有人认为新媒体会对电影业有影响，或许我们可以通过电视行业的发展得到一些启示。

采访内容之二：关于电影的融资和投资

问：请问好莱坞拍摄电影的筹资方式是什么？

答：基本上有两种不同方式，还有一种介于两种之间的混合方式。第一种是大制片公司方式，它们通常出资拍片。但在过去10年左右的时间，大制片公司也开始接受一些基金，由投资公司或娱乐公司出资来共同拍摄影片（Co Produce），这就是所谓的混合方式。Relativity Media 就参与了很多合拍片，它们和索尼以及环球的大制片公司共同拍了许多电影。我想它们的思路是，找到历史业绩优秀的大型制片公司为它们提供资金，来共同拍摄一系列电影。其他共同出资合拍的例子还有梅尔斯（Melrose）和派拉蒙（Paramount）的合作，沙丘（Dune）和福克斯（Fox）的合作等。另外一种方式就是独立制作的筹资方式了。独立制作方会用预售（Presale）和政府的退税（Tax Rebate）作为抵押，从商业银行获取贷款。我这里要说明一下，大制片公司也会利用政府的退税补贴。举例来说，制片公司可能会去路易斯安纳州拍片，而不是在加州，因为制片公司可以从路易斯安纳州获得退税补贴，总数可能会占到制作总成本的20%～25%。

另外一个重要方式就是预售。在拍电影之前，会通过代理在各地预售电影的放映权。代理会在法国电影节、在多伦多、在美国等地与各个国家和地区的代理见面以促成预售。它们在看到电影的脚本、导演及团队之后，担保最低销售额。比如一部电影总制作成本是2000万美元，可能英国的代理会承诺150万美元，德国承诺200万美元，法国承诺170万美元，等等。然后独立制片人会带着这些预售合同去找作娱乐行业贷款的商业银行，它们会在这些合同金额的基础上打一个折扣，然后独立制片人提供贷款。

现在我们再来算一算账，假设政府给的退税补贴占总制作成本的20%，预售贷款占到30%，那么独立制片人还需要另外50%的制作成本。独立制片人有几个渠道来获取剩下50%的资金。独立制片人首先可以获得大约15%的空缺贷款（Gap Financing），然后独立制片人会寻找股权投资人。股权投资人的风险最大，但潜在收益也很大。由于存在的风险，独立制片人寻找股权投资人是很困难的。

问：美国为电影制作提供贷款的银行有哪些?

答：摩根大通（JPMorgan）是最主要的一家，此外，美洲银行（Bank of America）、花旗银行（Citi Bank）、联合银行（Union Bank）、渣打银行（Standard Charted Bank）等都曾为电影作过贷款。但像摩根大通这样的银行，基本不会只为一部电影提供贷款，而是会和历史业绩良好的大制片公司合作，为这家公司提供一系列电影的贷款。另外一些小型银行会为单独一部电影提供贷款，这些银行会花时间研究一部电影的预售情况及政府退税补贴等。还有一类是非银行机构，它们会提供“超空缺贷款”（super gap financing），贷款顺位排在空缺贷款人之后，它们收的利息会高一些，有点像夹层融资。

问：目前美国电影贷款的利率是多少，与房地产项目的利率接近吗?

答：电影和房地产项目的融资成本是类似的。因为电影的贷款也是有抵押物的，包括预售和州政府的退税补贴。后者的风险实际上是州政府信誉，所以风险不是很大。但到了第二级贷款，即空缺贷款，成本就比较高了，可以达到15%左右。

问：制片方、发行商和影院是怎么分账的?

答：总的票房有将近一半会由院线获得，剩下的会先分到发行商那里。发行商通常要承担不小的宣传成本（P&A，Print and Advertising）。比如一部制作成本为2000万美元的电影，宣传费用可能也会达到2000万美元。发行商如果向制作方作出最低销售保证（Minimum Guarantee），它可以获得高一些的分账比例，比如30%，因为它为制作方承担了部分风险。如果没有最低承诺，那么发行商获得的分账比例可能会低到15%。最低承诺对独立制片人来说尤其重要。发行商获得自己应得到的一部分后，制作方获得剩下的款项，但还需要与投资人、演员及导演等分账。

问：请问美国本土市场和海外市场的销售比例如何?

答：我不确定具体的数字，但海外市场变得越发重要，比如中国市场，目前海外市场占到整个好莱坞电影销售的绝大部分。

问：拍什么样的电影才能赚钱?

答：大制片公司和独立制作人的运作方式是很不一样的。大制片公司近几年的投入越来越大，一部片子的成本可能就达到2亿美元，这样做风险很大，但也确实有一些大片的票房还是很好的，比如《钢铁侠》和《蜘蛛人》。独立制片人需要海外发行商的预售来为电影融资，因此首先要看电影的题材是否会受海外市场欢迎。通常来说，美国体育和美国历史题材的电影在海外市场不是很受欢迎。独立制片人需要与好的发行商合作；好的发行商可以比较准确地预估不同市场的预售金额，以便制作人算出可承受的成本。好的发行商可以说出某个演员在某个市场可以带来多少收入，比如布拉德·皮特。当然这是个比较极端的例子，因为皮特很少拍独立制作电影。如果中国是一个电影的主要目标市场，那么制片方也会考虑邀请中国知名影星加盟。

问：明星的片酬走势如何？

答：在10年到15年前，制片方会为茱莉亚·罗伯茨付2000万美元的酬劳，但这样高的片酬现在比较少见了。只有少数几个明星还保持者很高的片酬。现在更多的做法是给明星较少的片酬，但让他们参与分账。

问：电影投资的周期平均是多长？

答：对独立电影制作来说，当制片方已筹得资金，剧组到位，实际拍摄大约6~8周，后期制作大约3~6个月或更长一些。所以总的电影制作周期在9~12个月。当电影交给各地的发行商，它们通常在30~60天开始交付事先承诺的最低销售金额。当然每部电影不能全部预售，还有一部分回款要等到实际放映之后才能拿到。总体来说，从开始投资到收回投资及利润，大概在24个月。

问：电影的投资人是哪类投资人？

答：我的基金以高净值个人为主。但对冲基金、家族办公室以及机构投资者已经都参与到电影投资中了。机构投资者目前只参与贷款类投资，像我们前面谈到的，提供以预售或退税补贴为抵押的贷款，不会参与风险较高的投资。

问：高净值投资人参与电影投资的目的是回报还是名声？

答：大家都习惯说一些有钱人投资电影是为了名声，为了能和明星接触。其实很多投资电影的高净值人士在其他行业赚到了钱，希望参与创意行业，又喜欢电影，就参与了电影投资。

问：中美两国在电影行业合作的机会在哪里？

答：尽管中国有进口片配额限制，美国的电影工作者对中国市场还是非常重视的。中国有庞大的人口和越来越高的市场票房。中国的电影衍生品市场仍存在盗版问题，但影院票房是非常可观的。

大制片方关注配额并希望自己的片子能在中国放映；独立制片方则希望能与中方合拍电影，并邀请中国明星参加。我也看到，中国的投资人愿意参与好莱坞电影的拍摄。

第三节　蓝天、白云、青草地——酒庄及马场投资

酒　庄

请给我书籍、红酒、水果、美好的天气，和门外陌生人演奏的音乐。

——约翰·济慈

啤酒是人类酿造的，红酒是上帝的恩赐。　　——马丁·路德·金

喝咖啡是因为我需要，喝红酒是因为我值得。

——佚名（我在普吉岛一家餐厅的墙上看到的）

对许多人来说，如果等式的左边是红酒，那么等式的右边就是美好的生活。对红酒的热爱引起了多少人对投资酒庄的向往。投资酒庄，用心应该多于用脑。美国每年葡萄酒的市场有几百亿美元，但赚钱的酒庄很少，对许多红酒投资人来说，能收支平衡就算成功。在一个夏天的傍晚，自己的葡萄园里，用自己酿造的美酒招待家人与朋友的那份喜悦，大概是酒庄投资最大的回报。

在美国，酒庄（Winery）和葡萄园（Vineyard）可能是一体的，也可能是分开的。一些投资人喜欢葡萄园带来的浪漫氛围，同时觉得自产葡萄对酿酒的质量更有保障，便选择投资自带葡萄园的酒庄，从葡萄种植到装瓶完全一体化。也有一些投资人虽然热爱红酒，但对当农民种植葡萄没有兴趣，就选择投资不带葡萄园的酒庄，从其他葡萄园购买葡萄，自己只负责酿造，节省了大量成本和精力，但要承受葡萄价格变动的风险，同时无法享受葡萄园特有的浪漫气息。

投资自带葡萄园的酒庄，最大的成本就是土地。知名产区的土地成本高，但通常可以保证酒更高的售价。美国最知名的葡萄酒产区在加州北部

的纳帕，那里葡萄园的售价可高达50万美元一英亩；在离纳帕不远的索诺玛，葡萄园价格通常在10万～15万美元一英亩；在加州中部，葡萄园的价格会更低些，每英亩在10万美元以下。加州以外，美国还有许多地方有葡萄园，比如密歇根州、纽约州、俄勒冈州、弗吉尼亚州，等等。这些产区的地价要比加州便宜不少，但品牌效应和带给投资人的满足感也会有不小的折扣。投资人对葡萄园位置的考察很重要，要点包括当地的气候条件、土壤种类及质量、土地的坡度及坡度的朝向等。

投资葡萄园有两种方式，一是收购已经种植的成熟葡萄园，二是购买土地，从零开始。显而易见，购买成熟的葡萄园比较简便，风险较小，但价格较高，另外现有的葡萄品种和质量未必和投资人要酿造的酒匹配。相反，买地自己种植要花更多的精力和时间，从种植到收获，再到酿酒可以花上3～5年时间。除了土地成本，葡萄园的种植和采摘成本也不是小数目，另外病虫害及反常气候也时刻可能带来灾难。

酒庄的收入取决于葡萄酒的销量和单价，而二者都与评分有关。如果一款葡萄酒被知名评分机构给予好评，那么投资人就不用担心订单了。另外一个因素是大家口味的变化。比如前一段时间仙粉黛（White Zinfandel）是美国非常流行的白葡萄酒，而目前莫斯卡托（Moscato）开始受到年轻人的欢迎。红酒方面，口味偏甜的红酒日渐流行。新品牌的葡萄酒想打入销售渠道难度是非常大的，销售人员只愿意卖大家都认可的品牌。买个酒庄设计酒标并用自酿红酒招待亲友是很惬意，但打开市场获得商业成功就是另外一回事儿了。

关于酒庄投资，加州流传着这样一个故事。一位当地生产淋浴门的企业老总在2003年投资了纳帕溪谷的一个酒庄，并开始销售自己品牌的葡萄酒。在两年之后，他把一瓶自产的霞多丽酒送给了他的一个朋友，此人是名职业高尔夫球手，球手转手把酒送给了一名知名的酒评人，而酒评人给出了极高的评分。就这样，淋浴门老板的酒被誉为佳酿，订单滚滚而来。对跃跃欲试准备投资酒庄的投资人来说，这是一个多么激动人心的故事啊！还有什么可犹豫的呢？不过，这还不是故事的全部。尽管有了一定销量，淋浴门老板的酒庄由于规模不大，且生产成本不低，仍然不能盈利，他仍然靠卖淋浴门赚钱，而酒庄给他带来了快乐。

酒庄投资尽管是富人的游戏，花上几百万美元拥有自己的酒庄不是太大的财务负担，但富人的资金也不是无限的。投资人在投资前一定要考虑好后续投资和相关风险，切忌一次性投入太大。

马场

迷恋马场的人和醉心酒庄的人都有一份对土地的热爱。除此而外，如果说酒庄提供的是人与自然的亲密接触，那么马场可以让人体验人与动物的亲情，一种比酒庄的浪漫更强烈的感受。对一些西部美国人来说，马场是传统的一部分，它有着浓浓的怀旧情结，把人们带回默片时代的狂野西部，感受着自由与开拓。

我曾经拜访过位于加州圣巴巴拉的一个有11英亩的马场，其地理位置绝佳，距离海滩很近，并有山路围绕。马场的人可以骑马在海滩上欣赏落日，也可以上山散步。马场里有马厩、一个不大的跑马场、办公室和住房。当时马场的售价是570万美元。与这家马场相邻的是一间大得多的马场，据说主人是原高盛的CFO，那间马场的价值在3000万美元左右。从和马场主的对话中，我得知不同的马场有着不同功能。有的马场拥有优良种马并繁衍赛马，一匹顶级赛马的价钱可以达到100万美元；有的马场是租给没有场地的马主人，并定期收取费用；还有些家族的牧场既有马也饲养牛羊等动物，并向餐厅出售肉及皮毛制品，同时将客房租给游客，让游客体验牧场的生活，这种牧场叫做Dude Ranch或Guest Ranch。

美国有50多万家牧场饲养了马匹，美国的马匹总量近1000万匹，其中很大一部分在得克萨斯州，其他的主要州还包括加州及肯塔基州等。美国与马相关的行业总产值超过1000亿美元，全职工作人员约140万人。赛马、表演和休闲娱乐是马相关产业中的三大支柱，这三个细分行业在产值方面基本平分秋色。

与酒庄投资类似，马场投资带给投资人特别的满足感，但投资人如果没搞清运营所需要的资金或不具备足够的知识就贸然投资，结果会与浪漫相反。

高端访谈：以下是我对琳达·玻士顿的采访。琳达女士和丈夫是加州中部酒庄和牧场的经纪人。我曾在他们的陪同下参观过在售的酒庄和马场。采访时间是2014年3月。

采访内容之一：葡萄园和酒庄投资

问：请问葡萄园在美国的地理分布是怎样的?

答：美国很多地方都可以种植葡萄，但葡萄主要产地是西海岸，以加州为主，也包括俄勒冈州和华盛顿州。得克萨斯州有一些新开发的葡萄园。东岸也有一些葡萄园，比如弗吉尼亚州。另外大家可能会知道马萨诸塞州的玛莎葡萄园（Martha's Vineyard）。加州是世界知名的葡萄产区。

问：加州的葡萄种植区正在从纳帕地区向南转移吗?

答：纳帕—索诺玛（Napa – Sonoma）地区是最成熟的葡萄种植区。种植葡萄对土地气候等都有特别要求。在20世纪90年代，纳帕—索诺玛地区的葡萄园种植主在这一地区已经找不到新的土地，于是开始向南部开拓，使得现在加州中部沿海地区（Central Coast）逐渐成为世界闻名的葡萄园种植区。加州的中部沿海地区是指从洛杉矶北部的圣巴巴拉县（Santa Barbara County）向北，包括圣路易斯县（San Louis Obispo County）的Paso Robles地区。在那以前，这些土地基本是农业用地。

问：在美国葡萄园和酒庄通常是建在一起还是分开的?

答：与葡萄酒相关的有三个板块：一个是葡萄的种植（葡萄园）；一个是酿酒（酒庄），酿酒是生意，更是是艺术；还有一个是葡萄酒的市场推广，包括品酒俱乐部等。一些小型的酒庄既有葡萄园（但面积不大），也有酿酒设施。但在加州，许多酒庄都没有自己的葡萄园，而是从葡萄园购买葡萄。

问：什么因素决定葡萄园或酒庄的价格?

答：主要因素是地理位置。在加州有不同的葡萄酒产区（Wine Appellation）。每个产区可以种植不同种类的葡萄。比如圣巴巴拉县的Santa Rita Hills地区适合种植黑皮诺葡萄，而Paso Robles的一些地方的葡萄园只适合种植梅洛葡萄。由于目前皮诺葡萄酒是较流行的品种，皮诺产区的葡萄园的售价也会高一些。但是，在 Santa Ynez 的一些地区，只适合种植梅洛葡萄，不适合种植皮诺葡萄，而那里的葡萄园售价却很高，原因是人们喜欢居住在那里。所以葡萄园或酒庄价格的决定因素也是多元的。

当然人们的口味和葡萄酒的流行都是会改变的。在 20 世纪 90 年代，最流行的葡萄酒是 Chardonnay 白葡萄酒。现在这种酒没有那么受欢迎了；目前人们在选择白葡萄酒时会偏向灰皮诺葡萄酒。

问：加州葡萄园和酒庄的价格走势是怎样的?

答：对许多美国人来说，拥有自己的葡萄园，酿造自己的葡萄酒是一个梦想，也是非常浪漫的。人们可能看过描写酒庄的小说，或者去意大利的托斯卡纳看到过乡间的葡萄园，产生了这些想法。因此人们购买葡萄园或酒庄很少是为了盈利的，而考虑的是如何少赔钱。直至 2007 年，加州酒庄的价格一路飙升，但葡萄酒行业在 2008 年的金融危机中受到严重打击，直至去年（2013 年），价格才慢慢开始恢复。

问：加州葡萄酒庄的庄主都是些什么样的人?

答：首先他们都是在别的行业成功赚到钱的人，很少有人想通过投资酒庄赚钱。像我们刚才谈到的，对这些酒庄庄主来说，拥有酒庄是一个心愿，而不是为了经济回报。从地区来说，加州的酒庄庄主有的来自海外，比如我就认识一个在这里买了酒庄的意大利人，也有的来自美国其他州，但大多数来自加州。像我们加州中部的酒庄，很多被来自洛杉矶的买家买走。我们这里距洛杉矶仅两个多小时车程，就像洛杉矶一些富人的游乐场。

问：你对想投资加州酒庄的潜在投资人有什么建议?

答：最重要的一点就是，如果想投资酒庄，一定是用“闲钱”，千万别用未来小孩的学费！投资酒庄的三个风险一个是维护费用很高，另外两个就是病虫害和气候。许多人在购买酒庄时，没有了解到维护酒庄的成本有多高。从葡萄的种植，到日常维护（包括病虫害控制等），到水费，到收获都需要很多费用。尤其是收获的人工以及收获后做发酵准备的工具等都是一大笔费用。关于病虫害，有时某种疾病是传染性的，会使加州许多葡萄园染病，造成很大的损失，比如有一种疾病产生在葡萄根部，染病后需要将所有的葡萄重新种植。气候对葡萄的生长太重要了，可是目前全球的气候都有些不正常。如果气候反常，葡萄是达不到酿酒要求的。比如说，如果在葡萄生长需要雨水时没有足够降雨，而在需要太阳照射提高甜度时没有阳光，都会影响葡萄的收成。

采访内容之二：马场投资

问：投资马场和投资酒庄有什么相似之处吗?

答：当然，两样在美国人心目中都很浪漫。马场的起源是牧场。牧场的功能主要是养牛，而马在牧场中的功能是让牛仔骑着放牧。在美国的历史上，牧场曾是美国经济的重要组成部分，而牛仔的概念也是在那是产生的。现在养牛的方式与以前完全不同了，现在西部很大的饲养场，也用不到马匹了，一点也不浪漫。美国有很多关于牛仔、西部主题的电影，让人怀恋牧场的生活。现在西部一些州还有传统牧场，比如得克萨斯州、蒙大拿州和怀俄明州。布什总统在得克萨斯州就有真正的牧场。加州也有少量的牧场。

从传统牧场产生出来的是美国人对马的喜爱。许多小孩子都会对妈妈说："妈妈，我想要一匹马!"或者要求去上骑马课。人们如果想满足这种对马的向往，可以买一个小型的马场，比如10英亩或20英亩，而不是传统意义上的大规模牧场。一个小型马场会有马厩和草场等基本设施。"ranch"这个词对不同人会有不同意义。一个得克萨斯州人会嘲笑加州人："说你们居然把一个20英亩的马场也叫'ranch'，你们还是来看看我们2000英亩的牧场吧!"

目前养马也不再是为了放牧，而是成为了一种体育项目。人们养马、训练马去参加比赛和演出。

问：马场的价格是由什么决定的?

答：还是位置。在加州有一些小型马场（Ranchette），人们在购买时会考虑它的位置是否适合度假或短期居住。这些小型马场除了养马设施以外，还有人们居住的设施。比如我们去看的小马场，离海滩很近，旁边还有山上的小路可以遛马，那个地方叫做Montecito，是圣巴巴拉县最好的位置之一。马场的售价主要取决于位置。

问：加州马场的价格走势与葡萄酒庄类似吗?

答：是的。酒庄的生意和马场的生意很类似。总体来说经营酒庄和马场都不容易盈利，更多的是为了一种情结、一种爱好。但确实有人做养马的生意做得很成功，收入可观。有的人拥有很好的种马，而其他人都想买这个种马所生的小马。养马者会带着他养的马去参加比赛或演出，让人们看到这些马的表现。有人训练的马可以在比赛中有好的表现，可获得高达百万美元的奖金。但这种马可能几千几万匹马中才有一匹。种植葡萄也一样，有的人种的葡萄很好，酿酒的人都愿意用他的葡萄酿酒，并贴上自己的品牌。另外，维护马场以及驯马师的费用也都不低。在金融危机期间，养马的生意与经营葡萄酒庄一样都受到严重冲击，马场与酒庄的价格走势都下跌很多。

第六章
做一名受欢迎的投资人

第一节　美国的商业文化

中国人习惯称美国人为“老美”。这个称谓似乎包含了中国人对美国文化的认知——随意和幽默。由于工作原因，我与美国投资圈的人士有过一些的接触，对美国商业文化有一些亲身感受。我发现饭桌其实是集中体现文化的场所。有一次我陪同一位中国企业老总去美国路演，见投资人。我们按事先安排好的日程，去每位投资人的办公室开会。有的投资人坐下马上开始进入正题，也不问我们需要什么饮料。还有几次午餐会，对方只是提供一些简单的快餐，比如三明治和可乐，并边吃边讨论投资方面的问题。经过了几天，老板越发感到不爽，抱怨美国人太不热情，就知道工作赚钱，与中国的餐桌文化格格不入。但有一次情况却正好相反。那次我们在国内接待一位美国来的基金老板。当时我代表的中国公司在美国上市，这位老板是我们股票的投资人。这位老板的另外一个身份是哈佛大学的教授。在晚饭开始前，我曾一度担心教授是否能习惯中国的餐桌文化。开吃后，中方老板和下属轮番向教授敬酒，以尽地主之谊。教授泰然自若，推杯换盏。酒过三巡之后，他突然掏出钱包，并拿出一张20美元的纸币，站起来说道：我这有20美元（我可以想象他在哈佛课堂讲课的风采），这次来中国我知道了两件事，首先，我可以用这20美元做一次足底按摩，其次，这会是一年后贵公司股票的价格（当时的股价在4美元左右）。中国老总听了翻译后哈哈大笑，又敬一杯。这次我看到了两种文化的融合，至少是适应。

根据我的亲身体验和与中美同事、朋友的交流，我总结了一下美国商业文化的特点。在展示这些特点之前，我想强调三点：首先，每一种文化都有自己的特点，但同时也是多元的。不同美国人会展现不同的文化。举例来说，经常到亚洲出差的美国人和没出过国的美国人在接触起来可能有所不同。我印象很深的是一次在华尔街的一家投行开会，投行的一位董事总经理经常到中国出差，提出要招待我们喝绿茶，并亲自为我们泡茶，感觉挺亲切。还有一点就是文化是相对的，不是绝对的。不同的美国公司或美国人，在体现某种文化时的度很可能不同。最后一点是文化没有对错，只是在与来自不同文化的人合作时要了解文化的不同，以减少误解，增加效率。

美国人是先生意后交情。一些中国老总喜欢先通过喝酒及称兄道弟等方式交朋友，然后再谈生意，道理是只要交了朋友，总有机会做生意。美国人呢，喜欢先谈生意，争取合作，通过合作来观察对方是否可信，值得交往。

美国人在谈生意时会考虑长期利益，但不太会因为长期利益而在谈判中让步。有些中国投资人喜欢用中国的大市场来为美国合作伙伴讲故事，意在让对方在眼前的合作里放弃部分利益，但很少见效。大多美国商人都了解中国的潜力，但还会坚持自己的要价，认为否则市场再大也与他无关。

美国人比较讲究效率，这点在会议方面体现得很明显。记得电影《华尔街之狼》里有一段很有意思的反映欧美文化差异的情结。乔丹飞到瑞士银行谈事情，上来就想谈业务，银行的工作人员说在这里，大家的习惯是先聊十分钟。美国人确实喜欢在会议中开门见山。另外就是美国的时间观念很强，通常会提前约好会议时间的长短，否则经常会在会议开始时问对方有多长时间。在会议中，常会借助 PPT 等工具的展示经常使用来系统地阐述观点。主讲者在会议前会做大量的工作以使自己的讲述清晰、有条理并有足够的事实来支持自己的观点，会前不准备的人是不受欢迎的。美国的会时间通常不会很长。我在国内的企业经历过很长的会议，有时公司老总可以讲上几个小时，而且是在下班后或周末，讲自己的理想，以使管理人员能够理解自己，经常也会含有恨铁不成钢的意味。美国企业也会有领导讲话，有时又叫做“Town Hall Meeting”，尤其在公司做出重大决策时。美国老板更多地会去描述公司的未来以及决策对员工的影响，当然是从积极方面鼓舞员工，与中国老总开会的目的一致，都是文化建设，但美国一般领导的讲话会比较短，注意不影响员工的日常工作和生活。

美国商业界很重视数据和科研，其实学术界也一样，所以美国大学文科的研究生或博士生的第一学期都要学习统计。企业员工在阐述观点时，管理层在做决策时，都要有数据支持。另外，美国企业管理各方面都喜欢有一套科学理论，理论有很多来自商学院的研究。比如在人力资源方面，美国学者会研究几百名 CEO 的特质并归纳总结，作为考察未来领导人的参考。

美国的大型企业十分重视文化的多样性，很关注在管理层中有不同性别和种族的代表，比如女性和拉丁裔。我开始不太明白这样做的目的，我知道背后一定有着企业经济利益的考虑，但不明究竟。后来 通过交流了解到，这样做的目的是使得公司管理层和员工结构与市场接近，有利于更好地为客户服务。美国是一个多种族市场，假设一家企业有大量拉丁裔客户，但内部没有拉丁裔人员，就不能准确地了解拉丁客户的需求，对销售和客户服务产生影响。

高端访谈：下面是我对马学礼（Stephen Markscheid）的采访，马先生是资深中国通，毕业于普林斯顿大学东亚学系，并获得约翰霍普金斯大学国际关系学硕士学位，哥伦比亚大学 MBA 学位。曾在美中贸易全国委员会、大通银行、波士顿咨询公司、通用集团等公司任高管职位，并有多年亚太工作经验。目前为多家美国上市的中国公司董事会成员。采访时间是 2012 年 11 月，话题是关于中美商业文化差异。

问：你与中国企业家有着多年的接触；你认为中国企业家有什么

特点?

答：成功的中国企业家既有商业眼光又有很强的执行能力。而团队建设是执行力的重要一环。另外与政府的关系也非常重要。

问：你从30多年前就开始拜访中国。你感觉中美两国的企业家在商业习惯和文化方面有什么不同。这些不同背后的原因是什么？中国企业家在这些年中又有怎样的改变？

答：中美两国的企业家都追求成功，但做生意时着眼点不同。美国商人首先关注商业机会，进而与合作方共同利用这个机会，并在合作建立信任。中国商人则首先会争取与另一方建立友好关系，并相信合作机会日后自然会出现。我认为这与中美两国社会的不同有关。中国社会相对更注重团体利益，而美国社会相对更注重个人价值和自由。

在过去这些年中，我感觉中国商人对海外商业习惯及资本市场越来越了解了。

问：你认为对中国投资者来说，美国有什么投资机会呢？

答：我认为美国有许多适合中国投资者的投资机会。目前为止大多数中国的海外投资集中在自然资源方面，而美国则为中国投资者提供另外一方面的机会。美国是中国一些制造企业的主要出口市场，但中国企业从这些出口商品中只获得了很少一部分收益。比如苹果产品，在中国组装，但中国厂商只能得到很少的利润。对中国出口企业来说，如果能更接近美国消费者，在美国市场树立自己的品牌，建立销售网络，则可以大大提高利润率。收购美国成熟企业可以加速这一进程。

问：中国投资者在美国受欢迎吗？

答：很遗憾目前美国对中国在美国投资的相关政策不清晰，并给人留下美国不欢迎中国投资的印象。但细心的人会观察到美国中央与地方政府在这个问题上态度的不同。一些国家政客认为他们可以从批评中国中获利，而州政府和市政府则积极引入中国投资。

问：中国企业在投资美国企业过程中会遇到什么样的挑战，尤其在文化差异方面？

答：在一个大规模交易中，平衡各方利益是一种挑战。交易和投资过程的规范性和纪律性在哪里都很重要，尤其是在美国，因为在中国大家可能更依赖“关系”。

对中国投资者来说，我认为最大的挑战可能来自投资或收购后对美方员工的管理。美国企业一般采取放权式管理，给员工自由度比较大，而中国企业作法则有所不同。另外一个挑战是如何了解并客户及供应商并与他们有效互动。第三个挑战是中国投资者可能高估政府关系的重要性；对商业的成功来说，这点没有在中国重要。最后一点，美国企业在投资或收购时通常会聘请专业顾问，比如律师、审计师、独立调查公司及公关公司，以确保交易能满足投资者的战略目的，以及顺利地完成而不出现意外。而中国投资者有时则不愿聘请顾问以降低成本并保证自己对交易的掌控。

问：中国投资者在赴美投资前需要做哪些思想准备？

答：首先，要了解美国商人没有中国商人那样注重关系的培养。他们会更多地关注一些与交易有关的事实。中国人在美国可能不会受到美国人在中国一样的招待。

其次，美国商人对商业合同的态度更加严肃。美国商人喜欢把各方职责搞得很清楚。当合同一方遇到困难而无法履行合同时，另一方会期望对方按合同赔偿。

问：中国投资者在美国如何更有效的与美国合作伙伴沟通？

答：美国商人沟通时比较直接，而且内容具体，而不是为了建立友好关系而谈一些抽象的内容。中国人沟通时有时会比较泛泛，这经常会让美国商人摸不着头脑。

问：还有其他给中国投资者的建议吗？

答：收购或投资美国企业看起来可能很复杂，但这些努力是值得的。美国为中国投资者提供很多可以获取更多附加价值的投资机会。美国人民是友好的，并欢迎中国投资。如果中国投资者有着正确的态度，并有专业顾问的帮助，那么挑战是可以克服的。

第二节　公关

2004 年，美国出版的一本书颠覆了市场营销界，书的名字叫做《公关第一，广告第二》，主要内容是讲公关的效果比广告好很多，建立品牌要靠公关，广告只能维护品牌。据统计，美国近些年的公关收入在逐年提高，而广告收入却在萎缩，可见美国企业对公关的重视程度越来越高。

美国的公关业有着不太光彩的开始。在20世纪初，洛克菲勒的标准石油公司被曝出一些负面报道，于是艾维·李受雇于标准石油公司，专门在报纸上发表对公司有利的言论，而这些言论被指是歪曲事实，操作民意。艾维·李被认为是公关业的鼻祖，这类的公关人物也被叫做造谣大师（Spin Doctors）。当然今天的公关业已经完全不同。

公关，顾名思义，就是搞好公司和公众的关系，包括消费者、社区、教会、投资人及政府等各个与公司相关，又对公司有影响的团体，目的在于为公司及产品或服务造就一个健康的形象。美国公关协会为公关管理的定义：

1. 预判、分析及解释能影响公司运营的公众观念和态度；

2. 为公司管理层提供决策、执行及沟通等方面的咨询，使管理层了解这些行动带来的公众影响，同时了解工司作为社会一员的责任；

3. 为企业设计、安排市场推广、募集公益资金、与社区和政府交流等各项活动，以使公众对企业有正确的了解，帮助企业实现经营目标；

4. 协助企业影响与企业相关的公共政策的制定。

公关顾问的具体工作包括帮助企业起草并发表新闻稿，帮助企业领导起早发言稿并安排发言，为企业安排公关活动，比如为慈善事业募捐和为社区做义工等。在网络及社交媒体发达的今天，公关公司也越来越具创新性，利用新的平台。

总部位于纽约的奥美集团成立于1948年，是目前全球最知名的公关公司之一。奥美就曾成功地为路易威登策划过利用新媒体的公关活动。2007年，路易威登找到奥美巴黎的团队，要求他们为路易威登的品牌在法国的网络领袖中建立良好口碑。奥美为路易威登设计了全新的法国网站，并邀请了阿加西和格拉芙作为代言人。在新网站对公众开通之前，奥美邀请了40位法国时尚界高人气博主预先登录，并对新网站提出建议。由于网站设计得很好，博主们纷纷在博客里给出了好评，吊足了粉丝们的胃口。在此期间，奥美与博主进行了包括邮件、电话和见面访谈等多种方式的交流。此项活动帮助路易威登建立了良好的网络口碑，并大大增加了网站的浏览量。

投资者关系与政府公关

企业公关中有两个特别的类别与在美国进行投融资活动的中国企业最为密切，它们就是投资者关系和政府公关，其中投资者关系和融资企业关系较大，而政府公关主要是投资企业要考虑的课题。

投资者关系

在美国上市的企业都需要做投资者关系，通常的做法是聘请一家专业的投资者关系顾问公司，并由内部团队配合工作。投资者关系的目的在于为公司的股票在投资人的社区中建立良好形象，以加强公司的融资能力，并降低融资成本。笔者有不少与投资者关系公司合作的经历。在笔者参与的一个 IPO 中，我们聘请了奥美的投资者关系团队，他们协助我们为上市敲钟仪式做了很多安排，小到送给投资人和交易员的礼物和帽子，大到安排美国主流财经电视台的采访。在赴美路演之前，奥美也为我们制作了宣传短片，并为管理层做了与美国投资人交流的培训。在公司上市后，每个季度要报季报，奥美会帮助我们起草季度业绩的新闻稿，并通过通讯社发出，以及安排电话会议与投资者关于业绩进行交流。除了这些日常工作之外，好的投资者关系顾问公司可以为管理层安排有意义的投资人会议，让适合的投资人产生投资公司的意愿，并将公司的投资人结构调整到良好的状态。美国的资本市场分工很细，不同投资人关注不同的股票，标准包括市值、地区及行业等。投资者关系顾问公司也都有自己擅长的领域，比如有的专门帮助小市值公司，因为它们有着良好小市值投资者网络。企业需要根据自身情况，找到适合自己的投资者关系顾问公司。

政府公关

大家从美剧《纸牌屋》中看到了代表企业和教师工会的说客如何试图

影响议会的立法，来为自己的客户争取利益，这就是政府公关的一部分。在现实生活中，美国企业，尤其是处于高监管行业的企业，比如制药业，房地产及金融业等，经常聘用公关顾问来处理政府关系。公关公司的职责首先是帮助企业管理层了解政府的立法程序，之后指导企业去想办法影响政府对法律或相关政策的制定。政府公关顾问需要两个看家本领：一是对政府工作程序的熟知，二是要有与政府官员交流的渠道。正因如此，许多顾问都有国会山或律师的工作背景。

一次一家开发商想在田纳西州诺克斯维尔市兴建一家酒店，便找到了当地一家公关公司安排各方关系，包括与市政府的关系，目的是使酒店项目获得当地市民、周边建筑物的业主、市容保护组织的支持，并获取政府的财政支持。公关公司与开发商联合组织了一个“市民与市容保护小组”，成员由上面提到的利益各方参加。公关公司组织小组成员与开发商定期举行会议，邀请大家对酒店项目提出建议和要求，百家争鸣，照顾到各方利益。通过诚恳的沟通和充分的交流，开发商的提案获得了各方的认可，并答应为市容保护组织做了捐款，支持他们的工作。在开发商向市政府提交施工方案时，小组的各方成员都为项目做了背书。在公关公司的指导下，开发商也向政府阐述了新项目对城市就业等方面的带动作用，最终不仅获得了审批，还得到了政府的财政支持，各方皆大欢喜。整个流程持续了2年多，但结果证明了努力是值得的。看来和中国一样，美国也讲究和气生财。如果能搞清何方并利益，并找到契合点，那么项目遇到的困难肯定会比较少。

中国企业家在美国进行收购或投资项目时，也不能忽视当地各个利益方的诉求。聘用一个好的公关公司，尽早介入项目的策划，会起到事半功倍的作用。

高端访谈：以下是我对司各特·克罗尼卡和贾斯汀·纳普的采访，他们分别是奥美公关亚太区总裁和跨境投资公关的经理。采访话题是中国企业如何在美国做公关。采访时间是2012年11月。

采访内容之一：关于克罗尼卡的采访

问：请您概括地讲讲你对中国企业在海外业务发展及相关公关工作的看法。

答：我认为我们进入了一个全球国家再平衡的时期。从20世纪80年代开始，日本成功地建立了一些国际知名品牌；之后韩国和中国台湾也陆续形成了国际性品牌。下一股浪潮将来自中国大陆，这符合中国发展的利益，而中国也有决心有能力做到这一点。我们也希望在这个过程中帮助中国企业。

如果我们回顾一下过去几年中国在海外的收购，就会发现主要的收购集中在资源领域，这些收购并没有使中国企业更多地参与全球市场，而是将海外的资源运回了中国。而下个阶段，中国会有更多的企业像联想、海尔和华为一样投资海外，并在国际市场推广自己的品牌。如何能做好这一点呢？我给中国企业的第一个建议就是观察在中国成功的全球性公司是怎么做的。他们会聘用当地的人才，会进行长期战略性投资，会通过履行企业的社会责任等方式接近消费者。在奥美我们常讲一句话，当地市场的认可是一个品牌成功的唯一标准。

在进军海外市场之前，一家企业一定要对这个市场做充足的尽职调查，以对市场有足够的了解，了解它的特点以及与其他市场的不同点。在了解的过程中，企业需要有好的顾问及合作伙伴。作为公关公司，奥美为在海外开展业务的中国公司提供宣传和沟通方面的咨询服务，包括如何与当地立法机关沟通、如何与当地媒体、当地社区沟通、如何向本企业内部员工及收购的美方公司员工宣传等。如果在一个项目或交易中，当地政府的批准十分重要，我们就会安排企业与相关政府部门见面，并协助沟通。奥美在华盛顿有超过150人的团队，其中很多有着白宫、国会、律师事务所及行业间联合会的工作背景，十分了解美国的行政及立法、司法程序。

当中国企业开辟海外市场时，需要让当地知道这家企业的“故事”。我们一方面帮助企业写好故事，另一方面安排传播渠道让大家听到故事。比如我们最近正在帮助一家中国的私募股权投资基金做海外宣传，让大家知道这家基金的目标。我们帮他们做好介绍材料，建立网站，并安排多种宣传渠道。

问：请你谈一谈中国企业家对公关的认识

答：中国企业经常认为“关系”是最重要的。在全球市场中，有太多的关系需要考虑。从某种意义上讲，好的公关公司就是帮助企业系统化地管理好各种各样的关系。这里所说的关系不仅是人与人之间的关系，每个品牌都代表了一种关系，比如我和这杯星巴克咖啡之间就存在一种关系——我信任这个品牌的咖啡。一个品牌需要有一个好的故事，并且要能把故事讲得动听，我们能帮助企业做到这一点。

问：近期一些中国公司在美国收购受阻，你认为他们在公关方面是否有可以提高的地方?

答：关于中国近期在美国的收购受阻，从公关的角度看，我认为如果一些企业在沟通方面做得更公开、透明、常规化、有效，那么可能受到怀疑的程度就不会这么大。很多美国人对中国来的企业会感到忧虑，担心中国人会抢走他们的饭碗。过去美国人在想到中国企业不好的一面时，会常常想到人权，但目前美国人最关心的是自己的工作。很多美国人对中国缺乏了解。前两周我在美国中西部的一家沃尔玛卖场里碰到一位女士，她知道我在中国住了20年，便来问我，美国和中国的关系还好吗？我说应该没问题。她接着问，中国还会继续买美国国债吗？这位女士看来对美中关系有一定了解，但很多美国人不知道这么多。所以中国企业要让美国人对自己有更好的了解。目前的中美两国在商业方面关联度相当高，双方都不愿看到有损双方合作的事情发生。有一点很有意思，其实中国是希望美国经济健康发展的，但很多美国人并不清楚这点。好的交流与沟通有助于增进美国人对中国的了解，也有助于中国公司在美国进行投资和并购的顺利进行。很多美国人对中国没有足够的了解，当这些人有一天突然听说自己社区的工厂要被一家中国公司收购，他们最关心的就是这个收购对他们的自身利益有什么具体影响。而中国公司需要通过公关，通过沟通来逐渐与当地人建立信任。

问：在目前中国公司在海外收购常常遇到怀疑时，中国企业是应该继续公关还是应该保持低调?

答：公司做公关是有目的的。在做一项交易时，如果交易可能因为某些相关人士的反对而导致失败，那么就需要与这些人很好的沟通；如果公司内部可能有人对交易理解不够充分而产生负面影响，那么就需要做一系列的内部沟通工作。交易本身不是公关，但如果交易实施者希望与合作方建立信任及长久的合作关系，那么就需要公关。

问：中国人和美国人沟通方式有所不同吗?

答：美国人在交流的时候会更直接一些，当然我并不是说哪一种沟通方式更好。另外，美国的社会比较开放，传播渠道非常多，信息流动很自由。当然有些人会有过度沟通的问题，当一个人说得太多，大家对他的信任反而开始下降。

采访内容之二：关于纳普的采访

问：请给我们描述一下公关工作如何配合海外投资?

答：很多中国公司在海外收购过程中，总是最后一个才想到公关和市场宣传。而我们建议在收购公布前两个月就开始公关和宣传的准备工作。在准备过程中，公关顾问首先要帮助企业制定好配合收购的宣传策略、主题和时间表，并明确宣传信息要覆盖的相关利益各方，比如当地政府、本方员工、被收购企业员工与地方社区等。之后公关顾问会制作具体的公关宣传内容，并根据此内容对管理层进行培训。与此同时，公关顾问会制订应急预案，以防有收购信息被提前泄露或有对收购不利的消息。在交易宣布后的两天时间里，公关顾问会确保宣传信息通过各种媒体和渠道传达给各个相关利益方，包括安排公司管理层与重点利益方见面。

收购交易完成还不算成功，还需要将被收购公司有效地进行整合。整合工作不仅体现在运营方面，也体现在宣传方面。我们把交易后的宣传工作分为四个阶段。在第一个阶段中，公司领导层要就宣传信息达成一致，并清晰一致地向员工阐述收购的目的及领导层的战略意图，让员工可以从开始就感受到领导层对于收购的管理透明度。在第二个阶段，领导层要与员工进行开诚布公的对话，回答员工的问题，这样可以增强员工的归属感，并保持员工的工作士气。在第三个阶段，领导层要与员工关于新公司的战略与发展方向进行沟通，以体现领导层的掌控力，并减少员工对未来公司的运营的不确定性。在第四个阶段，领导层要与员工沟通新公司在某些方面的新做法，使得收购与被收购方能在文化方面逐渐统一，并让员工清楚地知道公司对自己的要求与期望。

问：中国公司在美国进行收购时，需要与那些利益方沟通？

答：每个收购，每个交易会触及不同的利益方。作为公关顾问，我们会帮助中国公司与相关利益方沟通，让他们能够更好地了解中国公司的历史及战略等。利益方不仅包括被收购公司的股东，也包括其员工、工会、监管部门、政治家、消费者、当地教会、社区组织、媒体等。

问：你们的中方团队与美方团队在为中国企业海外收购的过程中如何配合？

答：奥美从20世纪90年代中开始与知名的中国企业（包括国企和民企）合作，为他们在进军国际市场方面提供公关和宣传服务。在2011年4月，奥美正式在美国成立了中国业务部门，与中国团队配合为中国企业服务。这个部门位于奥美纽约总部，除了帮助中国企业在美国开展业务，也会帮助海外公司拓展中国市场。前段时间奥美就帮助中国的复兴集团在美国进行系列的宣传活动，内容包括投资者关系、政府公关、公司市场定位、品牌塑造及市场推广等。

中国公司在美国进行收购活动时，除了在公关方面遇到的挑战外，也日益遇到相关政府部门的严格审核，比如CFIUS的审核。CFIUS全称是The Committee on Foreign Investment in the United States（外商在美投资审核委员会）。越来越多的外国公司在美国向CFIUS披露信息，以寻求收购和投资和准时，聘请奥美作为顾问。以前一些中国公司希望避开美国政府部门的审核，但现在他们明白了尽早准备材料以及详细披露交易内容以配合审核的重要性。

举例来说，前段时间中国通用飞机有限责任公司在美国收购明尼苏达州的CIRRUS飞机制造公司。CIRRUS聘请奥美协助与CFIUS，当地相关政府部门及团体沟通，去除了相关利益方对此次收购的担心，并顺利拿到CFIUS批准。

问：你认为中国企业和公关顾问之间应该是一种什么样的合作关系？

答：公关顾问是中国企业和海外利益方之间的桥梁，向世界讲述中国的故事。中国企业应该放权让我们做好我们的工作，具体说就是积极与我们沟通，分享信息并对新想法和建议保持开放的心态。

公关顾问的目的不是把不好的东西包装好，也不是单纯为了让公司增加透明度而进行公关。公关顾问的作用是帮助中国企业更好地在海外市场表现自己并与外界沟通。

问：你认为中国公司在海外收购时普遍需要注意的地方是什么？

答：我认为是收购后对被收购公司的整合。我最近看到一份毕马威公司关于中国公司海外收购做的调研，里面有很多内容都值得了解。关于整合，报告中提到不少中国公司早在收购成功前的3～6个月里就开始安排整合工作，但也有被采访者反映中国公司对管理海外资产，处理人力资源及公司文化方面的问题还是缺乏经验，而这些会影响中国公司从收购的资产中获取附加值。

问：能否分享一下奥美帮助中国公司成功在美国收购的例子？

答：2004年联想收购了IBM的笔记本电脑业务。联想虽然当时是亚洲的知名品牌，但在国际市场仍缺乏知名度，另外联想的管理层当时对于国际公关的经验也算不上丰富。在宣布收购前，联想聘用了奥美对这次收购做全球宣传，以此次收购为契机而建立联想的国际化公司形象。

奥美为联想制定了多层次的宣传策略。首先是将联想打造成中国第一国际品牌的形象，然后是向投资者及财经媒体表述此次收购所创造出的价值，向消费者宣传合并后的公司会为用户带来更多的创新和更好的客户服务，向双方员工承诺合并可以给大家带来更多的职业发展机会，向美国大众表明这次收购会促进中美双方的进一步合作，并影响媒体，让他们在报道IBM同时也给联想公司足够的描述。

经过大家的努力，在联想宣布收购的两天之内，世界知名报纸共刊登了20多篇关于本次收购的报道，并且每一篇都包括了我们要传达的主题内容。

高端访谈：以下是我对波·海沃德的采访。海沃德先生是GP公关公司的合伙人。GP是一家旧金山市的专业公关咨询公司。采访时间是2014年2月，重点是企业如何做政府公关。

采访内容之一：关于政府关系

问：在不论在美国还是中国，企业和政府健康良好的关系都对经营有着重要意义。请问在美国，良好的政府关系对企业有什么帮助?

答：首先一点，美国各地政府，不论是旧金山、纽约还是芝加哥，都有各自的制度，规定和要求。当一个企业或投资人参与一个房地产开发项目，或在当地开展新业务，都会受到这些规定的限制。当然这些规章制度都是公开的，每个人都可以去了解，但当有非常了解政府系统的专业人士帮助，企业可以在这方面节省很多时间。

以房地产为例，作为一个开发商，你应该会非常了解项目开发的流程，但对一个新市场地方政府的一些规则和方式可能不甚了解。这时如果有了解当地政府的专业人士帮助你了解相关规则，并帮助你能尽快从政府获得相关问题的答案，将对工程进展有很大价值。

问：如果缺乏与政府的良好关系和沟通，可能会导致项目的延误吗?

答：可能的结果是项目的延误，或者是项目没有得到政府该有的关注，尤其是当海外公司需要及时得到政府对项目的反馈以便尽快推进时，得到政府的关注就非常重要。当企业所处行业是监管要求较高的行业时，比如房地产开发，与政府良好的关系与沟通的重要性就更明显。

问：企业如何与政府建立良好关系?在这方面你们公司是如何帮助客户的?

答：我们公司与旧金山政府有很好的关系，并得到了政府的尊重。当我们选择客户时，我们也要确定客户的企业是值得尊重的，有良好道德标准和经营记录的。因此，当我们找到政府，请求他们协助解决一个客户的问题时，政府会相信对整个事情有一定的信任度。我们对客户是精挑细选的，不愿为一个不诚实的客户而影响我们公司的名誉。当我们考察并接受了一个客户之后，我们会帮助他们与政府沟通他们的商业计划。

问：政府公关与游说对在美经营的企业有重要意义。请问你们公司在这一点如何为客户服务?

答：我们公司从成立到现在已经帮助过60多家企业，包括大型企业，比如壳牌石油公司和AT&T电信公司，也包括旧金山当地的一些小型企业。在政府公关与游说方面，我们首先会与客户交谈，了解他们的目标和需要政府帮助解决的问题，然后我们帮助客户把要呈现给政府的论据有效地展现出来，使得相关领导和政府部门能意识到事情的重要性。我们帮助客户与政府及社区建立长久的伙伴关系，使得我们客户的企业成为旧金山大社区一个有价值的成员。

问：总结来说，你们的公司一方面了解政府想为这座城市做的事情，另一方面了解客户的需求，所以你们可以帮助客户合理有效地表达他们的诉求，并和政府的计划统一起来。

答：是的。

采访内容之二：关于公共关系

问：如何建立和当地媒体的良好关系?

答：我们公司和旧金山的报纸、电台、电视台和一些网站都有很好的关系。我们代表的客户都是受人尊敬的企业，有着诚实的公司文化，而不会为了快速实现某个目的而进行不实宣传。如同与政府打交道一样，我认为与媒体打交道首先要诚实。如果一家企业欺骗媒体，那么结果就是媒体都不愿与这家企业合作。

问：你能否通过一个案例说明企业与社区关系的重要性?

答：我们帮助奥迪开设了在旧金山的第一家独立展厅，店面约2000平方米。在前期准备工作中，我们帮助奥迪与社区沟通，介绍了新店可以为社区提供的新增就业等有利社区的因素，以及奥迪曾在本地区做的公益活动，以表明奥迪愿做社区的一员。奥迪开设展厅的区域是以不轻易批准新项目而文明的，但经过我们与社区的充分交流，奥迪的项目获得全票通过。

问：当谈到与社区的关系，社区都包括哪些相关利益方呢?

答：社区是个全面概念，包括邻居企业或单位、工会及非营利组织等。

采访内容之三：关于外国企业

问：据我了解，固特异彼得森公司有一些外国客户，比如优衣库、奥迪、奔驰及壳牌石油等。请问你能否介绍一下你们是如何帮助这些外国企业在旧金山开展业务的？

答：以优衣库为例吧。当时优衣库计划在旧金山市中心的商业核心地带开设西海岸旗舰店。我们一方面帮助优衣库获得了开店所需的各方面的许可，另一方面帮助优衣库与政府合作，开展了雇佣当地员工的活动，使得政府对优衣库的新店开业非常支持。另外通过相应的公关活动，优衣库的新店开业非常成功；开业那天人们在商店门口排起了长队，政府安排了警察维持秩序，确保每个人的安全。

还有前面提到过的奥迪。奥迪将一个停车场改建成了一个奥迪独家展厅。我们与政府及社区沟通，强调新展厅可以为当地创造的蓝领及技工、机械师等方面的就业就会，获得了各方支持。

问：外国公司在旧金山开展业务时有没有什么特别需要注意的地方？

答：各地的企业都希望成功，希望盈利，但会有着不同的习惯，就算都是美国的企业，来自不同地区，比如洛杉矶、芝加哥和纽约的企业，都会有不同的做事方式。因此，来自其他地方或国家的企业，需要以比较灵活的心态去获取各方面的认可和批准，要以开放的心态去与各方沟通。

问：根据你谈到的例子，创造就业是否是政府最关心的一点的？

答：就业非常重要，但其他一些因素也很重要，比如企业的财务实力，比如企业对员工发展的安排，即是否愿意在当地雇佣一些初级员工，并逐渐把他们培养成为管理人员。我们谈到的两个例子中，就业非常重要，但对不同企业来说，政府关注点是有所不同的。比如对于一个住宅项目来说，政府关心的是住宅租金是否能为居民承受。因此，对于客户所应传达的信息，我们会根据每个客户来定制。比如我目前在帮助 AT&T 安排宣传的内容，我们要强调 AT&T 电视有线电视的价格比竞争对手便宜，因此可以给居民提供不同的选择；我们也会强调 AT&T 的手机通信服务价格合理。手机通信目前已成为居民的必需品，牵扯到居民生活与安全。

采访内容之四：关于中国公司

问：请问你们有与中国客户合作的经历吗?

答：有的，我们曾经帮助一家中国的学校申请在旧金山开设学校。旧金山有一个旧的军事基地，当地政府想把它建成一座学校。我们的申请获得了政府的欣赏，但很可惜，最终我们没有申请成功。我们计划的学生人数比较多，而当地政府想尽量限制需要开车上学的学生人数。我们还会继续为这个客户在旧金山寻找其他合适的地点。

问：对有意来旧金山投资的中国投资人或企业有什么建议吗?

答：旧金山对中国企业有很多机会。我对中国企业的建议是聆听熟悉当地情况人士的建议，保持一定的灵活度并愿意与当地社区合作，这样做的目的不是改变企业，而是为了获得所需要的许可和认可。

第三节　投资相关法律

在美国上市的中国公司都会对两部美国证券法比较熟悉，即 1933 年证券法（Security Act of 1933）和 1934 证券法（Security Exchange Act of 1934），因为肯定都被这两部法案“折磨”过。公司上市时要根据 1933 年证券法在美国证监会注册，注册文件包括招股书。在获批之前，证监会会要求公司对招股书进行几轮的修改，回答上百个问题，公司的财务部少不了为之加班加点。如果你打开阿里巴巴的招股书，你会看到 1933 年证券法这个词多次重复出现。公司上市之后，要根据 1934 年法案定期做披露，比如季报和年报，上市不久经验不足的公司很可能为按时递交报告而手忙脚乱，需要被折磨一段时间之后才能走上正轨。这两个法案是美国证券法五大法案的其中两个，另外三个法案分别是 1939 年债券法（Trust Indenture Act of 1939）、1940 年投资公司法（Investment Company Act of 1940）以及 1940 年投资顾问法（Investment Advisor Act of 1940）。这五大法案都是美国 1929 年开始的经济大萧条后的产物，也是罗斯福新政的一部分。大萧条的惨景让经济学家和政治家们怀疑“看不见的手”是否存在或者它的调控能力，决定要增加政府对经济的干预，包括证券方面。五大法案从诞生到今天经历了许多修正，但名字还沿用当时的年份。在美国上市的中国公司需要根据1933年和1934年法案向美国证监会做信息披露，而在美国进行投资的人也应该大致了解这些法案以便对股票、基金及投资管理公司做尽职调查。

1933年证券法是第一部管辖证券发行的联邦法，在此之前，证券发行由各州法律管辖，统称“蓝天法”（Blue Sky Laws）。蓝天法的法理是为证券发行做出一些硬性指标的规定，达不到规定的公司不能发行股票。1933年证券法的法理是披露，它本身不去裁定一家公司是好是坏，也不会禁止一家投资前景不好的公司上市，它只是要求股票发行公司做出全面完整的披露，包括风险因素。这就像药品的说明书，要把药效和副作用都说的明明白白。在披露文件上签字的人和发行公司要承担法律责任。如果投资人因为披露文件误导而产生投资损失，他们可以请律师发起集体诉讼，要求公司承担责任。披露文件要详细描述公司的运营情况、财务数据、股权结构、管理团队及风险因素等各个方面，让投资人对公司有个全面的了解，再做投资决策。然而一般的招股书都有几百页，并且专业性较强，一般的个人投资者没有机构投资者的能力，不太可能仔细阅读。

1933年证券法是管辖股票的一级市场，而1934年法案管辖二级市场，要求已经上市交易的公司定期向投资人披露公司情况，包括年报（10Ks）、季报（10Qs）和特殊事件披露（8Ks），使投资人在获得充分信息的基础上做出交易。与公司上市时的招股书类似，年报和季报中也要全面披露经营和财务各方面的情况。对投资人来说，最关心的是每个季度公司的变化，比如说库存大幅增加，到底是因为销售放缓还是签了新的合同需要备货；再比如说应收账款总额降低很快，到底是因为整体销售下降了，还是因为客户回款加快了。在披露时，管理层需要对变化较大的财务数据给出可信的解释。1934年法案还对内幕交易做了规定，如果公司管理人员近水楼台，利用内幕消息为自己获利，那么会受到严厉的惩处。

1939年债券法案主旨是保护债券投资人，当债券发行人发生违约时，指定受托人有权没收发行人资产进行拍卖，并偿还投资人的资金。

上面提到的三部法案主要是规范证券的发行人，而下面介绍的两部法案是对证券的投资一方做出规定。1940 年投资顾问法案要求对投资者提供顾问服务的个人和公司在 SEC 做备案。投资顾问需要向客户履行“受托责任（Fiduciary Duty）”，即受人信任，受人所托为人投资理财，要对这份信任和委托负责。所谓受托责任，就是指投资顾问要时刻将客户的利益放在首位，做的任何投资建议和决策都要从客户利益出发，并体现出应有的职业风范。从这点来说，注册投资顾问与股票经纪人不同，后者没有履行“受托责任”的义务。另外两者的收入方式也不一样。投资顾问通常是收取客户资金的一个比例的年费，比如 1%，而经纪人是收取交易的佣金。这几年有人呼吁将投资顾问与经纪人的法规统一，目前证监会还在研究可行性。不要小看投资顾问的身份，像我们前面提到的洛克菲勒家族办公室和贝瑟默信托都是证监会注册的投资顾问，另外一些大型资产管理公司和对冲基金也以投资顾问的身份进行注册。像高盛这样的知名投资银行，通常也会有投资顾问及证券经纪的双重注册。

1940 年投资公司法案主要对共同基金做出了相关规定，包括董事会结构、投资策略的限制（比如做空和杠杆率）、现金的留存比例（以满足投资人赎回的要求）以及相关披露（基金财务状况等）。法案的主旨是保护投资人，减少基金公司与投资人的利益冲突。

高端访谈：以下是我对李·爱德华的采访。爱德华先生是谢尔曼·司特玲律师事务所的合作人，负责并购业务，拥有哥伦比亚大学法学博士学位。谢尔曼律所是全球最知名的律所之一，1873 年成立于纽约。采访重点是中国企业在美国投资时要关注的法律事项。采访时间是 2012 年 12 月。

采访内容之一：关于中国企业海外并购

问：你作为一名谢尔曼律师事务所律师在中国工作了 18 年，为许多中国企业在海外交易方面提供了法律咨询，比如中国移动、腾讯、民生银行等。请问你觉得中国企业在海外并购方面有哪些趋势，未来会如何发展？

答：中国企业进行的海外投资越来越多，不论是国有企业还是私营企业。这些企业逐渐意识到几乎所有的商业活动都是全球性的；只局限于本地市场的商业活动在当今的世界已经很难找到。全球化扩张可以让中国公司获取更多的资源，比如领先的科技和全球化的供应链等。海外的企业及中介机构感觉到中国企业在做海外并购时比以往更具备战略眼光，更关注长期投资回报，而不是仅仅考虑短线。这样的形象使得中国企业在作为投资方或收购方时，更能够得到卖方的青睐。我前段时间代表一家中国企业去德国做并购，并和一家代表德国公司的投资银行合作。后来由于特别原因，这家中国企业暂时停止了去德国的收购。过了一段时间，德国的投资银行告诉我，他们原本为德国企业安排的拍卖式出售没有如期进行，原因是没有找到一家有兴趣参与竞标的中国公司。目前海外的卖家很多认为中国公司的胃口很大，非常希望在出售过程中有中国买家参与，以获取更好的价格。另外一个例子是一家巴西的金融机构最近要以拍卖的方式出售部分股份，他们找到我并请我帮他们寻找中国的买家。他们希望参与拍卖的买家全部来自中国，因为他们计划建立全球性的金融平台，并认为这个平台不能没有中国的战略投资人作为合作伙伴。像这样的例子在5年前可能还不会发生。我认为中国企业的海外收购和投资无论从数量上还是行业的多样性上，都会有快速的发展。

当然，也有反面的例子。有的中国公司参与竞标收购海外公司，并与卖家达成一致，但在成交之际，由于没有获得中国政府相关部门的批准而被迫放弃，并使卖家丧失了与其他买家合作的机会，造成很大损失。由于一些海外卖家认为与中国企业海外并购相关的政府审批有着不确定性，他们会要求中国公司先支付定金，或在合同里规定更高的违约罚金。国际惯例的罚金是成交额的3%～5%，而有些针对中国买家的合同会规定高达30%的罚金。

问：中国企业在美进行投资或并购时最大的法律障碍是什么？

答：第一个挑战来自美国政府的监管。海外公司在美国进行收购要受到CFIUS的审核。CFIUS全称是The Committee on Foreign Investment in the

United States（外商在美投资审核委员会）。CFIUS理论上要公平对待来自不同国家的投资者，但事实上会对来自一些国家的投资者更为敏感，比如中国。在美国有人认为中国的国有企业，包括一些私营企业，都受到政府控制，它们在美投资或收购不是出于单纯的商业目的，这会增加中国企业在美投资的难度，尤其是投资敏感领域，比如新技术及与国防有关的行业。

第二个挑战来自美国的司法体系。美国有联邦法和州法两套系统，在不同州注册的公司要遵守不同的州法，这就增加了投资和收购时法律的复杂性。中国公司要弄清楚一项交易到底与什么法律相关。

第三个挑战来自交易成功后对被收购企业的管理。很多时候收购方在收购完成后要对被收购方进行重组，比如精简员工。而重组，包括解雇一些员工可能会产生很高的成本，并可能遇到法律上的阻碍。这些问题有些中国公司在收购前没有考虑周全。

问：中国企业在美国进行投资或并购时，应该在什么阶段请律师介入；是否需要中美双方律师介入；如果是的话，双方律师如何合作？

答：作为一名律师，我的答案当然是越早越好。当一家企业有了海外投资或收购的想法，企业的管理层应该立即向有经验的律师做法律方面的咨询。当了解了企业的目的后，律师可以帮助企业设计交易结构并发现交易过程中可能出现的法律障碍。很多中国企业不愿让律师尽早介入，主要是出于费用方面的考虑。其实如果计划海外投资的公司是一家有实力有信誉的企业，那么会有优秀的律师事务所愿意免费为这家企业做一些初步法律评估和咨询，在企业决定投资时，再正式聘用这家律所。

问：在你帮助中国企业进行海外投资及并购时，观察到中国企业在哪些方面做法不正确？

答：第一点是像我们上面讨论过的，有的中国公司没有及时寻求律师的建议，而是在发现问题后才想到律师。有时公司会找到我，让我帮助解决海外投资和收购过程中遇到的法律问题，但我会发现这家公司已经与对方签署了对自己不利的合同，很难退出；或者与对方签署了过于严格的保密条款等文件，使得自己很难有其他选择。

第二点是一些中国企业对收购后的保障条款要求不够。在美国的收购交易中，买方通常会要求卖方签署保障条款，除非被收购的是上市公司。这样的保障条款不是我们在私募股权投资中常见的对赌协议。对赌协议通常对卖方的经营业绩作出要求，而我讲的保障条款是关于法律方面的，比如买方可以要求卖方承诺卖方企业不存在任何法律诉讼，否则任何与诉讼相关的费用要卖方承担。买方可以安排一个托管账户，并将部分收购金放在此账户内。举例来说，买方出资1亿美元收购卖方，买方将1000万美元放在托管账户内，并在一年后，如果卖方企业没有出现任何在收购前产生的法律问题，再将这1000万美元交给卖方。

第三点是一些中国公司没有足够关注如何保证收购后被收购企业的关键管理人员不会离开。很多企业的价值在很大程度上体现在几名关键管理人员身上，比如CEO（首席运营官）和CTO（首席技术官）等。中国公司可以要求对方签署管理层留任协议，并在关键人物离开时追溯调整收购价格。

问：你也曾参与了许多外国公司在中国的交易。根据你的观察，中国与外国企业在交易的法律操作上有哪些不同？在哪些方面中国企业做得比较好，哪些方面需要提高？

答：跨国公司的法律团队通常有两个特点：一是团队具有更多的交易经验，处理相关法律问题更加老练。二是团队在公司里有着较高的地位。公司的总法律顾问通常是董事会成员，直接向CEO汇报。而在许多中国公司中，法律部从属于财务部，不直接向CEO负责。

另外一个不同点是对律师费的态度。在一项交易成功完成时，中国公司付给律师的费用与跨国公司付的差不多。当交易没有做成，大约有50%的跨国公司会照付律师费，另外50%的公司会少付15%～30%。但很多中国公司会不付律师费，或只支付30%左右的费用。我认为中国公司这样的做法其实不符合公司的长期利益，公司应该希望得到律师最诚实和最全面的法律意见。如果费用是以完成交割为前提，则会造成潜在的利益冲突。比如一个律师在交割前发现了法律问题，对中方不利，他本应告知公司并建议取消交易，但又会担心这样得不到律师费。

采访内容之二：关于美国法律体系

问：中美法律在关于公司做交易方面有哪些不同?

答：第一点刚才已经提到，美国法律分为联邦法和州法，各州有自己的法律。美国没有所谓的全国通用的交易法。与交易相关的法律大多数是州法。在交易法律文件上，通常会表明适用法律（Governing Law）是哪一州的法律，比如是加州法律或纽约州法律。虽然各州法律有很多类似之处，但对中国企业来说，了解美国当地的法律环境还是非常重要。

第二点是接受投资公司法律结构不同。外商在中国投资要通过 FIE（外商投资企业）的方式，在华成立外商独资企业或合资公司。合资公司在未来出现股权结构变化时，需要经过政府相关部门的批准，外国投资者不能随意出售持有的或买入更多的股权。而在美国，公司通常以有限责任公司（LLC）的形势出现，公司在发生股权结构变化时，无须政府审核，只要股东批准即可。

第三点是美国的诉讼程序与中国不同。对上市公司来说，美国有集体诉讼机制，很多中国在美国的上市公司前几年被投资者起诉，就是律师代表投资人发起的集体诉讼。

第四点是相对来说，美国的企业和企业家更尊重合同的法律地位。在这方面中国企业有了很大进步，但仍然有企业在签署了合同后就把合同发在一边，当与对方发生矛盾，会通过搞关系解决问题；在美国，当合作双方出了问题，大家都会首先确认合同如何规定双方的责任和权利。

还有一点和大家的观念有关。海外投资者常常会对中国有一种错觉，认为中国的法律很难得到真正的执行，政治总是大过法律。当接触了中国的监管部门后，他们会发现中国监管人员的水平以及法律体系都比他们想象的要好很多。中国当然不是没有这方面的问题，只是在过去的 10 年中，有了很大改善。反过来，中国投资者有时会认为在美国一切以法律为准，做生意不受政治的约束，而在实际操作中发现美国的商业也和政治有很大瓜葛。

问：中国的三一集团在美国起诉美国总统奥巴马和相关政府机构，这个事例体现了美国司法体系的什么特点?

答：这体现了美国司法的独立，而不是依附于政府。一家公司在美国状告美国政府，而不会导致商业自杀（Commercial Suicide），未来仍然可以在美国进行商业活动，这种情况恐怕在很多其他国家不会发生。另外，虽然美国有美国的问题，但大家对美国的期许还是法律可以得到公平的实施，而少受政治干扰。这次诉讼的结果对此也将是一个验证。

问：中国企业在美投资时需要与哪些政府部门打交道？

答：海外公司在美国投资只需通过安全方面的审核。审核部门是上面提到的 CFIUS（外商在美投资审核委员会）。委员会由美国 9 个政府部门的代表组成，包括财政部、司法部、国土安全部及商务部等。除此而外就没有政府部分的审核了。中国的发展改革委会对外商投资的行业做出相关规定，在美国没有这方面的限制。

问：请问近期美国关于吸引外资的政策有什么变化，尤其是对于来自中国的投资？是否在一些方面变得更加严格了？

答：从技术层面来说没有变化，因为相关法律没有什么改变。虽然在 2008 年美国修改了与外国公司在美投资的相关法律 Exon – Florio 修正案，但并非针对中国。而事实上，美国近些年对来自中国公司的收购审核确实比较严格，这里有两个原因：一是美国人认为中国日益成为经济大国，对中国在美国的收购必须仔细审查；二是美国人认为中国企业在美国投资时，会得到包括资金支持在内的政府援助，这导致中国企业与美国企业竞争时有不正当的优势。关于这点，我个人认为中国公司在美国收购的时机也很重要，比如在总总统大选前夕，审查可能更为严格；在选举结束后，审查可能会稍有放松。

问：我们都知道律师的工作时间很长，请问你每天要工作多少小时？

答：当我们的中国客户变得越来越国际化，我们每个工作日的界限变得越来越模糊。即使我没在公司，也要随时查看邮件，接听电话。多的时候我每天要工作 18 个小时，少的时候我工作 6 ~ 8 个小时。即使是 6 ~ 8 个小时的工作，也经常会用整整一天。我可能在上午开两个小时的会，下午再做些工作，在晚上 8 点和纽约开一小时电话会，晚上 10 点再和德国开电话会议。